KB202410

한국법제사
韓國法制史

박병호朴秉濠

1931년 전남 해남 출생
1950년 서울대학교 법과대학 입학
1955년 서울대학교 대학원 법학과 입학
1958년 서울대학교 대학원 법학석사
1975년 법학박사(서울대학교, 구제舊制)
2011년 명예문학박사(한국학중앙연구원)

1962년 서울대학교 법과대학 조교
1963년 서울대학교 법과대학 교수
1996년 서울대학교 법과대학 명예교수(현재)
1997년 한국학중앙연구원 초빙교수(현재)
2007년 대한민국학술원 회원(현재)

1987~1989년 서울대학교 중앙도서관장
1990~1992년 서울대학교 법과대학 학장
한국법사학회, 한국고문서학회, 한국가족법학회 명예회장

박병호 저작집 2

한국법제사
韓國法制史

박병호

민속원

법제사는 법학의 여러 분야 가운데에서 기초법의 분야에 속한다. 그것은 인간의 생활을 법이라는 측면에서 역사적으로 고찰하는 것을 목적으로 하는 학문이므로 법학의 한 분야임과 동시에 역사학의 한 분야에 속한다. 법학의 한 분야로서의 법제사는 사회생활의 기본적 기틀이 되는 질서로서의 법이 원초적 사회의 가장 단순한 기본요소로부터 시작하여 현행법의 복잡한 체계를 이루기에 이르기까지 발전하여 온 변동의 과정을 탐구하는 것을 내용으로 하며 법제사에 의하여 현행법의 역사적 필연성과 그 의의를 깨달을 수 있으며 현행법이 지니는 본래의 의미를 정확하게 이해할 수 있게 되며 나아가서는 미래의 법이 있어야 할 방향과 모습을 발견할 수 있게 된다. 따라서 그것은 과거·현재·미래에 걸치는 기초법학인 것이다. 역사학의 한 분야로서의 법제사는 역사적 현상의 법적 기초를 탐구하는 것이며 법이라는 시각에서 역사를 보는 것이다. 따라서 법제사는 역사학의 다른 분야, 즉 정치사, 경제사, 사회사, 사상사 등과 밀접불가분의 관련을 가지고 있다.

　한국법제사도 마찬가지이다. 그런데 우리의 오늘날의 법제는 그 대부분이 대륙법이나 영미법을 계수한 것이어서 한국 법학의 한 분야로서의 한국법제사는 현행법의 역사적 발전과정을 탐구하는 실천적 성격이 박약하다고 하지 않을 수 없다. 그런 면에서는 한국법제사는 한국 법학의 한 분야로서의 기초학이 될 수 없다고 볼 수 있겠지만 그러나 제도적인 역사적 연속성은 거의 없다고 하더라도 법이념 내지 법의식의 면에서는 역사적 연속성이 있다고 보지 않을 수 없으며 여기에 기초법학적 실천적 가치가 있는 것이다. 그리하여 한국법제사를 통하여 현행법의 역사적 발전과정을 추구하기보다는 법이념 내지 법의식의 역사적 발전과정을 탐구하는, 즉 한국사학의 한 분야로서의 한국법제사의 측면에서 문제의식을 가지고 공부하는 것이 바람직하다.

　이 책은 먼저 한국전통법의 일반적 발전과정을 서술하고 다음에 제도별로 나누어서 국사책에는 없거나 간략히 다룬 분야를 중점적으로 서술하였다. 그 까닭은 한국법제사를 한국법학의 한 분야로서의 성격을 강조하고자 하는 관점에서 서술한 때문이다. 그러나 한국법제사는 현재 학문으로서 체계화될 정도로 고르고 깊게 연구되어 있지 못한 형편이기 때문에 교재의 내용이 더러는 자세하고 더러는 간략하여 역사적 사실 자체를 제대로 전달할 수 없게 되어 있다. 연구서적도 많지 않을 뿐 아니라 참고자료로서 이용할 학술잡지도 법학의 다른 분야처럼 쉽게 구독할 수 없는 어려움이 있다. 따라서 법학도들에게 이 교재 이상의 것을 추적·탐구하는 것을 바라는 일은 무리라고 생각하며 그것은 대학원 과정에서 바랄 수밖에 없는 것이므로 학부과정의 학생들은 이 교재만으로 한국전통법에 대한 갈증을 적셔주기 바라며 교양과목으로 받아들여서 읽고 공부하여 주기를 바랄 뿐이다.

1986년 2월

저자 씀

再版 序文

1986년 2월 초판이 방송통신대학 교재로 출판된 후 근 30년이 되었다. 그동안 학계에서도 많은 논문들이 나와서 거의 체계화될 정도의 수준에 이르렀다고 할 수 있고 형사절차법이나 가족관계법 분야에 많은 업적이 쌓였다. 그러나 저자로서는 이 학문의 현재적 위치와 실천적 성격에 비추어 크게 보완할 필요를 느끼지 않는다. 더욱이 초판은 방송통신교재로만 사용되었을 뿐 일반에게 공개적으로 구독의 기회가 부여되지 않았던 사정이 있기 때문에 이제 새삼스럽게 모습을 나타낼 바여서 처음의 모습 그대로를 보여주는 것이 솔직한 학문적 태도라고 생각했기 때문이다. 다만 초판의 오식이나 오류는 수정했으며 약간의 보완을 하였다.

보다 완결된 모습의 책은 후학들의 몫으로 기대하며 머지않아 결실을 맺을 것을 믿는다.

2012년 2월

저자 씀

제5장 재판제도

제6장 신분제도와 법적 능력

제7장 호적제도

제8장 종족법

제9장 가족생활의 법

제11장 거래생활의 법

서설

I 한국법제사의 의의

　오늘날 국사학계에서는 역사의 연구가 활발하여 일제시대에 못박힌 식민지사관을 극복함과 동시에, 보다 넓고 깊게 민족의 발전과정을 주체적으로 파악하려는 연구작업이 진척되고 있다. 그런데 '한국법제사'라는 분야는 역사의 다른 분야에 비한다면 아직도 황무지에 가까운 처지이며 모르는 것이 너무도 많다. 우리가 어떤 시대를 이야기할 때에도 정치·경제·사회·문화·종교 등을 이야기하지만 법제가 그 속에 포함되는 일은 거의 없다고 해도 과언이 아니다. 법제가 기본이 되는 것이 아니라 법제도의 각 부분이 위에 든 현상 속에 갈기갈기 찢겨 나뉘어져 통일된 형체를 찾아볼 수 없게 되어 있다. 그런데 현실을 논할 때에는 법제가 매우 중추적인 자리를 차지하며 중요시되고 있는 것을 볼 수 있으나 전통법에 대하여는 별로 관심이 없는 것 같다.

　그것은 무슨 까닭일까? 법치국가이기 때문인가 혹은 법이 훌륭하고 고맙기 때문인가? 그것은 다름 아니라 한국의 과거가 부정과 부패, 불법, 무법의 역사였다는 점만이 주로 강조되고, 설령 법이 있었다고 하더라도 근대법과는 다른 봉건적인 법이기 때문에 알 필요가 없다는 부정적 선입관이 작용하고 있기 때문이다.

　"법이 있었지만 행해지지 않았으니 공법空法이요, 있었다는 것도 중국의 법이나 다름없었다."라는 인식이 매우 넓고 뿌리깊게 박혀 있기 때문이다. 제도적으로 볼 때에 확실히 한국의 현대법은 옛법과 연결되지 못하고 단층을 이루고 있다. 우리가 19세기 말 내지 20세기 초에 받아들인 법은 서구의 근대적 법이념에 입각한 근대적 법제도이다. 근대적 법제 속에 오늘날까지 끊이지 않고 이어져 살아남은 것은 친족상속의 이른바 고유한 순풍미속淳風美俗이라고 일컬어지는 제도들뿐이다. 따라서 전혀 이질적이라고 여겨지는 옛법과 현대법을 연결지을 필요가 없다고 생각하게 되며, 그것은 즉 연구의 소극성과도 통하는 것이다.

그런데 법제사라는 것은 역사적 현상을 법이라는 안경을 통해서 보는 것이며, 역사의 법적 기초를 연구하는 역사학이다. 역사적 사실은 대부분 동시에 법적 사실이며, 역사는 법의 실현이다. 그것은 정치적·경제적·사회적 조건과 밀접히 관련되고 있다. 따라서 민족의 역사가 단절되지 않고 계속되는 한, 법제사도 단절될 수 없다. 비록 이질적인 법이 들어왔다 하더라도 그 이질적인 법을 적용하고 적용받는 사람은 바로 역사적 인간 내지 민족이며, 제도와는 달리 의식 속에는 역사가 흐르고 있는 것이다. 그 흐름이 이질적인 법에 순응하느냐 역행하느냐에 따라 법의 역사는 새로운 흐름으로 변하는 것이다. 제도의 역사적 연관성은 없다 하더라도 의식은 연면히 흐르면서 사라지고 바뀌고 새로 형성되는 것이다.

한국의 법제사는 한국의 옛법이 어떠한 모습을 하고, 어떻게 발전해 왔으며, 서구의 이질적인 법을 받아들인 후 오늘날까지 옛 법의식이 근대적 법제와 어떻게 상호 작용하였으며, 앞으로 어떻게 될 것인가를 연구하는 학문이다. 그것은 과거에만 그치지 않고 현재, 그리고 미래에 봉사하는 것이다.

우리가 한국의 옛법을 올바로 인식하는 것은 지나가버린 쓸모없는 옛법을 회고적 취미로 보자는 것이 아니라, 현재와 미래를 위해서 보는 것이다. 옛법에 대한 인식의 필요성과 중요성이 여기에 있으며, 우리의 지나간 것 가운데에서 가치있는 힘을 불러 깨우쳐서 현재와 미래에 대하여 창조적 힘이 될 수 있게 하는 마음가짐과 실천을 함께 하여야 할 것이다.

II   한국법제사의 과제

  한국법의 역사적 발전과정에 관한 관심과 연구는 아직 바람직한 수준에 오르지 못하고 있다. 우리의 전통법은 본격적으로는 서구적 근대법을 수용하게 된 일제시대부터, 형식상으로는 역사적 연속성이 단절되었으며 친족상속법과 물권법의 일부에 전통의 명맥을 유지하고 있을 뿐이다. 이런 점에서 현행법의 역사적 발전과정, 즉 그 역사적 기초를 탐구한다는 한국법제사학의 법학의 한 분야로서의 실천적 의의가 감소되기 때문에 법학 쪽의 전공학자는 극소수에 불과하다. 1960년대부터 그 필요성이 간간이 주장될 정도이었다. 일제시대부터 오늘에 이르기까지 법학자에 의한 연구는 주로 법전편찬, 관제, 사회법제 등 이른바 공법公法분야의 연구가 많으며 이른바 사법사私法史의 측면에서는 토지가옥, 가족, 상사제도商事制度에 대한 연구가 1960년대부터 시도되었으며 그 성과가 단행본으로 출간되었음은 매우 고무적이나, 아직 체계적인 개설서가 나올 정도에는 이르지 못하고 있다. 사학자들에 있어서는 법학의 한 분야로서가 아니라 역사학의 한 분야로서 정치사와의 관련에서 제도사로서의 관제사官制史, 그리고 사회경제사에 관한 연구가 일제시대부터 활발히 연구되었고, 1945년 해방 후에는 국내외 학자들에 의해서 많은 연구성과가 쌓였다. 오늘날은 실정법 학자들도 '한국법학' 수립을 위한 자각에서 한국전통법에 대한 인식이 높아가고 있으며 연구의욕도 점증하고 있음은 환영할 만하며 정부기관 등에 의하여 고법전古法典을 비롯한 고자료古資料가 연차적으로 국역되고 있다는 사실은 한국법제사의 현대적 존재의의를 높이는 계기가 되고 있다.

한국법제사학이 학문으로서의 독립성과 주체성을 확립하기 위해서는 여러 가지 과제를 안고 있다. 첫째로 한국법제사의 존재가치에 대한 이론적·실천적 성찰이 있어야 한다. 법학의 한 분야로서의 전통적 성격을 어떻게 극복할 것이며 역사학의 한 분야로서의 지위를 확립하는 문제인 것이다. 둘째로는 존재가치와 관련하여 연구방법론의 독자적 모색이며 소박한 실증주의實證主義 일변도에서의 탈피가 시급하다. 셋째로는 미개척 분야나 초보적 연구단계에 머물러 있는 분야의 연구이다. 아울러 역사학, 특히 정신사精神史와 사회경제사학과의 관련 하에서 시대구분론에 대한 반성이 있어야 한다.

이상과 같은 과제를 해결하면서 한국의 역사연구가 지극히 정치사 지향적이 아니면 지극히 사회경제사 지향적이라는 연구의 편향가중성의 와중에서 한국의 역사도 법의 실현이자 위대한 역사사실인 동시에 법적 사실이며 따라서 법 그 자체가 하나의 정신력이라는 사실, 즉 개인생활과 민족생활의 발전과정에서 작동하는 법이념의 인식을 추구함으로써 민중과 국가를 법과 정의에 결합시켜 법에 대한 사랑과 신뢰를 간직하게 하는 것이 기대되고 있다.

III 한국법제사의 시대구분

    법은 문화의 일부이며 언어, 종교, 도덕, 정치, 경제 등과 함께 문화현상으로서 파악되며 법과 다른 문화영역 상호간에는 매우 복잡한 교차관계를 갖고 있으며 역사 속의 법이란 인간이 어떠한 사회조직을 만들어서 개인과 개인, 집단과 집단 및 집단과 개인과의 관계를 조정하여 살아왔으며 발전해 왔는가를 사회통합의 수단으로서 파악하는 규범이다. 따라서 일반적으로 법제사적 시대구분은 법 그 자체의 연계連繫를 명확히 하고 법계法系의 소장消長을 구명하는 관점에서 획정함으로써 법을 발전적·동태적으로 파악할 수 있게 한다. 국사학에서의 시대구분은 여러 문화현상의 교차관계를 고려하면서 특정사회 또는 국가의 발생흥망을 기준으로 하고 있으나 아직 일반적으로 승인된 시대구분법은 없는 실정이다.

    한국법제사의 시대구분은 특정사회 또는 국가의 발생흥망을 기준으로 하고 있는 실정이나 한편 우리 고유법의 성격, 외국법·문화의 수용, 법전편찬의 측면에서 다음과 같이 시도해 볼 수도 있을 것이다.

    1. 씨족법시대(~B.C.4세기) : 신석기시대에 해당하며 원시적 씨족공동체의 자율적 규범질서의 시대이다.

    2. 부족법시대(B.C.3세기~A.D.373) : 고조선, 부여, 고구려, 옥저, 동예, 삼한 그리고 삼국시대 초기까지이며 부족사회 내지 부족연맹사회에서 각기 부족법 내지 부족간의 공통법이 고유한 불문법과 관습법으로서 존재한 시대이며 고구려가 율령律

슈을 공포 시행한 때까지이다.

3. 율령법시대 전기(A.D.373~10세기) : 고구려의 율령공포를 기점으로 하여 율령정치의 최성기인 통일신라시대까지이며 성문제정법시대가 시작된다.

4. 율령법시대 후기(11세기~14세기) : 고려왕조에 해당하며 당唐의 율령을 비롯하여 송宋·원元의 율령의 부분적 계수시대이다. 율령은 형식에 불과하며 왕의 명령이나 판례법·관습법이 율령에 대신하며 율 대신 칙령勅令이 통치의 기간이 되며 한편 율령정치의 말기적 현상이 나타난다.

5. 통일법전시대(15세기~19세기 말) : 유교를 국시로 하는 조선왕조에 해당하며 명률明律을 계수하나 육전六典방식에 의한 고유의 통일법전을 통치의 기본도구로 삼아 법치주의 정치를 이상으로 하며 법전의 편찬개수의 연속이 이 시대의 특징이다.

6. 서구법 계수시대(19세기말~1945) : 1894년의 갑오개혁부터 일제식민지 통치에 의한 서구법의 타율적 계수시대이며 전통적 법체계는 일본에 의해 각색된 근대법에 의하여 대치된다.

7. 현대(1945년~현재) : 1945년 국권의 회복과 독립으로 근대적 민주주의를 기본이념으로 하여 대륙법과 영미법을 주체적으로 수용하며 또 수용이 진행되고 있는 현재이다.

위와 같은 시대구분은 시대구분 표제어에 무리가 있으나 전통적인 국사의 시대구분과 대체로 일치하므로 혼란을 가져올 염려는 없으니 여기서는 종래의 시대구분을 따르기로 한다.

법원

I 씨족사회의 법

우리나라의 씨족법시대는 B.C.4000년경부터 B.C.8세기경까지의 신석기시대新石器時代에 해당되는데 혈연중심의 씨족공동체를 이루어 생활하는 원시사회로서 아직 국가생활에 들어가기 전의 시대이다. 이 시대의 사회생활을 규율하는 법은 관습법이나 불문법不文法이며 법규범은 종교, 도덕에서 분화되지 않고 일체一體로 되어 있어 사회를 통제하는 힘은 종교적 색채가 농후한 주술적呪術的 규범規範이었다. 종교적이라 하는 것도 자연숭배적, 정령숭배적精靈崇拜的이며 우주의 만물이 영혼을 지니고 있다는 애니미즘animism의 신앙을 가지고 있었다. 즉 인간은 물론 산, 강, 바다, 바위, 나무도 영혼을 갖고 있으며 그 영혼은 멸하지 않는 것이라고 생각하였다. 인간의 육체는 멸하더라도 영혼은 멸하지 않고 살아 있으며 자손들은 시체를 신앙과 관습에 따라 보호함으로써 조상의 영혼의 보호를 받는다고 믿었다. 특히 태양을 숭배하였는데 후대의 주몽朱蒙이나 혁거세赫居世의 난생설화卵生說話에서의 태양빛이라든지 단군檀君의 할아버지로 되어 있는 천상天上의 환인桓因, 주몽의 아버지로 되어 있는 천제天帝는 태양이 신격화된 것이라 하겠다. 동시에 씨족은 어떤 자연물에 대하여 관계가 있다고 믿는 토테미즘totemism이나 타부taboo(禁忌)의 관념 자체가 이 사회에서의 법이었다. 바로 토템이 원시사회의 씨족적 집단의 결합을 굳히며 씨족원은 모두가 토템을 자기의 명칭으로 삼고 같은 선조로부터 나온 혈족이라고 믿고 서로 깊은 정신적 일체성을 의식하였다. 후대의 단군신화의 곰, 신라 박씨의 말, 김씨의 닭은 토템씨족임을 입증하여 준다. 토템집단이 거의 유일한 사회생활의 장이므로 생활의 모든 방면을 지배하고 개인은 오직 토템집단과 함께 믿고 생각하고 노동하며 싸우며 향락하였다. 거기에는 아직 개인적 소유권의 관념은 발달하지 못하고 개인은 집단을 위해서 노동하며 생산된 것은 그 집단의 구성원에 의해서 소비되는 원시공산제原始共産制이었다. 토테미즘이야말로 사회생활의 가장 중요한 규범이었다. 타부도 미신적, 본능적 관념으로 보장되어 있을 뿐만 아니라 때로는 현실을 보장하는 기능을 하였으며 이를 범한 자에게는 제재를 가하였다는 점에서 또한 법적 규범이었다. 샤머니즘shamanism도 널리 행해져서 씨족원에게 피해를 입힌다고 생각되는 악귀惡鬼를 주술적呪術的인 방법으로 물리침으로써 어떤 재난에서도 구제할 수 있는 것으로 믿었다. 따라서 가해주술加害呪術도 처벌되었으며 나쁜 신을 물리치고 착한 신을 맞아 인간에게 행복을 가져오게 할 능력을 가진 것으로 믿는 주술사呪術師를 두었는데 고조선의 단군과 한韓의 천군天君, 신라의 고유한 왕호의 하나인 차차웅次次雄(자충慈充)은 주술사나 무巫를 일컫는 말이다. 오늘날의 무당도 이 원시적 샤머니즘의 전통을 이어온 것이다. 이들 주술사는 노래와 춤, 북, 방울 등을 사용하여 종교의식을 행하였고 병을 고치고 고기잡이, 사냥이 잘 되도록 하고 농경을 순조롭게 하여 행복을 부르고 불행을 제거하는 주재자主宰者의 역할을 한 점에서 주술사가 씨족장이 되었을 것으로 보인다.

II 부족사회의 법

　　B.C.8세기경부터 청동기문화靑銅器文化가 들어와 원시적인 농경생활이 발달하였고 이어 B.C.4세기경부터는 철기鐵器의 금속문화가 들어옴으로써 노동생산력을 본격적으로 높임과 아울러 원시적 씨족공동체 내부의 계급분화를 촉진하는 작용을 하게 되었다. 금속기를 사용함으로 말미암아 사유재산제가 싹트고 이것이 발달함에 따라 필연적으로 씨족 사이의 경쟁과 투쟁을 불러일으킴과 동시에 씨족공동체의 해체를 촉진시켰다. 그리고 씨족공동체가 담당하고 있었던 여러 가지 공적公的 기능은 일부는 부족적 공동체에로, 일부는 사유私有에 기초를 둔 가족공동체에로 옮겨지게 되었다. 훈족(Huns)의 세력에 밀린 한족漢族의 일부가 만주와 한반도 북부로 밀려옴에 따라 재지在地 씨족공동체는 약화되거나 해체과정을 겪으면서 이 외세外勢에 대항하기 위하여 필연적으로 이합집산離合集散을 거듭하면서 부족部族으로 형성되어 갔다. 그리하여 일부는 부족국가를 이루었고 이들은 다시 발전하여 부족연맹국가를 형성하게 되었으나 그 형성과정, 연대, 규모는 명확히 알 수 없다. 기원전 5, 6세기경부터 기원후 3세기경에 이르기까지 부족으로서는 북쪽으로부터 부여夫餘, 예맥濊貊, 읍루挹婁, 조선朝鮮, 옥저沃沮, 동예東濊, 마한馬韓, 진한辰韓, 변한弁韓 등이 있었는데 이들의 부족적, 정치적, 경제적 발전 상황은 그 시기가 반드시 일치하지는 않았다. 기원전 1세기경부터는 이들 가운데서 다시 고구려高句麗, 백제百濟, 신라新羅가 지배적 부족에 의해서 영도되는 부족연맹적 성격을 지니면서도 왕제국가王制國家로 등장하게 되었다.

이 시대의 사실史實은 중국문헌에 단편적으로 기록되어 있을 뿐이므로 자세하고 명확한 것은 알 수 없으나 각 부족사회에는 그 부족 고유의 불문부족법不文部族法이 형성되었는데 각기 공통된 요소가 많았다.

가장 오래된 법으로 전해지는 이른바 고조선의 팔조법금八條法禁은 살인죄, 절도죄, 상해죄의 내용만이 전해지고 있을 뿐이며 이 밖에도 간음죄, 강간죄, 독신죄瀆神罪, 가해주술죄加害呪術罪 등이 있었을 것으로 추정된다. 살인자는 바로 죽이며, 사람을 상해한 자는 곡물로 배상하게 하며, 절도를 범한 자는 피해자의 노奴 또는 비婢를 삼고 속죄贖罪하려면 50만전萬錢을 내야 하는 것으로 되어 있는데 이러한 응보형應報刑은 모든 고대사회에서 공통되는 것으로서 복수본능에서 나온 것이나 속형贖刑이 인정된 점에서 상당히 발달한 형률刑律이라고 할 수 있다. 특히 형벌노비刑罰奴婢가 있었다는 점과 아울러 생각하면 사유재산제도와 가부장적 가족제도가 발달된 사회이었음을 알 수 있다. 팔조법금은 후에 60여 조로 늘어났다고 하나 그 내용은 전해 오지 않는다.

이와 같은 형률은 공통된 문화기반을 가지고 있는 후세의 다른 부족국가에서도 마찬가지이었다. 북방부족인 부여에서도 형벌이 매우 엄하여 살인자는 사형에 처하고 그 가족을 노비로 삼으며, 절도자는 절취물의 12배를 배상하게 하며, 간음한 경우에는 남녀를 모두 사형에 처하며, 부인의 질투를 특히 중죄시하여 죽인 후 그 시체를 서울 남쪽 산 위에 버려서 썩게 하는데 만약 여자집에서 시체를 가져가려면 우마牛馬를 바쳐야 하였다. 살인의 경우에 연좌형緣坐刑을 과하고 절도의 경우에 재산형을 과한 점은 고조선의 형률과는 공통되면서도 사유재산제도가 더욱 발달하였음을 입증하는 것이다. 읍루족은 절도자는 절취물의 다소를 불문하고 모두 죽이며 삼한족三韓族도 형벌이 매우 엄하였다.

삼국시대 초기에 이르러서는 부족연맹적 체제이면서도 왕권이 성립·강화되어 고구려에서는 모반자謀反者나 반역자叛逆者는 기둥에 매어놓고 횃불로 태운 다음 목을 베는 혹형을 과할 뿐 아니라 전재산을 몰수하였다. 그리고 절도범은 절취물의

10배로 배상하게 하고 배상할 수 없는 경우에는 그 자녀를 노비로 삼았으며 공사채무公私債務를 갚지 못한 경우에도 그 자녀를 노비로 삼아 변제에 대신하였고 소나 말을 절취한 자도 노비로 삼았다.

신라에서도 반역자는 거열형車裂刑에 처하고 일족一族을 멸하였으며 전쟁에서 패퇴하거나 항복한 자도 사형에 처하였다. 백제에서도 반역자는 사형에 처하고 그 전재산을 몰수하며 전쟁에서 패퇴한 자나 살인죄를 범한 자는 사형에 처하였다. 다만 살인자는 노비 3인으로써 속죄할 수 있었고 절도자는 종신금고終身禁錮나 유형流刑에 처하여 절취물의 3배를 징수하였으며 처가 간통하면 부가夫家의 종으로 삼았다. 이와 같은 삼국시대의 형벌은 노예소유 경제의 성행을 전제로 하는 것이었으며 그것은 삼국이 다분히 귀족적 관료제국가로서 발전하고 있었음을 입증하는 것이다.

이상과 같이 이 시대의 법의 특색은 고대법에 공통되는 응보사상의 기초 위에 사유재산제 및 일부다처의 가부장적 가족제도 등의 제도적 요청에 의한 형벌이 가미된 것이며 형법은 이미 민중법民衆法의 영역을 넘어서 지배자 계급의 필요에 의해서 제정되었다. 왕제국가로 발전되면서는 전통적 형률사상에 바탕을 두면서도 속형贖刑이 보편화되고 동시에 왕권의 유지강화에 필요한 형률이 추가되었다. 그리고 일반적으로 씨족법시대의 종교적 주술적 성격도 계승되었다. 한편 사유재산제도와 가족제도에서 싹튼 민사관계법은 새로운 사회경제의 변화에 대응하면서 주로 관습법으로 존재하였다.

III 삼국시대의 법

　삼국시대는 고구려의 율령공포를 기점으로 하여 통일신라시대까지 율律 · 령令 · 격格 · 식式이라는 성문제정법成文制定法시대이다. 율령이란 중앙집권적 전제국가를 유지하기 위한 법조직이며 중국에서는 진秦 · 한漢 · 삼국시대三國時代부터 일어나 위魏 · 진晋 · 남북조南北朝를 거쳐 수隋 · 당唐시대에 일단 정비되었다. 율령제도가 목적으로 하는 바는 국가가 왕토왕민王土王民원리의 기초 위에서 국민에 대해서 전제적 지배를 관철하는 데 있다. 각종의 지배조직이나 정부조직을 령에 의해서 규정하고 이에 거역하는 자는 율이라는 벌칙으로 다스리는 것이며 격 · 식과 함께 주권자의 통치수단이며 교령징계敎令懲戒를 목적으로 하는 근본법이었다. 율에는 일관된 정신이 있으니 그것은 바로 예禮이다. 유교의 예는 성인이 만들어 인간의 일상생활에서 반드시 지켜야 할 법칙으로서 과해진 것인데 권위를 지니고 있으나 강제력을 지니고 있지 않으므로 이 예의 법칙에 강제력을 지니게 하고 이에 위반한 자를 처벌하는 벌칙을 정한 것이 율이다. 따라서 예의 특색은 그대로 율의 특색으로서 나타나는 것이다. 예는 가족내부에서의 존비尊卑의 등급과 사회구성에서의 계급이라는 두 개의 차등을 명백히 구별하고 서로 범하지 않을 것을 목적으로 하고 있는데 예의 주장을 그대로 체현하는 율은 필연적으로 가족과 사회에서 두 계층을 준별하여 상上의 하下에 대한 권리와 하의 상에 대한 의무를 명백히 열거하고 있다.

　삼국 중 율령정치의 시작은 고구려가 가장 빨라서 소수림왕小獸林王 3년(373)에 율령을 공포하였다. 율령정치의 기반은 이미 닦이고 있었는데 소수림왕 2년에는 태학太學을 세워 유교를 교육하기 시작하였으니 유교는 이미 교육보급의 단계에 들어가 통치관료의 양성을 목적으로 함과 동시에 유교문화의 도입은 바로 율령정치의 사상적 기반으로서 가부장적 통치이념과 윤리관을 받아들이는 것을 의미한다. 또한 같은 해에 불상과 불경이 들어오고 다시 2년 후에는 절을 세웠는데 불교문화의 도입도 또한 원시적 샤머니즘에 대신해서 새로운 체제의 종교적 통일기반을 이룩하려는 데 목적이 있었다. 고구려율령은 중국 위魏·진晉의 율령을 계수한 것으로 추정되나 오늘날 그 전부가 전해지지 않는다. 삼국사기나 중국의 사서史書에 의하여 복원추정復元推定해 보면 율에 있어서도 모반죄謀反罪, 모반죄謀叛罪, 모역죄謀逆罪, 항패죄降敗罪, 살인죄, 행겁죄行劫罪, 살우마죄殺牛馬罪, 절도죄 등의 죄목이 있었고 형으로는 참형斬刑, 화형火刑, 기시棄市, 족형族刑, 찬형竄刑, 적몰형籍沒刑, 태형笞刑 등이 있었다. 국가통치를 위한 조직법과 작용법도 영에 의하여 규정되었으며 관위령官位令, 직원령職員令, 사령祠令, 상장령喪葬令, 부역령賦役令, 학령學令, 악령樂令, 의관령衣冠令이 있었다.

백제는 율령공포에 관한 기록이 없다. 그러나 벌써 고이왕古爾王 27년(260)에 관료제도를 정비하여 육좌평六佐平 이하 문무관을 두고 각각 품계品階와 관복官服을 정하였고 29년(262)에는 관리로서 뇌물을 받은 자는 배를 추징하며 종신금고에 처한다는 영을 내린 사실로 보아 일찍부터 관료제적·집권적 국가체제가 형성되었음을 알 수 있으며 따라서 늦어도 4세기경에는 백제율령이 성문법전으로 존재하였을 것으로 짐작된다. 율의 죄목으로는 모반죄, 살인죄, 간통죄, 절도죄, 수뢰죄受賂罪가 있었고 형벌로는 참형, 연좌형, 금고형禁錮刑이 있었으며 중앙의 조정좌평朝廷佐平이 형옥刑獄에 관한 사항을 관장하였으며 사형에 해당한 죄는 반드시 중앙정부에서 심리하여 왕에게 다섯 번 상주上奏하여 처결하도록 한 것으로 미루어 보아 형정刑政이 매우 조직화되고 신중하였음을 알 수 있다.

신라는 고구려보다 148년 뒤인 법흥왕法興王 7년(520) 정월에 율령을 공포 시행하고 비로소 관리의 복제服制와 복색服色을 정하여 존비尊卑 상하上下의 질서를 세웠다. 이미 법흥왕의 전왕인 지증마립간智證麻立干 4년(503)에 사라斯羅, 사로斯盧 등으로 불렀던 국호를 신라新羅로 바꾸고 왕호인 마립간을 왕王으로 바꾸었으며 다음 해에는 유교적 예제禮制에 의한 상복법喪服法을 제정하였다. 또 15년(528)에는 고대 중국에 기원을 둔 시법諡法을 채용하였으니 이미 율령정치의 기초작업이 진행되고 있었던 것이다. 법흥왕은 율령을 공포한 뒤에 국사國事를 총괄하는 재상인 상대등上大等을 두고 행정부로서 최초의 병부兵部를 설치하였다. 진덕여왕眞德女王 5년(651)에는 관직의 대개혁으로 관료체제가 정비되고 직계성職階性도 더욱 엄격해졌음은 율령정치의 기반이 확고히 닦이게 된 것을 뜻한다. 이 관제개혁 때에 형률을 관장하는 좌이방부左理方府를 설치하여 장관인 두 사람의 영令을 두었으며 이듬해에 천효天曉를 좌이방부령左理方府令으로 임명하였다. 태종무열왕太宗武烈王 원년(654) 5월에는 이방부령인 양수良首 등에게 명하여 율령을 상세히 검토하게 함과 아울러 이방부의 조직법령인 이방부격理方府格 60여 조를 제정하였는데 이는 당唐의 율령격식을 계수함으로써 중앙집권적 전제체제를 더욱 굳히기 위한 것이었다.

663년에 백제를, 그리고 668년에 고구려를 멸망시키고 역사상 처음으로 통일의 위업을 이룩한 문무왕文武王은 7년(667)에 우이방부右理方府를 설치하였고 21년(681)에는 율령격식을 개정하여 새로이 공포 시행하는 등 당唐을 본받아 여러 가지 제도를 다시 편성·강화하여 중앙집권적 율령체제가 완성되었다. 율령정치는 경덕왕景德王 대에 이르러 그 절정기에 달하였는데 16년(757)에 구주제도九州制度를 확립하고 이듬해에는 율령박사律令博士 2명을 두었고 애장왕哀莊王 6년(805) 8월에는 공식公式 20여 조를 공포 시행하였다.

7세기 말부터 9세기 초에 이르는 시기는 율령정치가 가장 성하였던 시기이며 율령은 변방의 말단 행정단위인 촌村에 이르기까지 충분히 침투되어 실효를 거두고 있었다. 이러한 사실은 일본 나라奈良의 쇼소인正倉院에서 발견된 당시의 촌행정 보고서인 이른바 신라장적新羅帳籍이 입증하고 있다. 즉, 3년마다 자연촌락단위로 촌세村勢를 중앙정부에 문서로써 보고한 것인데 여기에는 촌의 구역, 호수戶數, 인구

수, 우마牛馬수, 토지의 면적, 뽕나무·잣나무·호두나무의 수효, 호구의 감소와 우마·뽕나무·잣나무·호두나무의 감소상황을 기록한 것이다. 통일신라의 율령체제는 9세기 초부터 민란의 봉기, 지방호족의 자립 등으로 인하여 왕권이 약화되기 시작하고 율령은 자연히 실효성을 잃게 되며 율령국가는 붕괴과정을 걷게 되었다.

신라율령은 처음에는 고구려의 율령을 계수하였고 후에 당唐의 율령도 계수한 것으로 보이는데 그 원문이 전해오지 않으므로 상세히 알 수 없으나 삼국사기에 의하여 대체의 윤곽을 짐작할 수 있다. 율에서는 죄목으로는 모반죄謀反罪, 모반죄謀叛罪, 모대역죄謀大逆罪, 요언혹중죄妖言惑衆罪, 사병이직죄詐病離職罪, 배공영사죄背公營私罪, 역사불고언죄逆事不告言罪, 기방시정죄欺謗時政罪, 적전부진죄敵前不進罪가 있었고 형벌로는 족형族刑, 거열형車裂刑, 사지해형四支解刑, 기시형棄市刑, 자진형自盡刑, 육시형戮屍刑, 사변형徙邊刑, 장형杖刑이 있었다. 또한 남산신성비南山新城碑나 임신서기석壬申誓記石에 의하면 어떤 행위의 실현 혹은 질서의 유지를 하늘에 맹세하고 그 맹세가 허위로 되어 그 행위가 실현되지 못한 경우에는 자기의 몸에 천벌天罰이 내릴 것을 승인한 것으로 미루어 보면 천벌이라는 종교적 처벌을 확신하고 있었음을 알 수 있고 서약이나 맹세의 위반행위도 명백한 죄로 인식한 것을 입증하고 있다. 영令으로서는 관위령官位令, 직원령職員令, 사령祠令, 호령戶令, 학령學令, 선거령選擧令, 군방령軍防令, 의복령衣服令, 의제령儀制令, 악령樂令, 공식령公式令, 전령田令, 부역령賦役令 등이 있었다.

IV 고려시대의 법

율령체제가 붕괴된 신라의 율령체제의 바탕 위에서 후삼국을 통일하고 호족세력豪族勢力을 통합하여 건국한 고려는 광종光宗 때에 중앙집권적 정치체제의 구축이 시도되어 10세기 말인 성종成宗 때에 이르러 중국 역대왕조의 제도를 참작하여 유교정치이념에 입각한 관료체제가 편성·정비되었다. 따라서 이러한 유교적 집권적 정치체제를 유지하기 위해서는 필연적으로 통치의 기본인 율령법체계가 확립되어야 하는 것이다.

고려는 주로 당률唐律을 계수하여 형률을 시행하였는데 고려사高麗史 형법지刑法志에 의하면 고려율은 옥관령獄官令 2조, 명례名例 12조, 위금衛禁 4조, 직제職制 14조, 호혼戶婚 4조, 구고廐庫 3조, 천흥擅興 3조, 도적盜賊 6조, 투송鬪訟 7조, 사위詐僞 2조, 잡률雜律 2조, 포망捕亡 8조, 단옥斷獄 4조 등 총 71개조로 되어 있다고 하는데 그 내용은 전해지지 않는다. 당률은 총 502개조에 달하는 방대한 법전인데 고려율은 당률에서 필요한 것을 채택하여 고려의 사정에 맞게 시행하였다고 한다. 이 71개조로 된 고려율이 하나의 율전律典으로서 왕명王命에 의하여 공식적으로 편찬된 것인가에 관하여는 긍정설과 부정설이 있는데 아마 성종成宗 초 중앙집권적 통치체제를 정비할 때에 신라 율령에 없는 것을 보충함과 아울러 새로운 체제의 확립을 위하여 특히 필요한 것을 우선 부분적으로 계수한 것이며 율전律典으로서 존재하였다고 보는 것이 옳다. 또한 이 고려율은 초기에 일시 시행되었으나 후에 송형통宋刑統, 송령宋令, 송의 칙勅을 계수함에 따라 고려율의 개정이 불가피하게 되지 않을 수 없었으나 고려율을 개정하지 않고 별도로 그때그때 필요에 따라 왕법王法인 판判, 제制, 교敎, 지旨, 영令, 조詔에 의하여 통치하고 따라서 기본법전인 율전의 개정 없이 단일왕법單一王法으로 통치하였다. 그리하여 이 단일왕법이 쌓이게 되면 하나의 체계를 이루게 되었던 것으로 추정된다. 기본법전이 없거나 무용지물이 된 경우 왕법에 의한 통치는 자칫하면 법의 혼란을 가져오며 난세亂世로 되거나 독재군주가 나타나거나 왕권이 약해지면 자의적恣意的인 법의 남발濫發로 말미암아 법의 개폐改廢가 무상하고 법의 안정성을 잃게 되는 것인데 고려말기에는 이러한 현상이 극에 달하였으며 '고려공사삼일高麗公事三日'이라는 속담은 이를 여실히 증명하여 주고 있다.

이 시대는 위와 같이 당·송의 율령을 부분적으로 계수하였지만 전통적인 율령제국가가 아니라 단일왕법에 의하여 율령에 대신하는 왕법국가이었다. 그래서 마치 중국이 송대宋代에 와서 조칙詔勅이 율을 대신하게 되어 율이 있기는 하나 행하여지지 않는 법전이었던 것과 그 사정이 같다. 이 시대에 법령집이 편찬되었는데 오늘날 그 이름이 전해오는 것은 판안判案, 식목편수록式目編修錄, 고금상정례古今詳定禮, 의식조령儀式條令(30권)이 있으며 고려사 편찬에 이용되었던 서목書目에 제가잡록諸家雜錄이 있는 것으로 보아 개인이 편찬한 법령편람과 같은 성격의 법령집이 있었을 것이다.

말기에 이르러서는 기강이 문란해지면서 다시 율령체제에의 복귀운동이 일어났다. 이미 고려율은 실효성이 없게 된 지 오래인데, 이는 법의 통일성과 안정성이 없기 때문이다. 우왕禑王 3년(1377) 2월에는 모든 형사재판은 원元의 지정조격至正條格에 따르도록 하였고 14년(1388)에 전법사典法司는 명률明律과 원元의 의형이람議刑易覽을 참작하여 율전을 새로 제정할 것을 건의하였다. 특히 고려 최후의 해인 공양왕 4년(1392) 2월에는 정몽주鄭夢周가 고려의 법령과 원의 지정조격 및 명률을 참작하여 새로운 율전律典을 만들었다. 왕은 6일 동안 이 신율新律의 강의를 듣고 그 훌륭함에 감탄하여 이를 더욱 깊이 연구하여 손질하면 법률로 시행해도 좋다고 하였으나 끝내 실현되지 못하였다. 정몽주가 지은 신율은 비록 개인이 만든 사법전私法

典에 그치고 말았으나 역사상 명백한 최초의 사찬법률서私撰法律書이다.

한편 민사관계법은 일반적으로 넓은 범위에 걸쳐서 관습법과 판례법으로 존재하였으며 전통적인 고유한 법의식은 관습법과 판례법에 지탱되어 유지 계승되었다. 또 고려사 형법지에는 당시에 행해진 형법 조문 100여 조가 그와 관련된 판判을 비롯한 왕법이나 상소 등과 함께 수록되어 있다. 그 내용 순서는 명례名例 -[오형五刑, 형장식형杖式, 고한辜限, 금형禁刑], 공식公式 -[상피相避, 관리급가官吏給暇, 피마식避馬式, 공첩상통식公牒相通式], 직제職制, 간비奸非, 호혼戶婚, 대악大惡, 살상殺傷, 금령禁令, 도적盜賊, 군율軍律, 휼형恤刑, 소송訴訟, 노비奴婢로 되어 있고 공포년월일이 없는 조문은 대개 당률을 본뜬 것이며 고려 나름대로 간략화하거나 수정한 것들이며 그중에는 송宋의 영향을 받은 것이나 고유의 것도 있다. 이 법률은 순수한 형률뿐 아니라 영令에 해당되는 것도 있는데 고려사의 편자가 고려시대의 여러 자료 중에서 중요한 것을 골라 나름대로 체계화한 것으로 보이며 고려의 율의 윤곽을 파악할 수 있다. 고려율 71개조를 비롯하여 형법지에 있는 100여 조의 형과 법은 모두가 반드시 그대로 시행되고 준수된 것이 아니라 그중에는 이상법理想法의 성격을 지닌 것도 있다.

V 조선시대의 법

고려시대의 법이 개별적인 왕법과 관습법을 기반으로 하고 있었던 데 비하여 조선시대의 법제사적法制史的 특징은, 통일법전의 제정과 계속적인 편찬 및 중국의 대명률의 포괄적 계수繼受에 의한 법치주의 통치라는 점이다. 따라서 이 시대를 통일법전시대라고 부를 수 있다. 즉 기본적인 통일법전과 형법인 대명률을 통치수단으로 해서 전국토와 국민을 조직적 통일적으로 지배·규율하였던 것이다.

1. 경제육전과 속전의 편찬

태조는 즉위교서卽位敎書에서 모든 제도와 법제는 갑작스런 개혁을 하지 않고, 고려시대의 것을 따르겠다는 점을 밝히고 국가기본법으로서의 법전에 따라 법치주의 통치를 표방하였다. 이러한 창업주인 태조의 뜻을 좇아 정도전鄭道傳은 태조 3년 (1394) 5월에 통치의 기본이념을 구체화하는 조선경국전朝鮮經國典을 저술하여 태조에게 바쳤다. 이것은 주례周禮를 본받아 치부예정헌공治賦禮政憲工의 육전六典으로 분류된 것이며, 법전편찬을 촉진하는 계기가 되었다.

당시는 고려 말엽 이래의 법령이 그대로 시행되고 있었는데, 태조는 위화도 회군으로 실권을 잡고 있었던 우왕 14년(1388)부터 당시까지의 모든 법령 중에서 현재까지 행해지고 있음과 동시에 장차에도 지켜야 할 것을 골라 법전으로 편찬할 것을 명령하였다. 후일의 의정부에 해당하는 도평의사사都評議使司에 오늘날의 법제국에 해당하는 검상조례사檢詳條例司라는 관청을 두어 거기서 조준趙浚의 주재主宰 아래 법전편찬에 착수하였다. 그리하여 태조 6년(1397) 12월에 완성하여 경제육전經濟六典 이라고 이름지어 공포 시행하였다. 이것이 이 시대 최초의 통일성문법전이다. 이것 은 오늘날 전해지지 않으므로 자세한 것은 알 수가 없으나, 이전吏典·호전戶典·예 전禮典·병전兵典·형전刑典·공전工典의 육전六典으로 구성되어 있고, 단행법령單行法 令을 원문 그대로 수록한 것이다. 그래서 법령의 공포연월일과 고유의 이두吏讀와 방언方言도 그대로 표시하였을 뿐만 아니라, 짧은 시일 안에 완성한 것이기 때문에 법조문이 추상화·일반화되어 있지 못한 소박한 것이었다. 그러나 최초의 통일법 전이고, 창업주의 법치주의 의지가 담겨 있다는 점에서 그 역사적 의의가 매우 크다.

정종定宗 원년(1399) 11월에는 법전을 다듬고 고치기 위한 임시관청인 조례상정도 감條例詳定都監을 설치하여 경제육전의 개정·증보작업을 하였다. 그리고 태종 7년 (1407) 8월에는 경제육전의 개수改修와 그 후에 공포된 법령의 법전화法典化 작업을 위하여 속육전수찬소續六典修撰所를 만들어 하윤河崙 등에 명하여 경제육전 중의 이 두문과 방언을 없애고 법문法文으로 바꾸었다. 아울러 경제육전 제정 때에 누락되 었거나 그 후에 공포된 법령을 수집하여 속육전續六典을 편찬하도록 하였다. 그리하 여 12년(1412) 4월에 경제육전經濟六典 원집상절元集詳節 3권과 속집상절續集詳節 3권 이 완성되었다. 그리고 이를 검토한 후 13년 2월에 경제육전원전經濟六典元典·경제 육전속전經濟六典續典이라고 이름지어 공포·시행하였다. 앞의 것을 원육전元六典, 뒤 의 것을 속육전續六典 혹은 단순히 원전·속전이라고도 한다.

한편 원육전과 속육전 사이 및 이들 법전과 새 법령 사이에 모순 저촉되는 규정 이 있으므로, 이것을 해결하기 위하여 태종 15년(1415) 8월에는 법전 편찬에서의 가 장 중요한 원칙을 세웠다. 즉 모든 법령은 한결같이 원전의 규정을 본위本位로 해야 하며, 원전의 규정과 모순되거나 개정된 속전의 규정은 모두 삭제한다는 것이다. 그리고 부득이한 경우에는 원전의 규정은 그대로 두고 그 조문 밑에 할주割註로 작게 표시함으로써 법의 통일을 유지하도록 한 것이다. 이것은 법전 편찬에서의 원전 존중의 원칙, 즉 원전인 경제육전은 창업주인 조종祖宗이 만든 성헌成憲이기 때문에, 절대로 존중해야 하며 속전이나 후의 법령으로 개폐할 수 없게 하는 이른바 '조종 성헌존중주의祖宗成憲尊重主義'이며 전시대를 통한 기본 원칙의 하나로 지켜졌다.

세종世宗 역시 즉위 초부터 법전 편찬에 뜻을 두어 세종 4년(1422) 8월에 육전수찬빗六典修撰色이란 임시관청을 설치하여, 이직李稷 등이 태종이 정한 편찬원칙에 따라 속전을 개수·증보하였다. 그리하여 세종 8년(1426) 12월에 신속육전新續六典 6책과 등록謄錄 1책을 완성하여 배포하였다. 이때에 또 하나의 법전편찬원칙을 세웠는데, 그것은 영구히 지켜야 할 법령은 '전典'에 수록하고 일시적 필요에 따라서 시행할 법령은 '록錄'에 수록하는 것이다. 그러므로 '전'에 수록된 법령은 영구히 변하지 않는 조종성헌이 되는 것이다. 이 '전'과 '록'의 구별은 후세에까지 법전편찬의 원칙으로 지켜졌다. 세종 10년 11월에는 다시 하연河演 등에게 신속육전 및 등록을 개수하도록 하였다. 그리하여 11년 3월에 완료되었으나 공포하지 않았고 황희黃喜가 더욱 검토·수정하여 15년(1433) 1월에 정전正典 6권과 등록 6권으로 된 신찬경제속육전新撰經濟續六典을 완성하여 공포하였다. 문종文宗 때에 신찬경제속육전이 불완전하므로 재편찬하자는 논의가 있어서 제조도감提調都監을 설치하였는데, 별다른 성과는 없었다.

2. 경국대전의 편찬

신찬경제속육전의 재편찬작업은 세조世祖 즉위 후에도 계속 집현전集賢殿에서 수행되었다. 그러나 한편 세조는 새로운 법령이 계속 쌓이고 그것들이 전후 모순되거나 불비, 결함이 발견될 때마다 속전 편찬의 방법으로 증보하는 고식적 편찬방법을 지양하도록 하였다. 그리고 원전, 속전을 비롯한 모든 새 법령을 전체적으로 조화시켜 새로이 조직적·통일적 법전을 편찬하여 만세성법萬世成法을 이룩할 것을 결정하고 육전상정소六典詳定所를 설치하여 그 작업에 착수하였다. 그리하여 세조 6년 (1460) 7월에 먼저 재정경제財政經濟의 기본이 되는 호전戶典과 호전등록戶典謄錄이 완성되어 이를 "경국대전經國大典 호전戶典"이라고 이름을 지었다. 그리고 세조 7년 7월에 형전刑典을 완성하고 이들을 인쇄하여 공포·시행하였다. 세조 12년(1466)에는 나머지 4전典도 완성하고 전면적으로 검토하여 14년(1468) 1월부터 시행하기로 하였으나 세조가 죽음으로써 실시되지 못하였다. 그리하여 예종睿宗이 육전상정소六典詳定所를 설치하고 원년(1469) 9월에 경국대전을 매듭지어 2년(1470) 1월 1일부터 시행하였다. 이것이 최초로 확정되어 공포 시행된 경국대전이다.

다음의 성종成宗도 대전을 다시 교정하게 하여 2년 1월 1일부터 시행하였는데, 이것이 제2차의 경국대전이다. 그런데 대전에는 누락된 조문이 있음을 발견하여 다시 개수하게 되었다. 그것을 5년(1474) 2월 1일부터 시행하였으며, 이것이 제3차의 경국대전이다. 이때 개수한 대전에 수록되지 않은 것으로서 시행할 필요가 있는 72개 조문은 따로 속록을 만들어 함께 시행하였다. 그러나 12년(1481) 9월에 다시 재검토할 필요가 있다는 논의가 있어 감교청勘校廳을 설치하여 대전과 속록을 개수하게 되었으며, 15년(1484)에 완성하고, 이를 16년(1485) 1월 1일부터 시행하였다. 이것이 제4차의 경국대전인데 이것을 시행할 때에 앞으로 다시는 개수하지 않고 최종적으로 확정된 것으로 규정지었다. 그리하여 영세불변永世不變의 조종성헌으로서, 통치의 기본법으로서 이 시대를 규율하게 되었다. 그런데 오늘날 온전히 전해오는 경국대전은 이 제4차의 경국대전이며 그전의 것은 아무것도 전해지지 않는다. 따라서 이 경국대전은 우리나라에서 전해오는 법전 가운데 가장 오래된 유일한 것이며, 그전의 것이 전해오지 않는 것은 매우 애석한 일이라 아니할 수 없다. 전해오지 않는 이유는 내우외환內憂外患으로 불타 없어진 때문이기도 하지만, 그보다 더 결정적인 원인은 당시 새로 법전을 편찬하여 시행할 때에는 옛 법전을 모두 회수하여 없애버렸기 때문이다.

각 속전이 새로 편찬될 때마다 그 이전의 속전을 회수하여 없앴는데, 이것은 경국대전의 경우도 마찬가지이다. 따라서 경국대전이 완성되었을 때에도 경제육전을 회수하여 없애버렸다. 회수하는 이유는 매우 특이한 사정 때문이었다. 건국 초기인 당시의 관리들은 고려 말엽 이래의 전통적인 법령에 익숙한 자들이었다. 그래서 처음에 경제육전은 그들에게 있어서 익숙하고 편리한 법이었는데, 건국초기에 새로운 법령이 많이 제정되어 이것이 속전으로서 시행되고, 다시 속전을 개수하여 시행하였기 때문에 관리들이 신법을 적용하지 않고 낯익고 익숙한 구법을 그대로 적용하였으므로 여러 가지 불합리한 사태의 발생을 막고 신법 실시 후의 구법 적용을 방지하기 위하여 남김없이 회수하였던 것이다. 이에 더하여 옛 법전을 인쇄할 때에 사용되었던 인쇄용 판목版木도 모두 없애버렸던 것이다.

3. 경국대전의 편제와 내용

경국대전은 경제육전과 같이 육분六分 방식을 따랐으며 이전吏典·호전戶典·예전禮典·병전兵典·형전刑典·공전工典의 순서로 되어 있다. 그리고 각 전마다 필요한 항목으로 분류하여 규정하고, 조문도 경제육전과는 달리 추상화·일반화되어 있어 건국 후 60여 년에 걸친 연마의 결정답게 명실상부한 훌륭한 법전으로서의 면목을 갖추었다.

이전에는 통치의 기본이 되는 중앙과 지방의 관제官制, 관리의 종별, 관리의 임면, 사령辭令 등에 관한 것이 규정되어 있다.

호전은 재정경제와 이에 관련되는 사항으로서, 호적제도·토지제도·조세제도·봉급·통화·부채負債, 상업과 잡업雜業, 창고와 환곡還穀, 조운漕運, 어장漁場, 염장鹽場에 관한 규정이 수록되어 있다. 특히 토지·가옥·노비·우마牛馬의 매매와 그 취소기한과 이들의 매매의 경우 오늘날의 등기에 해당하는 입안立案에 관한 것, 그리고 채무변제와 이자율에 관한 것 등 민사적 규정들이 포함되어 있다.

예전에는 문과文科와 잡과雜科 등의 과거科擧에 관한 것, 관리의 의장儀章·외교·제례祭禮·상장喪葬·묘지墓地·관인官印, 그리고 여러 가지 공문서의 서식에 관한 규정을 비롯하여 상복제도[친족의 범위]·봉사奉祀[제사상속]·입후立後[양자제도]·혼인 등 친족법규범이 수록되어 있다.

병전에는 군제軍制와 군사軍事에 관한 규정이, 그리고 형전에는 대명률에 대한 특별형법으로서의 형벌, 재판, 공노비公奴婢, 사노비私奴婢에 관한 규정이 수록되어 있다. 재판에 관한 규정과 사노비에 관한 규정 중에는 재산상속법이 포함되어 있는데, 형전에 들어 있는 이유는 당시 재산이 중요한 부분을 차지하는 노비에 관한 분쟁이 주로 상속에 관한 분쟁이며 그것이 판결을 통해서 판례법으로 형성되었기 때문이다. 공전에는 도로·교량·도량형·식산殖産에 관한 규정이 수록되어 있다.

4. 경국대전 이후의 법령집과 법전

영구히 변하지 않을 조종성헌인 경국대전의 확정과 시행으로 법치주의는 확고한 궤도에 올랐다. 이후에는 태종과 세종 때에 결정된 법전편찬원칙에 따라 여러 가지 법령집과 법전이 편찬되었다. 경국대전에 규정된 조종성헌은 시세의 변천에 따라 개정되지 않을 수 없었으며 시대를 내려오면서 새 법령이 끊임없이 쏟아져 나왔다. 그리하여 성종成宗 23년(1492)에는 경국대전 시행 후에 공포된 법령을 수록한 법령집인 대전속록大典續錄이 편찬되었다. 그리고 중종中宗 38년(1543)에는 대전속록 이후의 법령집인 대전후속록大典後續錄이 편찬되었다. 명종明宗 10년(1555)에는 경국대전의 조문 가운데 해석하기 어려운 조문이나 용어에 대한 공적 주석서注釋書인 경국대전주해經國大典註解가 편찬되었다. 숙종肅宗 24년(1698)에는 대전후속록 이후의 법령집인 수교집록受教輯錄이, 영조英祖 16년(1740)에는 수교집록 이후의 법령집인 신보

수교집록新補受教輯錄이 편찬되었으며 이들 법령집은 경국대전과 함께 공적公的인 법원法源이 되었다.

그러나 이들 법령집에는 전후 모순된 규정이 있는가 하면 이미 효력을 상실한 법령도 있어, 법의 적용에 혼란과 차질을 가져와 복잡하였다. 그래서 영조英祖는 이들 속록과 집록 중에서 현재까지 행해지고 있고, 또 앞으로 영구히 행할 법령을 골라 법전으로 편찬하여 동 22년(1746) 4월에 속대전續大典이라고 이름지어 시행하였다. 이로써 당시의 현행법전은 경국대전과 속대전의 두 가지로 된 것이다.

다음에 정조正祖는 경국대전, 속대전 그리고 속대전 이후에 공포된 법령을 하나로 통합한 법전인 대전통편大典通編을 편찬하여 10년(1786) 1월에 시행하였으며, 고종高宗 2년(1865) 9월에는 대전통편 이후의 현행법령을 추가한 대전회통大典會通이 편찬·시행되었다. 대전회통은 이 시대 최후의 통일법전이다. 대전통편과 대전회통에서는 경국대전의 조문은 설사 개정 또는 폐지된 것이라 하더라도 삭제하지 않고, 오히려 큰 글자로 수록하고 속대전 이후의 조문은 그 다음에 작은 글자로 수록함으로써 '조종성헌존중주의'를 그대로 지켰다.

이와 같은 공식적인 법전 이외에도 각종 법령의 편람便覽을 위하여 숙종 32년(1706)에는 전록통고典錄通考, 영조 16년(1740)에는 증보전록통고增補典錄通考, 정조 10년(1786)에는 전율통보典律通補, 정조 20년(1796) 경에는 백헌총요百憲總要, 순조純祖 8년(1808)에는 만기요람萬機要覽 등이 편찬되었다. 그리고 고종高宗 4년(1867) 5월에는 중국의 회전會典 방식에 따라 행정법규와 사례를 수록한 육전조례六典條例가 편찬 시행되어 이들은 법전과 함께 법적용의 중요한 길잡이가 되었다. 이 밖에도 왕명에 의하여 혹은 개인이 자발적으로 편찬한 사송유취詞訟類聚, 신주무원록新注無寃錄, 증수무원록增修無寃錄, 추관지秋官志, 춘관지春官志, 경세유표經世遺表, 흠흠신서欽欽新書 등을 비롯한 각양각색의 법률서法律書가 많이 편찬되어 이용되었다.

1) 대전속록大典續錄

경국대전經國大典 시행 후 성종成宗 22년(1491)까지의 현행법령을 수집 · 편찬한 법령집이다. 경국대전 시행 후 많은 새 법령이 제정되었는데 서로 저촉되는 것이 있어 법의 시행에 차질을 가져왔으므로 영구히 시행할 만한 법령을 뽑아서 다듬고 증감한 것이며 성종 22년 10월에 왕명에 의하여 감교청勘校廳을 설치하여 이극증李克增, 어세겸魚世謙, 이집李諿, 안호安瑚, 김수손金首孫, 김심金諶, 김무金碔, 권건權健이 편찬하여 성종 23년(1492) 7월 28일에 완성하여 이듬해 5월 7일에 공포 시행하였다. 내용은 다음과 같다.

吏典(10항목)	官職, 除授, 署經, 久任, 褒貶, 考課, 祭享, 差定, 遞兒, 雜令
戶典(15항목)	諸田, 田宅, 倉庫, 上供, 支供, 兵船載粮, 收稅, 漕轉, 稅貢, 徵債, 徭賦, 祿俸, 唐物貿易, 補軍資, 雜令
禮典(10항목)	儀章, 朝儀, 待使客, 祭禮, 婚禮, 取才, 獎勸, 惠恤, 社寺, 雜令
兵典(19항목)	內命婦儀, 官職, 除授, 試取, 加階, 遞兒, 薦狀, 符信, 敎閱, 給保, 復戶, 兵船, 騎載馬, 補充隊, 獎勸, 禁獵, 驛路, 捕虎, 雜類
刑典(12항목)	決獄日限, 囚禁, 推斷, 逃亡, 捕盜, 贓盜, 元惡, 禁制, 訴寃, 賤妾子女, 公賤, 私賤
工典(5항목)	院宇, 舟車, 栽植, 工匠, 雜令

후에 대전후속록大典後續錄이 편찬된 뒤에 대전전속록大典前續錄이라고도 불렀다. 4권 1책이며 권건이 서문을 썼으며 광해군光海君 5년(1613)의 훈련도감자본訓練都監字本이 전해 오며 목판본木板本도 있다.

2) 대전후속록大典後續錄

대전속록大典續錄의 시행 후 중종中宗 37년(1542)까지의 약 50년간의 현행법령을 수집 · 편찬한 법령집이다. 처음에 연산군燕山君의 폭정暴政을 거치는 동안 법이 너무나 많고 번거로워 그 타당성과 실효성을 잃을 우려가 있으므로 대전속록 시행 후의 법령을 정비하기 위하여 후속록을 편찬하자는 의견이 있어 중종 8년(1513)에 후속록을 편찬하였다. 그러나 그것이 완전하지 못하여 누차 시행을 보류하자는 건의가 있어 미루다가 이듬해 9월경에 간행하였다. 그런데 역시 계속하여 시행에 반대하는 의견이 강하였고 후속록에 수록된 법령이 단행법령인 수교受敎에 의하여 폐지되는 것이 많아서 후속록의 조문 중 효력을 가지는 것이 극히 적어 사실상 법전으로서의 구실을 하지 못하게 되었다.

중종 38년(1543)에 이르러 왕명에 의하여 새로이 후속록을 편찬하게 되어 영의정 윤은보尹殷輔, 좌의정 홍언필洪彦弼, 우의정 윤인경尹仁鏡, 좌찬성 유관柳灌, 공조판서 유인숙柳仁淑, 호조판서 성세창成世昌이 편찬당상編纂堂上이 되어 대전속록 이후의 법령을 모아 경중을 참작하여 영구히 시행할 것을 뽑아 손질하여 양사兩司의 서경署經을 거쳐 38년 9월경에 완성하여 인쇄하였으며 38년 11월 14일부터 시행된 것으로 추정된다. 후속록이 시행된 후 대전속록을 대전전속록大典前續錄이라고도 부른다. 이전吏典은 관직官職을 비롯하여 6항목, 호전戶典은 조전漕轉 등 3항목, 예전禮典은 혼례婚禮 등 7항목, 병전兵典은 제수除授 등 25항목, 형전刑典은 결송일한決訟日限 등 8항목, 공전工典은 영선營繕 등 8항목이며 서문序文은 성세창成世昌이 썼으며 6권 1책이며 갑인자본甲寅字本과 목판본木板本이 전해온다.

3) 경국대전주해經國大典註解

경국대전經國大典의 규정 중 해석하기 어려운 조문이나 용어를 주석註釋한 것이다. 경국대전의 조문이나 용어가 간결하면서도 뜻이 깊어서 그 문장에 능통하지 않고는 법을 제대로 적용하지 못하므로 모든 사람들이 경국대전을 바르게 이해할 수 있게 하기 위하여 만든 것이다. 명종明宗 5년(1550) 봄에 예조禮曹에 주석을 담당할 부서를 설치하여 통례원通禮院 좌통례左通禮 안위安瑋와 봉상시정奉常寺正 민전閔筌이

대전주석관大典註釋官으로 임명되었으며 안위와 민전은 경국대전 중 문장이 지나치게 간략하여 시행에 가장 애로가 있는 조문을 주석하였고 이것은 판서 정사룡鄭士龍과 참판 심통원沈通源이 검토·정정한 뒤에 초고를 만들었고, 다시 영의정 심연원沈連源, 좌의정 상진尙震, 우의정 윤개尹漑의 검토를 거쳐 명종 9년(1554) 초에 완성하여 10년(1555)부터 시행하였다. 국가에서 유권적有權的으로 주석한 것이기 때문에 법률로서의 효력이 있었다. 주해한 항목수는 이전 16항, 호전 11항, 예전 7항, 병전 8항, 형전 18항, 공전 2항으로 도합 62항목이며 대부분이 조문주해이고 자구字句 해석은 적다.

이 경국대전주해의 편찬시에 부수적인 작업으로서 주해관들이 경국대전의 간단한 자구字句를 주석하였는데 이것은 국왕의 결재를 받지 않고 참고용으로 간직하였던 것인데 주해관인 안위가 명종 9년 3월에 청홍도淸洪道[충청도]관찰사觀察使로 부임하게 되자 정부에서 안위로 하여금 경국대전주해와 자구주해를 함께 인쇄 간행하게 하였으므로 10월에 청주에서 발간한 것이 있다. 이것은 경국대전주해를 전집前集으로 하고 자구주해를 후집後集으로 하여 출간하였다. 이 후집도 유권적 해석으로서의 권위를 지니고 있었다. 후집의 항목은 경국대전이라는 명칭의 자구주해를 비롯하여 이전 283항, 호전 70항, 예전 314항, 병전 52항, 형전 96항, 공전 16항, 도합 831항목이다. 경국대전주해는 정사룡이 서문을 썼으며 갑인자본甲寅字本 1권 21장의 유일본이 있고 후집은 안위가 서문을 썼으며 일본에 원본이 유일본으로 소장되어 있다.

4) 신보수교집록新補受教輯錄

수교집록受教輯錄에 이은 법령집이다. 영조 15년경에 조현명趙顯命이 주관하여 편집한 것으로 추정되며 간행되지는 않았다. 수교집록의 편찬방식에 따라 편집한 것이며 숙종 20년(1694)부터 영조 13년(1737)까지의 수교, 정탈定奪, 절목節目, 사목事目

을 분류·수록하였으며 그 이전의 법이라 할지라도 수교집록에 누락된 것을 보충하였다. 수교집록 후에 나온 법령이 많고 이들이 하나의 법적 제도를 이루는 것이 적지 않으므로 각 전典의 강조綱條를 세분하거나 신설하였으며 다음과 같다.

吏典(11항목)	京官職, 外官職, 薦擧, 褒貶, 考課, 給暇, 相避, 祭享, 雜令, 守令, 功臣
戶典(15항목)	戶籍, 量田, 祿科, 諸田, 堤堰, 支供, 解由, 收稅, 漕轉, 買賣限, 徵債, 徭賦, 雜令, 給暇, 還上
禮典(14항목)	諸科, 儀章, 祭禮, 立後, 婚嫁, 山訟, 獎勸, 頒氷, 惠恤, 京外官迎送, 京外官相見, 雜令, 待使客, 用文字式
兵典(20항목)	京官職, 外官職, 試取, 都試, 褒貶, 留防, 復戶, 軍器, 兵船, 烽燧, 廄牧, 獎勸, 驛路, 捕虎, 雜令, 軍制, 賞典, 徙民, 軍律, 軍需
刑典(24항목)	決獄日限, 囚禁, 推斷, 禁刑日, 濫刑, 偽造, 恤囚, 贓盜, 用刑, 省鞫, 屬公, 禁制, 犯越, 訴冤, 賤妻妾子女, 公賤, 私賤, 殺獄, 奸犯, 赦令, 贖良, 補充隊, 聽理, 雜令
工典(5항목)	橋路, 營繕, 度量衡, 雜令, 工匠

　　법령집으로서 간행되지 않았으나 현행법령을 수집한 것이었으므로 그 전에 나온 각종 법령집과 함께 속대전續大典의 편찬을 위한 기초자료로 된 점에 의의가 있다. 원래 신보수교집록은 2권 2책으로 되어 있어 한 부만이 사본으로서 전해 오고 이본으로서 수교신보受敎新補가 있어 일본인 마생무귀麻生武龜가 소장하였는데 전자는 1권(이전, 호전, 예전)이 결본이었으므로 마생본麻生本의 1권을 필사하여 보충하였으며 이것이 서울대학교 규장각도서로서 보존되어 있다. 마판본麻板本은 영조 14년경에 역시 조현명이 편집한 것으로 추정되고 있다.

5) 속대전續大典

　　경국대전經國大典 시행 후에 공포된 법령 중에서 영구히 시행할 법령을 편찬한 것으로 경국대전에 계속되는 제2의 법전이다. 경국대전의 시행 후 대전속록大典續錄, 대전후속록大典後續錄이 나오고 그 후 계속해서 법령이 증가하였으나 이들 법전과 법령 사이에 상호 모순되는 것이 많아서 관리들이 법의 적용에 혼란을 가져왔으므로 숙종肅宗 8년(1682)부터 수교집록受教輯錄의 편찬에 착수하였다. 숙종 14년 6월에는 이조판서 박세채朴世采가 사직소辭職疏에서 경제사經濟司를 설치하여 경국대전 후의 모든 법령 중에서 시행할 수 없는 법을 바꾸거나 증보하여 '속대전續大典'이라는 법전을 편찬함으로써 제도를 일신一新하자고 주장하였는데 속대전이라는 용어는 여기에서 처음 거론되었다. 그러나 이 의견은 당시로서는 받아들여지지 않았고 다만 경국대전과 각 속록 등의 조문을 하나로 통일하는 방법에 의하여 전록통고典錄通考, 증보전록통고增補典錄通考 등이 편찬되어 법령의 편람에 이바지할 뿐이었다.

영조英祖가 즉위한 뒤에 비로소 제2의 대전大典을 편찬할 결심을 하게 되었고 16년(1740)부터 속대전의 편찬이 시작되었으며 20년(1744) 7월에는 따로 찬집청纂輯廳을 설치하고 당상堂上·낭청郎廳을 임명하여 박차를 가하였다. 형조판서 서종옥徐宗玉, 호조판서 김약로金若魯, 예조판서 이종성李宗城, 부사직 이일제李日躋, 동 김상성金尙星, 동 구택규具宅奎 등 6명을 책임자로, 부호군 신사관申思觀, 부교리 서지수徐志修, 동 어석윤魚錫胤, 부사과 김상복金相福, 동 이규채李奎采, 동 윤광찬尹光纘, 동 남태기南泰耆, 동 이계李垍, 동 정하언鄭夏彦을 실무담당자로 임명하여 모든 법령을 수집·분류·검토하여 초안을 만들고 이것을 영의정 김재로金在魯, 좌의정 송인명宋寅明, 우의정 조현명趙顯命이 감수監修하였으며 법령의 취사取捨에는 일일이 영조의 결재를 받았으며 영조 자신도 적극적으로 관여하였다. 20년(1744) 8월에는 거의 완성되어 영조 자신이 서문序文을 썼으며 11월 하순에 완성되었으며 구택규와 정하언을 교정관으로 임명하여 다시 전반적인 교정을 거쳐 21년 5월 28일에 교서관校書館으로 하여금 경국대전과 속대전을 간행할 것을 명령하였다. 그러나 작은 조목條目에는 누락되거나 잘못된 것이 있을 것을 우려하여 교정관과 함께 삼사三司가 회동하여 검토한 후 인쇄하여 22년(1746) 4월 11일에 인쇄를 완료하였다.

경국대전의 확정·시행부터 260여 년, 속대전 편찬착수로부터 약 8년만에 속대전이 완성되었으며 이로써 법전은 두 개로 되었다. 속대전은 경국대전의 총항목

213항목 중 76항목을 제외한 137항목에 걸쳐 개정·증보하였으며 주로 호전, 형전 등에 18항목이 새로 추가되었다. 6권 4책이며 초간본初刊本이 서울대학교 규장각에 소장되어 있다.

6) 대전통편大典通編

경국대전經國大典과 속대전續大典 및 속대전 후의 법령을 하나로 통합한 것으로 조선왕조 제3차의 대법전이다. 경국대전과 속대전이 시행되어 법전은 두 책으로 되었으나 법전 외에도 오례의五禮儀 등 법전과 같은 효력이 있는 전서典書들이 나누어져 있어 법의 운용에 불편하므로 정조正祖 5년(1781) 2월에 이들 법전류를 한 책으로 통합하려는 계획과 그 법전명칭도 논의하였으나 일이 너무 번거로우므로 법전만을 통합하기로 결정하였다.

정조 8년(1784)에 찬집청纂輯廳을 설치하여 김로진金魯鎭, 엄숙嚴璹, 정창순鄭昌順을 찬집당상纂輯堂上, 이가환李家煥을 찬집낭청纂輯郎廳으로 임명하여 편찬에 박차를 가하였다. 찬집당상들은 각자 집에서 작업을 하여 사흘마다 각자의 작업분을 찬집청에 가져와 서로 협의하여 연구하고 대신大臣들과도 상의하여 초고를 완성하고 완성된 초고는 각 전典별로 모두 정조의 검토와 결재를 거쳤다. 이듬해 2월 23일에는 완성된 대전통편을 인쇄하려고 하였으나 정조는 전임前任과 현임現任의 대신들로 하여금 재검토하게 하고 또 각 전典마다 당해 판서로 하여금 축조교정逐條校正하게 하였으며 그 총책임자인 총재總裁에 김치인金致仁을 임명하였는데 그의 부父인 김재로金在魯가 속대전 편찬을 주관主管한 때문이었다. 교정실무자는 이가환, 신대계申大季이었으며 교정을 마친 후 6월 15일부터 목판본木板本 인쇄작업을 시작하였으며 감인관監印官으로는 정창성鄭昌聖, 이가환, 유홍지柳弘之와 이덕무李德懋, 유득공柳得恭, 박제가朴齊家, 서이수徐理修 등 규장각검서관奎章閣檢書官을 임명하였으며 9월 6일에 220부의 인쇄를 마쳤으며 지방관아에 보낼 것은 각 감영監營에서 따로 번각翻刻하여 배포하게 하여 공식적으로는 10년(1786) 1월 1일부터 시행되었다.

대전통편은 각 항목의 조문을 경국대전을 제1차로, 속대전을 제2차로, 속대전 후의 현행법령을 제3차의 순서로 수록하고 각각 '원原', '속續', '증增'字로 표시하였으며 표[橫看]로 된 경국대전과 속대전의 조문을 모두 직행直行으로 고쳤다. 대전속록, 후속록, 수교집록의 법령 중 현행되고 있는 것으로서 속대전에 실리지 아니한 것도 모두 수록하였으며 필요한 경우에는 조문을 간략하게 하거나 합록合錄하였다. 특히 조종성헌존중祖宗成憲尊重의 대원칙을 준수하여 경국대전이나 속대전의 조문으로서 공식적으로 폐지된 조문은 '금폐今廢'라고 표시하였으나 나머지 실제로 실효성을 잃은 조문이라 할지라도 그 사실을 표시하지 않았으며 경국대전과 속대전의 조문은 의심나더라도 고치지 않고 그대로 싣고 다만 숫자數字나 명칭이 뒤바뀌거나 오식된 것임이 명백한 것만 바로잡았다.

또한 대전통편에는 이전 212개조, 호전 73개조, 예전 101개조, 병전 265개조, 형전 60개조, 공전 12개조 등 도합 723개 조문이 증가되었다. 대전통편이 편찬·시행됨으로써 법전은 하나로 통일되었으며 경국대전 이후 300년 만에 새로운 통일법전이 성립한 것이며 고종高宗 2년(1865) 9월에 조선왕조 최후의 통일법전인 대전회통大典會通이 시행되었으나 이것은 대전통편을 약간 증보한 것에 지나지 않으므로 대전통편은 18세기 말엽부터 조선왕조의 멸망에 이르기까지 통용되어 한국사람들에게 가장 널리 그리고 익히 알려진 법전이다. 6권 5책의 목판본이며 서문序文은 이복원李福源, 전문箋文은 김치인金致仁이 썼다.

7) 전록통고典錄通考

경국대전과 그 후에 나온 법령집인 대전속록, 대전후속록, 수교집록의 조문을 분류·통합한 법전이다(14권 7책). 숙종 32년(1706) 8월에 완성하여 이듬해 9월에 출간하였다. 경국대전이 시행된 후 300년 동안 내려오면서 새 법령이 끊임없이 제정되어 그때마다 대전속록, 대전후속록이라는 법령집을 편찬하였고 다시 숙종 때에 수교집록을 편찬하였으므로 법전은 경국대전 외에 세 가지가 불어난 셈이고 그들 법령은 경국대전의 규정을 개정한 것, 전의 법령이 후의 법령에 의하여 개정된 것이 있으므로 관리들이 법률을 적용함에 있어 무엇이 현행법인지 혹은 어떠한 내용으로 개정되었는지 참조하기 어렵게 되었다.

그러므로 수교집록을 편찬·시행한 후 숙종은 여러 법전과 법서를 분류·통합하여 하나의 법전으로 만들 필요에서 숙종 27년(1701) 가을에 의정부에 그 일을 할 것을 명령하였다. 이에 영의정 최석정崔錫鼎, 좌의정 이세백李世白, 우의정 신완申琓이 협의하여 비국낭청備局郎廳 이언경李彦經 등에게 이 일을 맡게 하였다.

이 법전의 특색은 어디까지나 조종성헌인 경국대전을 위주로 하고 그 후의 법령은 경국대전의 조문 다음에 한 글자를 낮추어 실음으로써 경국대전의 존엄성과 중요성을 재확인하게 하였으며 마치 경국대전을 경서經書의 지위에, 그 후의 법령을 전주傳註의 지위에 비견하였다. 또한 조문을 일목요연하게 볼 수 있도록 하기 위하여 횡간橫看으로 되어 있던 경국대전의 조문을 모두 풀어서 직서直書하고 경국대전의 조문 중 그 뜻을 명확히 할 필요가 있는 것은 어구語句를 첨가·보충하고 '안按', '보補', '감減'자를 사용하여 표시하였으며 수교집록의 조문 중 전후 수교가 다른 것은 후의 수교가 유효한 것으로 처리하였다. 이 법전은 교서관校書館에 명하여 활자로 인쇄하여 반포하였으며 양법미의良法美意로서 영구히 시행하도록 한 것이며 경국대전 이래 최초로 수정증보된 종합법전이다.

8) 증보전록통고增補典錄通考

전록통고에 그 후의 수교를 증보·수록한 법전초안이다. 전록통고를 제정·시행한 후에 새로 공포된 수교가 증가하였으므로 영조 16년(1739)에 수교집록 이후의 수교를 모아 신보수교집록이라는 추가법령집을 편찬하였는데 이 새로운 수교들을 전록통고에 추가하여 수록함으로써 새로운 법전을 만들 계획에서 이루어진 것이며 확정된 법전초안으로 추정되며 이 초안이 만들어진 시기는 신보수교집록이 이루어진 영조 15년(1738)부터 속대전續大典이 이루어진 영조 22년(1746)의 사이의 5년간일 것이다. 전록통고의 조문 다음에 '신보수교新補受教'라고 표시하여 수교를 수록하였으며 새로 신설된 강조綱條로는 이전吏典의 봉조하奉朝賀, 내시부內侍府, 잡직雜職, 선혜청宣惠廳, 비변사備邊司, 좌우포청左右捕廳, 동반관계東班官階, 예전의 산송山訟, 병전兵典의 내금위시취內禁衛試取, 노인路引, 역노驛奴, 군수軍需, 형전刑典의 용형用刑, 성국省鞫, 속공屬公, 범월犯越, 신입역身立役, 대소원인大小員人의 18개이고 이 초안에서 뺀 전록통고의 강조는 호전戶典의 직전職田, 예전禮典의 의주儀注, 병전兵典의 오위五衛, 반당伴倘 등 4개이다. 사본 6책. 법제처에서 1969년부터 1974년에 걸쳐 3책으로 국역하여 간행한 전록통고는 원래의 전록통고가 아니라 증보전록통고이다.

9) 전율통보典律通補

경국대전, 속대전, 대전통편과 대명률을 위주로 각종 법률서와 법령을 통합하여 하나의 법전으로 만들기 위하여 편집한 법전초안이며 정조正祖 10년(1786) 8월에 완성한 것이다. 편저자는 구윤명具允明(1711~1797)이다. 영조英祖 22년(1746)에 속대전續大典이 편찬되어 국전國典으로서는 경국대전과 속대전의 두 가지로 되고 이와 함께 대명률이 형법전으로서 시행되고 있었는데 법전이 각각 따로 되어 있고 경국대전의 조문이 속대전에 의하여 개정된 것도 있어서 두 가지 법전이 서로 어긋나므로 관리들이 법률을 적용함에 있어 현혹되고 형률은 국전國典에 없는 것은 대명률을 적용하도록 되어 있으나 대명률의 체계와 조문이 많고 뜻이 어려웠으므로 사대부들의 법적용이 산만하고 서리胥吏들이 법적용에 농간을 부려서 백성들이 피해를 입고 법을 몰라 죄를 범하는 일이 있었다.

이러한 사정 때문에 법전을 통합하려는 시도가 있었고 구인후의 부父인 구택규具

宅奎가 현재 행용되는 모든 법을 분류·통합하여 참고하기에 편리하게 하기 위하여 백헌총요百憲總要를 초안하였고 이것을 홍봉한洪鳳漢(1713~1778)이 증보하여 하나의 책으로 만들었으며 다시 초안을 구윤명에게 부탁하여 법전초안으로서 완결짓도록 하였다. 구윤명은 홍봉한의 초안을 토대로 하여 대명률과 경국대전, 속대전의 조문 중에서 현행법을 수합함과 아울러 속대전에 실리지 않은 법령도 추가하여 전율통보典律通補라고 이름짓고 또한 참고로 될 만한 것을 별편別編으로 꾸며서 영조 37년(1761)에 완성하였다.

이 전율통보는 모든 법을 통합한 것이기 때문에 위에 든 법전과 법령뿐만 아니라 대명률강해大明律講解, 대명률부례大明律附例, 국조오례의國朝五禮儀, 국조속오례의國朝續五禮儀, 상례보편喪禮補編, 통문관지通文館志, 경국대전주해經國大典註解, 무원록無寃錄도 참조하였으며 각 조문마다 그 전거典據를 명시하였다. 그 내용 편제는 이전吏典이 작품爵品을 위시하여 15개 강목綱目, 호전戶典이 호적戶籍 등 17강목, 예전禮典이 국휼國恤 등 18강목, 병전兵典이 작품爵品 등 28강목, 형전刑典이 오형도五刑圖 등 34강목, 공전工典이 교로橋路 등 8강목이며 보편補編은 황조皇朝[淸國]기년紀年을 비롯하여 81개 항목으로 되어 있다. 이와 같이 전율통보는 개인이 만든 법률서로서 완성되었다.

그 후 정조正祖 9년(1785)에는 경국대전, 속대전 그리고 속대전 후의 수교受敎를 통합하여 대전통편大典通編이라는 국전國典의 통일법전이 편찬·시행되었다. 정조 9년 9월에 정조는 구윤명이 전율통보를 저술하였다는 소문을 듣고 따로 관청을 만들어 전율통보를 증보하도록 하였으나 구윤명은 증보를 위한 비용만을 국가에서 보조받기로 하고 여러 차례 수정·증보하여 정조 11년에 완성하여 2월 20일에 정조의 결재를 받았다. 그러나 24일에 비변사備邊司가 다시 수정할 필요가 있다고 건의하였으므로 확정되지 못하였고 구윤명도 노령이었으므로 수정작업을 더 계속하지 못하여 결국 공식적인 법전으로서 시행되지 못하고 말았다.

정조의 결재를 받은 증보된 전율통보는 출판할 것으로 예정하여 활자체로 정서

正書한 것이며 영조 37년에 이루어진 최초의 전율통보와 함께 규장각 도서로서 전해지고 있다. 전율통보는 공적인 법전은 아니나 모든 현행법을 하나로 종합·통일한 것이기 때문에 실질적으로는 조선후기의 현행법으로서 참고할 가치가 있으며 법전편찬사에 있어서 하나의 금자탑이라고 규정할 수 있다. 또한 두 가지의 전율통보를 구별하기 위하여 최초의 것을 신사년전율통보辛巳年典律通補, 증보된 것을 정미년전율통보丁未年典律通補라고 명명하는 것이 좋겠다. 참고로 정미년전율통보의 내용을 소개하면 다음과 같다.

吏典(15항목)	官階, 京官職, 京官格式, 外官職, 外官格式, 薦擧, 科階, 署經, 考課, 褒貶, 老職, 追贈(贈諡 附), 給暇, 相避, 雜令.
戶典(17항목)	戶籍(號牌 附), 量田(堤堰 附), 年分, 田稅, 大同(土貢·詳定 附), 均役, 漕轉(大同均役上納 附), 雜稅(身貢 附), 徭役(復戶 附), 倉庫(支供), 糴糶, 備荒, 諸田, 祿科, 外官供給, 解由, 雜令.
禮典(16항목)	喪禮, 陵廟(殿壇·胎室·歷代諸陵 附), 祭禮, 朝儀, 儀章, 璽寶(用印 附), 事大, 交隣, 開市, 諸科, 獎勵, 惠恤, 婚嫁, 喪祭, 立後, 雜令.
兵典(26항목)	官階, 京官職, 京官格式, 外官職, 外官格式, 諸科, 試取, 名簿, 屬衛, 敎閱, 番上, 留防, 符信, 入直, 門開閉, 行巡, 侍衛, 成堡, 烽燧, 軍器, 兵船, 廐牧, 驛馬(官馬 附), 驛路, 禁火, 雜令.
刑典(33항목)	獄具圖, 五刑圖, 推斷(發配 附), 囚禁, 用刑, 收贖, 逃亡, 赦令, 逆獄, 綱常, 賊盜, 受贓, 姦犯, 罵詈, 殺傷, 辜限, 私和, 復讐, 檢驗, 發塚, 失火, 詐僞, 訴告, 聽理(山訟 附), 徵債, 公賤(私賤 附), 私賤, 分財, 贖良, 禁制, 雜令, 律名, 名例.
工典(7항목)	橋梁, 營繕, 度量衡, 舟車, 栽植, 工匠, 雜令.
別編(30항목)	皇朝紀年, 淸紀年, 國朝紀年(徽號忌辰陵寢), 宮園(尊號忌辰), 壇廟, 祭饌圖說, 五服圖, 功臣名號, 使臣外官賀拜迎受儀(正至遙賀, 拜箋, 迎敎書, 受諭書, 受宣勞, 迎內香), 京外官相接儀(迎觀察使, 京外官迎送, 京外官相見, 京外官會坐, 請臺), 事大文字式(賀表, 方物表, 賀箋, 方物箋, 方物狀, 年貢奏本, 禮物摠單, 謝恩表, 進賀表, 陳慰表, 進香祭文, 祭物單子, 起居表, 告計表, 告計奏本, 奏請奏本, 方物奏本, 方物啓本, 方物單本, 咨文, 方物咨文, 申文, 呈文), 交隣文字式(國書別幅, 書契別幅), 本朝文字式(諭書, 告身, 追贈, 差帖, 紅牌, 白牌, 雜科白牌, 祿牌, 鄕吏免役賜牌, 奴牌田土賜牌, 進箋, 京司啓本, 京司啓目, 草記, 外方啓本, 外方狀啓, 上疏, 箚子, 上書, 上言, 呈辭, 下直單子, 謝恩單子, 六行單子, 問安單子, 祗受單子, 守令薦單子, 牒呈, 書目, 平關, 帖, 解由移關, 解由牒呈, 外官推考發緘, 外官緘答, 京官緘答, 立案, 勘合, 戶口單子, 準戶口, 署經單子, 璿源錄世系單子, 敦寧單子, 功臣子孫世系單子, 參謁六行單子, 科擧秘封), 吏文, 民摠, 軍摠, 田摠(田稅大同均役摠數 附), 穀摠, 廐驛馬摠, 各道戰船, 量田法, 城闕, 五部坊名, 各道城堞, 八道程途, 中原路程, 日本路程, 工匠名色, 籌法, 諸尺圖.

10) 육전조례六典條例

육조六曹의 각 관아官衙의 사무처리에 필요한 행정법규와 사례事例를 편집한 행정법전이며 고종高宗 3년(1866) 12월에 완성하여 4년 5월에 인쇄하여 시행하였다. 고종 2년 9월에 대전회통大典會通이 완성되었으나 실제에 행해지고 있는 행정법규집이 없어서 법전을 시행하는 데 불편하며 특히 재정법규가 해석하기 어려워서 모든 행정법규와 관례를 편집할 필요가 있었으므로 고종 2년 12월 17일에 영의정 조두순趙斗淳이 중국의 회전會典 방식을 좇아 육전조례六典條例라는 명칭을 붙여 편집할 것을 건의하여 착수하였으며 대전회통의 편찬을 담당하였던 관원들이 계속해서 담당하여 고종 3년 12월에 완성하여 4년 5월에 인쇄하였다.

편찬방법은 육전六典으로 나누고 각 전典에 속하는 관청을 전典 안에 분속시키고 관직과 직원의 수, 직무, 권한의 분장, 임면·징계의 절차, 경비의 수입·지출에 관한 법규를 관청마다 상세히 수록하였으며 대전회통과는 표면과 이면, 근원과 지류와 같은 관계를 이루게 함으로써 조정과 관청의 크고 작은 행정사무처리의 지침서로 되도록 한 것이다. 특히 육조六曹를 비롯한 여러 관청의 기록에 실려 있는 사례를 뽑았으므로 당시의 행정실례를 참고하는 데 크게 도움이 된다. 대전회통의 편찬과정에서 얻은 부산물이기도 하며 조선시대의 유일한 체계적인 행정법령사례집이기도 하다. 육전조례의 편제를 관청명만 소개하면 다음과 같다.

吏典(14항목)	宗親府, 議政府, 忠勳府, 儀賓府, 敦寧府, 吏曹(文選司, 考勳司, 考功司), 司憲府, 承政院, 司諫院, 司饔院, 尙瑞院, 內需司, 內侍府, 掖庭署.
戶典(27항목)	戶曹(版籍司, 會計司, 前例房, 別例房, 版別房, 鑄鐵所), 別營, 算學廳, 舊司瞻寺, 舊司畜署, 宣惠廳, 均役廳, 常平廳, 賑恤廳, 別下庫, 糧餉廳, 漢城府, 軍資監, 廣興倉, 司䆃寺, 司宰監, 濟用監, 平市署, 內資寺, 內瞻寺, 典設司, 義盈庫, 長興庫, 豊儲倉, 司圃署, 養賢庫, 五部.
禮典(33항목)	禮曹(稽制司, 典享司, 典客司), 社稷署, 宗廟署, 永禧殿, 正殿, 景慕宮, 奉常寺, 掌樂院, 耆老所, 奎章閣, 校書館, 經筵廳, 弘文館, 藝文館, 春秋館, 成均館, 世子侍講院, 輔養廳, 講學廳, 世孫講書院, 觀象監, 內醫院, 承文院, 通禮院, 典醫監, 司譯院, 典牲署, 禮賓寺, 冰庫, 惠民署, 圖畵署, 活人署, 四學.

兵典(25항목)	中樞府, 兵曹(政色, 馬色, 武備司, 一軍色, 二軍色, 有廳色, 都案色, 結束色, 省記色, 梗杻色, 刑房, 禮房, 世子翊衛司, 世孫衛從司, 都摠府, 五衛將, 部將, 訓鍊院, 能麼兒廳, 司僕寺, 內寺), 軍器寺(掌務色, 火藥契, 弓箭色, 別造色, 鑄成焰硝色, 爐冶色), 訓鍊都監, 禁衛營, 鷺梁津, 御營廳, 摠戎廳, 長山鎭, 北漢山城, 扈衛廳, 捕盜廳, 宣傳官廳, 守門將廳, 別軍職廳, 忠壯衛將, 忠翊衛將, 景福宮衛將, 慶熙宮衛將, 儀仗庫, 巡廳, 武臣堂上軍職廳, 文臣堂上軍職廳, 大報壇, 宣武祠.
刑典(3항목)	刑曹(詳覆司, 考律司, 掌禁司, 掌隷司, 刑房, 律學廳), 義禁府, 典獄署.
工典(13항목)	工曹(營造司, 攻冶司, 山澤司), 濬川司, 舟橋司, 長生殿, 尙衣院, 繕工監, 分繕工監, 營繕, 五所掌, 紫門監, 掌苑署, 造紙署, 瓦署.

11) 사송유취詞訟類聚

조선시대 민사소송인 사송詞訟의 처리에 참고할 수 있도록 필요한 법령을 편집한 소송지침요람서이다. 김백간金伯幹이 수령으로 재직할 당시 대명률, 경국대전, 대전속록, 대전후속록, 대전주해, 각년 수교受敎 중에서 사송에 필요한 조문을 뽑아서 분류하여 한권의 책으로 만들고 다시 심희안沈希安의 교정을 받아 이를 출판하여 사송을 처리하는 자의 지침이 될 것을 바랐으나 뜻을 이루지 못하였는데 그의 아들 김태정金泰廷이 전라감사로 재직할 때인 선조 18년(1585)에 전주에서 목판본으로 간행하였다.

내용의 강조綱條는 상피相避, 단송斷訟, 청송聽訟, 친착親着, 결송일한決訟日限, 금제禁制, 위조僞造, 속신贖身, 진고陳告, 정송停訟, 속공屬公, 매매買賣, 매매일한買賣日限, 징채徵債, 입후立後, 봉사奉祀, 향역鄕役, 면역免役, 공신功臣, 혜휼惠恤, 혼가婚嫁, 역로驛路, 공천公賤, 사천私賤 등 24개로 분류하였고 각 강조의 조문은 대명률, 경국대전, 전속록, 후속록, 대전주해, 수교의 순서로 하여 인용한 법전을 음각으로 첫머리에 표시하고 조문을 수록하였다. 강조 다음에는 참고용 부록으로 사손도使孫圖, 각 법전의 실시연월일, 역대 공신의 칭호, 중국의 연호와 황제의 재위기간, 조선의 왕호와 원년, 재위년과 승하년, 사송사건의 처리 순서인 청송식聽訟式, 동전이나 저화楮貨와 같은 화폐와 미米·포布와 같은 물품화폐의 환산기준에 관한 전폐준용錢幣準用이 수록되어 있다.

이 책은 당시 재판을 할 때에 적용할 조문을 찾자면 5, 6종류의 법전을 번거롭게 찾아야 하는 불편을 덜어주어 적용조문을 일목요연하게 참고할 수 있었으므로 조선중기 이후 여러 곳에서 자주 출판되어 수령을 비롯한 청송관聽訟官의 지침서로서 활용되었다. 또한 개인의 저서는 아니지만 현존하는 최초의 법률관계 편저이며 공적인 권위를 갖고 있었다. 후에는 동일한 내용에 부록을 조금 첨가하여 결송유취決訟類聚 또는 청송지남聽訟指南이라는 이름으로 출판되기도 하고 또 이를 증보하여 결송유취보決訟類聚補가 출판되어 통용되었다.

12) 결송유취보決訟類聚補

결송유취(또는 사송유취 혹은 청송지남)의 증보판이며 민사와 형사의 재판을 위한 지침서이다. 편자는 알 수 없고 숙종 33년(1707) 2월에 경상도 의령宜寧에서 출간되었다. 결송유취가 민사소송인 사송을 처리하는 지침서로서 송관訟官에게 큰 도움이 되어 왔는데 내용이 자상하지 못하여 참고하기에 불편할 뿐만 아니라 그 후 숙종 24년(1698)에 수교집록受敎輯錄이 출간되고 새로운 수교도 늘어났으며 또한 형사재판인 옥송獄訟을 위한 지침서로서도 이용될 수 있도록 하기 위하여 내용과 참고로 될 부록을 증보한 것이다.

이 법률서의 특색은 첫째, 형사재판의 지침이 되게 하기 위하여 차례의 첫머리에 투구鬪毆, 고한辜限 등을 넣고 형사재판에 꼭 필요한 20여 강조綱條를 첨가하였으며 형률刑律을 익혀야 법을 제대로 운용할 수 있기 때문에 부록으로 오형도五刑圖와 수속지도收贖之圖를 추가하고 대명률, 경국대전, 수교집록 중의 참고할 조문을 모두 수록할 수 없으므로 형사재판에 꼭 필요한 것만을 수록하였다. 둘째로, 결송유취 중의 '단송斷訟'은 소송을 없게 한다는 '무송無訟'의 뜻이지 청리하지 말라는 '물허청리勿許聽理'의 뜻과 맞지 않으므로 '물허청리勿許聽理'라는 강조로 바꾸고 '금단禁斷'은 사람들로 하여금 범하지 말라는 뜻이며 사람들이 법리法理를 잘 모르기 때문에 매양 다툼을 일으키므로 이를 청리조聽理條에 넣고 공신명호功臣名號의 유무, 향리면역鄕吏免役의 여부는 민사소송에는 반드시 긴요한 것이 아니므로 이를 삭제하고 또한 분류상 정확하지 않은 것과 차례가 뒤바뀐 것을 바로잡았다. 셋째, 잡령雜令도 나라의 금법이며 수장受贓에 관한 것도 관리가 마땅히 명심해야 하므로 강조로서 첨가하였다. 넷째, 형조, 한성부, 장례원, 수령들은 국기일國忌日에는 개좌開坐[재판]하지 않음이 법례이며 국기일에 재판함은 법례에 위반되므로 이를 지키게 하기 위하여 국기일을 부록으로 제시하였다. 다섯째, 대전과 수교의 어구語句가 모순될 경우에는 수교집록의 범례에 따라 후의 법령이 유효한 것으로 하고 간혹 모순되는 두 조문을 모두 수록한 것은 송관이 스스로 참작하여 처리하도록 하였다. 끝으로, 결송유취의 조문을 먼저 실은 다음에 첨가한 조문을 싣고 기왕의 조문에 첨가한 경우에는 모두 '보補'라고 표시하고 편자의 사견을 말한 곳은 '안按'으로 표시하고 조문 중 말뜻이 중첩된 것은 하나만 택하고 문장이 장황한 것은 기본이 되는 뜻을 취함으로써 간소화한 것 등이다.

결송유취가 24개 강조로 되어 있음에 대하여 이 책은 배가 되는 42강조로 늘렸고 부록도 많이 증가하였는데 그 내용 목록은 다음과 같다.

본문 : 상피相避, 투구鬪毆, 고한辜限, 살상殺傷, 검험檢驗, 낙태落胎, 도적盜賊, 추단推斷, 천살擅殺, 남형濫刑, 포망捕亡, 가취嫁娶,

범간犯姦, 사위詐僞, 고소告訴, 매리罵詈, 잡범雜犯, 물허청리勿許聽理, 청리聽理, 친착親着, 입후立後, 봉사奉祀, 사천私賤, 공천公賤,

진고陳告, 속신贖身, 속공屬公, 혜휼惠恤, 역로驛路, 공신사패功臣賜牌, 문기文記, 매매買賣, 매매일한買賣日限, 징채徵債, 호적戶籍,

전결田結, 정송停訟, 결송일한決訟日限, 질지[作紙], 잡령雜令, 수장受贓, 산송山訟

부록: 大明年紀, 清朝年紀, 本朝年紀, 本朝國忌, 大典成就年月, 五刑之圖,
대명연기　청조연기　본조연기　본조국기　대전성취연월　오형지도

笞杖收贖圖, 徒流死收贖圖, 使孫圖, 聽訟式, 守令下直時承政院別諭, 田算法,
태장수속도　도류사수속도　사손도　청송식　수령하직시승정원별유　전산법

飢民賑濟法, 銀錢和賣法, 貰馬給價法, 軍兵放料法, 田稅加升法, 還上分給法,
기민진제법　은전화매법　세마급가법　군병방료법　전세가승법　환자분급법

還上除耗法
환자제모법

특히 전산법부터 환자제모법까지는 어려운 환산을 쉽게 이해할 수 있게 하기 위하여 구체적인 예를 문답형식으로 풀고 그 계산방법의 근거를 제시하였으며 오늘날 경제사연구에서도 도움이 된다. 위와 같이 이 책은 결송유취를 깊고 넓게 발전시킨 민형사재판 지침서라고 할 수 있다.

13) 증수무원록增修無冤錄

조선후기에 증보하여 시행한 법의학서이다. 중국 송대宋代의 세원록洗冤錄과 평원록平冤錄, 결안정식結案程式을 원元의 왕여王與가 종합·편찬한 무원록에 우리나라 세종 22년(1440)에 주석을 붙여 신주무원록新註無冤錄을 간행·시행하였는데 애매하고 잘못된 점이 있으므로 영조 24년(1748) 9월에 왕의 특명으로 구택규具宅奎가 내용을 증보하고 애매한 용어를 바로잡고 해석을 붙여 새로 편찬하였으며 이것이 증수무원록의 구본舊本이다. 그 후 중국의 문자와 방언이 많고 용어가 너무 간결하여 이해하기 어려우므로 구윤명具允明이 보완하여 주석하였으나 완결짓지 못하였는데 율문에 밝은 율학교수律學敎授인 김취하金就夏의 도움을 받아 전반적으로 증수하였으며 이것이 증수무원록의 신본新本이다. 다시 정조 14년(1790)에 전 형조판서인 서유린徐有隣의 주관 하에 김취하를 비롯하여 전 형조정랑 유한돈兪漢敦, 율학별제律學別提 한종호韓宗祜, 박재신朴在新이 함께 고증하고 바로잡아 한글로 토를 달고 필요한 주석

을 달아 증보하여 정조 16년에 간행하였다. 이것을 증수무원록 또는 증수무원록언해增修無寃錄諺解 혹은 증수무원록대전增修無寃錄大全이라고 부른다.

이 언해본諺解本은 조선왕조 말에 이르기까지 살인사건에 있어서의 지침서로서 법률과 다름없이 적용되었다. 이 언해본은 정조 20년(1796)에 그리고 1900년대 초인 광무연간光武年間에도 간행되었다. 구택규의 구본, 구윤명의 신본, 서유린의 언해본은 모두 무원록 또는 증수무원록이라고 불렀으나 특히 언해본을 증수무원록대전이라고 관칭慣稱하였다.

14) 춘관지春官志

조선시대 예조禮曹의 관장사항에 관한 준거準據로 되는 법례와 사례를 편집한 기록이다. 영조英祖 20년(1744)에 왕명에 의하여 예조좌랑 이맹휴李孟休가 편찬하였다. 그러나 너무나 소홀하고 간략한 것이 많으므로 1781년(정조 5)에 이맹휴의 조카인 이가환李家煥 등 사신詞臣[글을 짓는 신해이 증보하였으며 3권 3책의 필사본으로 전한다. 예조에서 처리한 사항은 일일이 '등록謄錄'이라는 기록으로 남겨두므로 편자는 주로 등록의 내용을 요약하였으나 등록은 인조仁祖 이전의 것은 남아 있는 것이 하나도 없고 효종孝宗, 현종顯宗 때의 것은 두셋이 남아 있을 정도인데다가 등록은 하급이속下級吏屬이 작성하기 때문에 기재내용이 소략할 뿐만 아니라 자세한 것도 소계疏啓나 비지批旨만 기록하고 시행여부에 관하여 단 한 마디도 언급되어 있지 않으므로 등록에 없는 것은 선배의 문집이나 야사野史, 패승稗乘을 이용하였다. 따라서 앞뒤가 끊어져서 두서頭緖를 이루지 못한 점이 흠이다. 편찬에 이용한 서적은 다음이다.

예조등록 禮曹謄錄, 선묘보감 宣廟寶鑑, 숙묘보감 肅廟寶鑑, 각릉지 各陵志, 오례의 五禮儀, 속오례의 續五禮儀, 경국대전 經國大典, 고사촬요 攷事撮要,

당후일기 堂后日記, 여지승람 輿地勝覽, 예조의궤 禮曹儀軌, 해동야언 海東野言, 국조정토록 國朝征討錄, 청파극담 靑坡劇談, 필원잡기 筆苑雜記,

석담일기 石潭日記, 송와잡기 松窩雜記, 치재일기 恥齋日記, 동각잡기 東閣雜記, 퇴도언행록 退陶言行錄, 후청쇄어 鯸鯖瑣語, 패관잡기 稗官雜記, 죽천 竹泉,

식소록 識小錄, 서애집 西厓集, 백사집 白沙集, 월정집 月汀集, 지천집 遲川集, 부계기문 涪溪記聞, 자해필담 紫海筆談, 하담파적 荷潭破寂, 관북기사 關北紀事,

조야기문 朝野記聞, 난중잡기 亂中雜記, 택당가훈 澤堂家訓

구체적인 내용은 다음과 같다.

권1	社稷, 宗廟·永寧殿, 太廟配享(태묘실~경종실 배향), 眞殿, 附記, 追崇(德宗·元宗追崇), 追崇還廢(成宗廢妃尹氏, 光海所生母尹氏), 復位(貞陵·昭陵·莊陵·思陵·溫陵復位), 私親廟(懿陵), 歷代諸君廟(崇靈殿·崇仁殿·崇德殿·溫王廟·崇義廟·關王廟·宣武祠), 陵寢(附錄·黃池尋陵事跡·山陵雙故·山陵失火·改宗系), 享祀總載(大祀·中祀·小祀·俗祭), 祈告報祀, 祈告類(祈雨·祈晴·祈雪·祈禳蟲災·祈禳癘疫), 報祀類, 雜祀, 大儺, 祭禮總論(冠禮·婚禮), 士庶婚禮, 離異, 學校(幸學·州郡學), 啓聖廟, 書院, 科擧(式年·監試·別試·增廣·庭試·謁聖試·別科·賢良科), 科擧雜例, 大射禮.
권2	親耕, 諡號廟號, 臣諡, 諡號廟類, 朝賀, 耆老所(耆老題名案), 耆老宴, 宴享, 冕服, 別段(遠遊冠·絳紗袍, 裳, 蔽膝·大帶·大綬·佩玉·赤襪·赤舃·玉圭·冕服·中單·袞衣·裳·蔽膝·玉圭·翼善冠·袞龍袍·王妃翟衣·冠), 冠服, 樂, 宣路霹獻馘, 救日食, 繼後, 起復, 朝京舊例(諸使定制·諸船定數·使船大小船夫定額·諸使迎送·三浦熟供·三浦分泊·上京人數·三浦宴·路資·京中迎餞宴·晝奉盃·京中日供·關內宴·禮曹宴·名日宴·下程·例賜·別賜·留浦日限·修船給粧·過海料·給料·諸道宴儀·受書弊儀·賜宴儀·禮曹宴儀·朝京道里·上京道路·考事撮要接人朝京道路), 通信使, 通信使一行先後節目(關白告計差倭至·關白承襲告慶差倭至·通信使請來差倭至·島主還島告知差倭及問慰官護行差倭至), 通信使節目講定別單, 通信三使及一行員役, 通信使應行節目, 信使路資盤纏, 賜禮單物目(附錄·權現堂·大猷院·嚴有院·秀忠廟堂·馬島權現堂·威德院·日光山鍾銘幷序·致祭文·使臣禮單·大猷院幣帛·大猷院燈籠銘·大猷院祭文·附錄·船上雜物·從事官賚去一行禁斷節目·告示節目·日期推擇·馬文式·國書式·謹封內式·附錄), 書契式及三使臣首譯私禮單.
권3	問慰行, 接慰官(京接慰官·鄕接慰官), 年例送使(公貿易·回禮·求請·附錄·論別幅回禮之由·論公貿易之由·論公貿沿革節目·論公木作米之由·總論接倭之費·倭料米太及公木分徵郡邑·倭船已革者), 差倭, 倭館(修理·失火改造·馬島江戶失火·館中諸倭), 倭譯(賞加), 書契(書契違式), 日本年號, 開市(市易事蹟·日本物産·日本商市及物産總記), 求請, 立約(舊三浦禁約·舊鮣魚禁約), 往征, 入寇, 荒唐船, 鬱陵島爭界, 野人(接對事例·征討), 琉球(來聘·通信), 國書及答書, 信使護行差倭至(先文式·踰越關津路文·我境賜宴·島倭請貿及八送使停止·信使祭海), 水陸路程(彼地宴享·中路問安·傳命儀·受回答儀·回答國書·回答書契·一行回受禮單·信使護還差倭至·使行用餘雜物還納·三使答島主書·差倭私饋三使·員役死者恤典·附錄·被擄人物論文)

위의 내용으로 알 수 있듯이 춘관지는 예조가 관장하는 길례吉禮, 흉례凶禮, 군례軍禮, 빈례賓禮, 가례嘉禮의 연혁, 내용, 법례에 관한 것뿐만 아니라 특히 일본과의 교린에 관한 의례절차, 외교문서 등에 관한 사료로서 중요하다. 춘관지는 1976년에 법제처에서 규장각 소장본을 원문영인과 함께 전문을 번역하여 법제자료 85, 86집으로 간행하였다.

15) 추관지秋官志

조선시대 형정, 재판에 관한 준거準據로 되는 법례를 편집한 기록이며 박일원朴一源이 편저하였다. 정조正祖때의 형조판서 김노진金魯鎭(1735~1788)이 예조에 관하여는 춘관지春官志가 있으나 형정과 재판에 관하여는 참고할 만한 기본적인 지침서가 없어서 형정집행에 불편하였으므로 형조좌랑 박일원에게 조선 국초 이래의 각종 법례, 관례, 판례를 모은 추관지를 편집하게 하여 1781년(정조 5)에 5편으로 된 추관지를 박일원이 편찬하였고 정조 6년 5월에 정조가 이를 읽어본 뒤 의금부에 관한 사례도 첨가하라는 왕명에 따라 증보함으로써 공식화되었고 그 후 다시 1791년(정조 15)에 증보重補되었다. 10권 10책의 필사본으로 전한다.

추관지는 조선 국초 이래의 역대왕의 형정, 재판에 관한 교지, 명신들의 가·부의 논의를 비롯하여 율령과 금조禁條의 연혁과 증보·개폐, 판례 등을 수집·분류한 것인데 편자인 박일원은 천시天時의 운행이 '십간十干'에 비롯하여 '이지二至', '오운五運', '사시四時', '삼원三元'이 되는 '이십사기二十四氣'임에 착안하여 다음과 같이 구성하였다. 제1편은 십간十干에 따라 관제官制, 직장職掌, 속사屬司, 이례吏隷, 관사館舍, 경용經用, 율령律令, 금조禁條, 노비奴婢, 잡의雜儀의 10목으로, 제2편 상복부詳覆部는 오운五運에 따라 계복啓覆, 윤상倫常, 복수復讐, 간음奸淫, 심리審理의 5목으로, 제3편 고율부考律部는 사시四時에 따라 제율除律, 정제定制, 속조續條, 잡범雜犯의 4목으로, 제4편 장금부掌禁部는 삼원三元에 따라 법금法禁, 신장申章, 잡령雜令의 3목으로, 제5

편 장례부掌隷部는 이지二至에 따라 공예公隷, 사천私賤의 2목으로 하여 총 24목이며 이십사기二十四氣에 부합되도록 분류·편집하였다.

각 기록의 연혁에 관해서는 인조仁祖조 이전의 것은 수차례의 병란을 겪어 기록이 없어진 것이 많기 때문에 분량이 많지 않고 효종孝宗조 이후의 것은 풍부하게 수록되어 있다. 구체적인 내용은 다음과 같다. 제1편에는 형조를 비롯한 소속관청의 직제, 관원, 경비, 법전류, 형조에서 통용되는 각종 문서형식을 수록하였다. 제2편에는 형사재판의 절차를 비롯한 각종 범죄에 관한 250개 판례를 비롯하여 역대 왕의 흠휼欽恤에 관한 수교受敎, 전지傳旨 등을 수록하였다. 제3편에는 고문의 제거, 형벌의 특혜, 각종 사목事目, 율관律官, 행형行刑, 50종으로 분류한 범죄에 관한 국왕의 판결, 수교, 전지, 선례先例, 정식定式을 수록하였다. 제4편에는 29종의 금령禁令, 수교, 전지, 선례先例, 정식定式 등을 수록하였다. 제5편에는 공사노비에 관한 수교, 전지, 선례, 정식을 수록하였다.

추관지는 조선왕조 500년 동안의 형정 전반에 걸친 기본사료로서의 가치뿐만 아니라 여기에 수록된 판례는 심리록審理錄, 흠흠신서欽欽新書와 함께 당시의 형사재판의 실제는 물론 가족제도, 생활규범, 가치관 등 당시의 살아있는 법·관습을 이해하고 연구할 수 있는 귀중한 자료이다. 이 책은 1939년에 조선총독부 중추원에서 증보사본을 교열하여 활자본으로 간행하였으며 1975년에 법제처에서 전문을 번역하여 원문을 곁들여 법제자료 75~78집으로서 4책으로 간행함으로써 쉽게 이용할 수 있게 되었다.

16) 흠흠신서欽欽新書

다산茶山 정약용丁若鏞(1762~1836)이 살인사건을 심리·처결하는 데 필요하고 도움이 되는 올바른 절차와 판단추론을 종합한 법률서이다. 순조 19년(1819)에 일단 완성하여 동 22년(1822)에 확정지었으며 경사요의經史要義 3권, 비상준초批詳雋抄 5권,

의율차례擬律差例 4권, 상형추의祥刑追議 15권, 전발무사剪跋蕪詞 3권, 총 30권으로 구성되어 있다. 경세유표經世遺表, 목민심서牧民心書와 함께 1표2서라고 일컬어지는 것으로 다산의 대표적 저서의 하나이다.

다산은 당시 살인사건의 조사, 심리, 처형이 매우 형식적이고 무성의하게 진행됨으로써 생명존중사상이 무디어졌을 뿐만 아니라 사건을 다루는 수령을 비롯한 관료사대부들이 율문에 어둡고 사실탐지의 기술이 미약한 실정을 직시하고 이를 바로잡고 계몽할 필요를 느껴서 그 전문서를 저술한 것이다. "경사요의"에서는 당시에 적용되던 대명률大明律과 국전國典의 형벌규정의 기본원리와 지도이념이 되는 고전적 유교경전 중의 중요부분을 요약·논술함과 아울러 중국과 조선의 사서史書 중에서 참고될 만한 선례를 뽑아서 유별하였으며 중국판례 79건, 조선판례 36건 총 115건의 판례를 분류·소개하였다. "비상준초"에서는 주로 조선에서 수령과 관찰사가 작성해야 할 살인사건관계 문서의 올바른 모범을 제시하기 위하여 당시 사정이 비슷하였던 중국 청나라의 우수한 표본을 선별하여 해설과 비평을 덧붙인 것이며 독자로 하여금 살인사건문서의 이상적인 형식과 문장기법, 사실인정기술을 비롯한 관계법례를 참고할 수 있도록 종합적으로 논술하였다. "의율차례"에서는 살인사건은 모살謀殺, 고살故殺, 투살鬪殺, 희살戱殺, 오살誤殺이 있고 이를 요약하면 고살, 오살, 투살로 등급을 매길 수 있으며 중국에서는 6종류에 따라 법조적용과 양형量刑에 차별을 두는데 조선에서는 위 종류를 정확히 분류하지 않을 뿐만 아니라 양형도 타살打殺과 발배發配 두 가지로 처단하여 소략하기 이를 데 없으므로 이에 관한 중국의 모범적인 적용판례를 체계적으로 분류·제시하여 실무에 참고하도록 하였다. "상형추의"는 정조正祖가 심리하였던 살인사건 중에서 142건을 골라 살인의 원인, 동기 등에 따라 22종류로 분류한 것으로 각 판례를 사건의 내용, 수령의 검안檢案, 감사의 제사題辭, 형조의 회계回啓, 국왕의 판부判付를 중심내용으로 하여 요약하였으며 필요에 따라 다산 자신의 비판의견을 덧붙인 것이며 법의학·사실인정학·해설학을 포괄하는 일종의 종합재판학적 서술이라고 할 수 있다. 끝으로 "전발무사"에서는 다산이 곡산부사, 형조참의로 재직 중에 다루었던 사건, 기타 직접·간접으로 관여하였던 사건, 유배지에서 문견聞見하였던 사건 16건에 대한 소개·평석과 매장한 시체에 관한 굴검법掘檢法을 해설하였다.

흠흠신서는 다산 이후에도 어느 정도 유포되어 읽히고 살인사건 실무지침서로서 활용되었고 1901년과 1907년에 민간출판사에서 출판되기도 하였으며 한국법제사상 아마도 최초의 율학律學연구서이며 따라서 다산은 한국형법학의 시조로서 기록될 만하다.

5. 대명률의 계수

고려 말 이래의 병폐는 형법에 관한 기준이 없이 혹형酷刑을 과하며, 동일한 범죄에 대한 형벌이 관리나 관청에 따라 경중의 차가 심하여, 백성의 원성이 높았다. 태조는 건국과 동시에 형법의 정비를 급선무의 하나로 내걸고, 모든 범죄를 처결함에는 반드시 중국의 대명률을 적용한다는 것을 선언하였다. 즉 대명률은 법전편찬에 앞서 형법으로서 대명률 전체가 포괄적으로 계수되어 일반적으로 적용하게 된 것이다. 그러므로 우리의 역사상 하나의 외국법전 자체가 전체적으로 계수된 최초의 일이다. 대명률은 이미 고려 말엽부터 적용의 필요성이 강조되어 연구되고 있었다. 그래서 건국 직후 정도전도 그의 저서인 조선경국전의 헌전憲典에서 대명률을 그대로 전부 채용하여 사건의 처결에는 대명률을 적용할 것임을 밝혔다.

그리하여 태조 4년(1395)에는 이해하기 매우 어려운 대명률을 일반관리들이 이해하기 쉽도록 이두를 섞어 번역한 대명률서大明律書가 출간되었다. 오늘날 다른 비슷한 책과 구별하기 위하여 이것을 대명률직해大明律直解라고 부르고 있다. 이것은 원본 그대로를 직역한 것이 아니라, 조선의 실정에 맞도록 이두를 섞어 고유의 용어와 표현을 한 부분이 적지 않다. 그러나 이와 같이 직역 풀이된 대명률도 매우 해독하기 어려웠으므로 관리들이 율문律文을 잘 몰라 형벌이 공정하지 못하는 사례가 있었다.

그래서 대명률보다는 종래로부터의 익숙한 관습형법이나 원나라의 형률을 적용하는 사례가 있었다.

한편 대명률직해는 조선의 실정에 맞도록 풀이된 조문이 적지 않았다. 그러나 대명률은 원래 중국의 사정을 기초로 해서 제정된 것이기 때문에 사정을 달리하는 조선에서 조문 전체를 그대로 적용하게 되면 무리가 생기게 된다. 또 대명률 자체에도 불비한 곳이 있었으므로 명률 외에 조선의 사정에 적응하는 법제를 만들었다.

원래 대명률은 네 번의 개정을 거쳐서 확정된 것이다. 명의 태조가 아직 오왕吳王이라고 칭하였던 오왕 원년(1367) 12월에 공포한 것이 최초의 명률이다. 이것은 당률唐律을 본떴으며, 그 편별은 당률과는 달리 육분방식六分方式이다. 다음은, 오왕이 명明나라의 황제로 즉위하여 연호를 홍무洪武라 칭한 홍무 원년(1368) 윤 11월에 개정하였으며, 육분방식을 버리고 당률의 편별을 따랐다. 그리고 홍무 7년 2월에 606조의 율을 완성하여 대명률이라고 이름지었다. 셋째는 홍무 9년(1376) 10월에 부분적 개정이 있었고, 홍무 22년(1389) 8월에 다시 명례名例를 포함한 칠분방식七分方式의 460조로 된 대명률을 공포하였다. 그리고 넷째는 홍무 30년(1397)에 개정 공포하였으며, 이것이 오늘날까지 전해오며 그 이전의 것은 전해 오지 않는다. 직해에 이용된 대명률은 홍무 22년의 율律일 것으로 추정되고 있다.

우리나라가 삼국시대 이래로 중국 율령의 영향을 받았고, 조선 왕조가 명나라를 종주국으로 받들었다는 정치적인 이유보다도, 우수하고 본받아야 할 대명률을 포괄적으로 받아들였음은 통일형법이 없는 당시로서는 당연한 일이었다. 경국대전 형전의 첫머리의 용률조用律條에는 대명률을 적용한다(用大明律)고 규정하였다. 그리고 그 후 속대전 형전에도 이 취지를 덧붙여 경국대전에 의하여 대명률을 적용하며, 경국대전과 속대전에 대명률에 해당하는 규정이 있는 경우에는 양전兩典의 규정에 따를 것임을 밝히고 있다. 따라서 대명률은 조선시대 건국 초부터 광무光武 9년(1905)에 형법대전刑法大全이 공포될 때까지 500여 년 동안 형벌법의 보통법普通法으로서 우선적으로 적용되었다.

대명률의 적용으로 말미암아 사법관서司法官署의 관장과 형벌의 적용에서는 통일적 형정을 기할 수 있었으므로 고려말엽과 같은 혼란을 막을 수 있었다. 그러나 한편, 특수한 사건이 생긴 경우에 고유의 사정을 무시하고 획일적으로 대명률을 적용하거나 유추적용 하는 폐단이 생겨, 고유 형법의 발달을 막게 하였던 것은 유감이라고 아니할 수 없다. 대명률은 순수한 율적律的 성격의 조문도 있지만, 율·령·격·식을 모두 포함한 전장典章으로서의 성격을 갖춘 법전이기 때문에, 어떤 조문이 적용될 경우에는 중국과의 문물제도나 풍속의 차이로 말미암은 적용 가부可否의 논란이 많았으며, 또한 개개의 조문 중에는 적용되지 않는 것으로 인식된 것도 있었다.

6. 법의 존재형태와 입법의 특색

이 시대의 제정법의 기본이 되는 것은 국왕의 명령이었다. 국왕의 명령은 황제의 명령인 제조制詔·성지聖旨·칙지勅旨에 대해서 교教라고 하였다. 그리고 형식화된 것을 처음에는 왕지王旨라고 하고, 후에는 교지教旨라고 하였으며 각 관청에 내려진 교지를 시행하는 뜻에서 수교受教라고도 하였다. 또 국왕의 명령은 그 내용의 경중에 따라 교지와 전지傳旨로 구별하였는데, 세부적인 사항에 관한 것을 전지라고 하고 의정부에 명령하여 중외中外에 널리 알릴 사항은 반드시 교지로 하였다. 입법의 대부분은 그 관계관청이 상신上申하여 왕이 재결을 함으로써 성립하며 수교가 법조문화된 것을 조례條例·조령條令·조획條劃·조건條件이라고 하였다. 법은 원칙적으로 민중을 대상으로 하지 않고 관계관청을 주로 대상으로 하기 때문에 법전의 규정의 대부분은 행정기구와 그 운용에 관한 행정법이며 관청 또는 관리에 대한 직무명령 또는 준칙이었다. 물론 민사에 관한 규정도 적지 않으나 그것은 오늘날과 같이 개인 상호간의 법적 관계를 조정하는 순수한 사법私法이 아니라 민중에게 작위·부작위를 명령하는 강제법규인 점에서 관리가 지켜야 할 행정법규로서의 민사법에 지나지 않았다.

경제육전을 비롯한 각 법전의 편찬은 법의 제정이 아니라 기존의 법의 기록 또는 발견이었기 때문에 엄격한 의미에 있어서 법의 창조가 아니었다. 처음 만들어진 법령이 법전에 수록됨으로써 이상적·형식적으로는 영구불변의 것으로 되었다. 따라서 전통적인 옛법은 양법미의良法美意, 즉 좋고 아름다운 법으로 받아들여지고 새로운 법을 만들어서 옛법을 깨뜨리는 것은 옳지 못한 것으로 알고 있었다. 그래서 경제육전에 담긴 법은 믿음의 기초 위에 있으며 바로 백성의 뜻[民志]을 정한 것으로 생각하였다. 세종대왕도 법을 세우기는 어렵지 않으나 법을 행하기는 어려우므로 일단 법을 세우면, 비록 부득이한 일이 있더라도 없애서는 안 된다고 하였으며, 법을 가벼이 바꾸면 실신失信, 즉 백성의 신뢰를 잃는다고 하였다. 이와 같이 새 법의 제정을 억누르는 것은 엄격히 요구되었고, 새 법을 세우게 되면 그에 따라 새로운 폐단이 생긴다[法立而弊生]는 생각은 전 시대를 통하여 일관되었다. 그러나 법전에 규정된 영원불변의 양법미의良法美意도 새로운 정치·경제·사회·문화적 상황 아래에서는 극히 불안정하고 변할 수 있는 것이었다. 경국대전 이후에 수많은 법령이 쏟아져 나온 사실은 조종성헌이 처음부터 불안정성과 가변성可變性을 지니고 있었기 때문이며, 따라서 법전의 권위는 전면적으로 절대적인 것이었다 할 수 없었다.

7. 법전편찬의 역사적 의의

경제육전에 이어 경국대전의 완성을 보게 되었는데, 이것은 정치의 요체要諦는 법에 있으며, 또 고려말부터의 문란한 기강을 바로 잡는 것은 법전의 제정에 있다고 서약하여 밝힌 태조의 이상理想의 종국적 결정이었다.

이러한 태조의 강렬한 의지가 계승·발전된 경국대전은 명실상부한 조종성헌이며, 한국법제사상 최대의 업적인 동시에 영광이 아닐 수가 없다. 법치주의를 표방

한 태조는 창업군주다웠고, 또 그를 계승하여 법전편찬에 온 마음과 몸을 기울인 여러 왕 또한 명군들이었으며, 더욱이 법전편찬을 건의하고 주재한 신하들도 훌륭한 법률가들이었다. 왕에 의한 중앙집권적 전제정치는 법치주의에 의해서만 수행될 수 있었으며 그 정치를 실현하는 최대의 도구, 즉 국가의 정책을 구현하는 수단이 법인 것이며, 따라서 통일적·획일적 법전의 편찬은 통치의 필연적 요청이었다.

경국대전의 편찬은 이러한 의미에서 조선왕조 통치의 법적 기초, 즉 통치규범체계가 확립되었다는 데에 큰 뜻이 있다. 법전의 편찬은 판례법·관습법 등 고유의 법을 성문화하여 그것에 조종성헌이라는 성격이 부여됨으로써 외국법, 즉 중국법의 무제한적 침투에 대한 방파제의 역할을 한 점에서도 큰 뜻이 있다. 생소하고 혁명적인 법을 제정하거나 그것을 강제함으로써 법의 실효성을 잃는 것보다는 전통적임과 동시에 현실적인 지배자 및 민중의 법의식을 존중함으로써, 법의 타당성과 실효성을 실현하고자 한 것이었다. 실제로는 중국법을 계수하는 것이 건국 초에 신속 편리한 법이었을 것이다. 그러나 고유의 사정에 적응한 조치를 취하였음은 지극히 현명하였으며, 경국대전의 완성은 바로 조선왕조의 존속을 위한 철근이며, 고유법 계승의 기틀인 것이다.

VI 근대의 법

1. 개화기의 법

　19세기 말의 사회 경제의 내부적 모순과 외세의 침투는 법제면에서도 소용돌이치기 시작하였다. 법제사적인 면에서 특히 실정법적으로는 1894년의 갑오경장甲午更張에 의한 개혁부터 개화기의 기점이 시작된다. 이때부터 일부 사상가들의 개화운동의 정신적 바탕에서의 주체성은 외세, 특히 일본제국주의에 의하여 희생되고 20여 년의 짧은 기간에 타력에 의하여 놀랄 만한 속도로 서구적 근대법제에 접하게 되었다. 서구제국의 강압 앞에 정부의 존립을 걸고 법치국으로서의 면목을 달성하지 않으면 안 되었던 일제日帝가 그들이 놓였던 처지를 그대로 조선에 강요하였으니 개화를 법제적 서구적 근대화로 받아들일 때 이 타력적 근대화는 전통과 인연이 없는 제도의 이식으로 말미암아 전개되는 생소함과 마찰, 민족적 저항의 숙명을 민족적으로 안고 있었으며, 그럼에도 불구하고 제국주의적 침략의 발판을 만들기 위해서 강제하였던 갑오개혁은 비뚤어진 가운데도 그런 대로 서서히 제도적 근대화를 위한 기반을 굳히고 있었다.

　갑오개혁은 정치적·경제적으로 근대적 절대군주제絶對君主制 국가라고 하는 새로운 통치체제의 수립과 이 새로운 통치체제의 유지·발전에 장애가 되는 낡고 불합리한 봉건적 제도의 철폐로부터 시작되었다. 통치체제에서는 개국기년開國紀年을 사용하며 입법부격인 군국기무처軍國機務處를 비롯하여 궁내부宮內府, 행정부로서의 의정부 및 각 아문衙門의 관제官制를 제정하여 사무분장을 명확히 하고 대외적으로는 독립국으로서 특명전권대사特命專權大使를 각국에 파견함으로써 문명개화된 서방세계에 참여하는 것이었다.

봉건적 제도의 철폐에서는 봉건적 신분제의 철폐와 고래의 누습이던 가족제도상의 개혁이었다. 우선 양반계급에서는 사색당론을 타파하여 문지門地를 불문하고 인재를 등용하여 문무의 차별을 철폐하는 것 등을 비롯하여 특권의 상징이었던 관리의 의복제衣服制를 간소화하고 평교자平轎子, 초헌軺軒과 같은 승용물乘用物과 재신宰臣의 부액扶腋의 폐지, 고관의 수행원을 제한하였다. 다음으로 노비제도의 폐지와 역인驛人, 창기娼妓, 배우俳優, 피공皮工을 면천하여 인간화를 선언하고 평민일지라도 이국편민利國便民할 방책을 군국기무처에 상서上書할 수 있는 언로言路를 열었다. 가족제도상의 개혁은 적서차별철폐嫡庶差別撤廢의 일환으로서 우선 적처와 첩에서 모두 아들이 없는 경우에 한하여 입양하도록 하는 경국대전 이래의 원칙을 재확인하고 혼인연령을 남녀 각 20세, 16세로 정함으로써 남녀조혼의 폐를 없앨 것과 귀천을 물론하고 과부의 개가를 자유롭게 하는 것이었다.

이 봉건적 제도의 철폐는 1894년 2월 22일부터 10월까지 사이에 의결된 개혁의안改革議案 중 주로 6월 말까지에 최우선적으로 의결된 것이며 혁명적 개혁이라 할 수 있다. 이러한 민주, 평등, 인권과 직결되는 민주적 개혁이 목표로 하는 바는 근대적 국민국가의 실현에 있으며 체제가 명목상으로만 중앙집권체제일 뿐 실질적으로는 말기적 정치현상이 노정되고 있던 국가를 공법적·정치적으로는 근대적 정치체제에 의한 정치적 집중으로 재편성함과 아울러 정치참여자의 저변확대를 뜻하는 정치적 확대를 뜻하는 것이었고 사법적私法的·경제적으로는 자유평등한 근대적 권리주체에 의한 경제활동의 실현을 기하는 것이었다.

개국 504년 1월 7일에는 개혁정치의 기본강령인 홍범洪範14조가 발표되고 광무 3년(1899) 8월 17일에는 전제군주제의 헌법인 대한국국제大韓國國制가 선포되어 국가의 기틀을 세웠다. 이미 홍범 14조 중에서 민법과 형법을 제정하여 자의적인 감금・징벌을 금지하고 인민의 생명과 재산을 보호한다는 조항이 들어 있었는데 형사법 분야에서는 역대의 흠휼欽恤의 이상을 실현하여 근본적으로 여러 폐단을 제거하기 위하여 사법관청과 행정관청의 분리 및 형벌의 완화라는 근본방침 하에 많은 형사관계 단행법이 공포되었다. 그중 특기할 것은 광무 9년(1905) 4월 29일의 형법대전刑法大全이다. 이것은 대전회통, 대명률 그리고 갑오개혁 이후의 법령을 참작하여 제정한 것이며 680개 조문으로 된 방대한 일반형법이다. 이는 일본법의 영향하에 있으면서도 일본형법을 수용하지 않고 동양 고래의 객관주의적 형법사상에 입각하였으며 종래의 전통적인 육분주의六分主義를 버리고 근대적 법체제의 형식을 따른 것으로 이 시대의 자주적 입법의 대표적 예이며 동시에 이 시대 최후 최대의 입법사업이었다.

민사법분야에서도 새로운 형식의 가계발급규칙家契發給規則, 토지가옥증명규칙, 토지가옥소유권증명규칙, 민적법民籍法, 이식조례利息條例, 민형소송民刑訴訟에 관한 규정 등 부분적・개별적 법률이 공포되어 전통적 지반 위에 왜곡된 형태나마 근대적 법제도가 자리잡게 되었다. 모든 분야에 걸쳐 방대한 신식법령이 쏟아져 나왔고 근대적 법치국가로서의 형식과 면목을 갖춘 듯 당시 발행된 법규유편法規類編(1899), 현행대한법규유찬現行大韓法規類纂(1907), 현행한국법전現行韓國法典에 수록된 법령은 실로 방대한 것이었다. 그러나 이들 법령은 대부분 일본인 고문의 관여나 주도 하에 일본의 법령을 본떠서 만든 것이며 이미 국권이 기울고 있던 때라 타율적 근대화는 필연적이었다. 더욱이 전통적 법의식은 새 제도를 쉽사리 받아들이지 않았고 따라서 법의 운용과 의식 사이에 심한 갈등이 일고, 배일감정은 전통적 가치관을 더욱 굳게 만들었다.

또한 이 당시의 세태상世態相을 입증한 법은 광무 2년 11월 22일에 시행된 "의뢰외국치손국체자처단례依賴外國致損國體者處斷例"이다. 이는 '외세에 의뢰依賴하여 국체國體를 치손致損시킨 자者를 처단處斷하는 법률法律'이라는 뜻이다. 광무 2년(1898)은 고종 35년에 해당하며 국내외가 소용돌이치는 '질풍노도(Strum und Drang)'의 시기이다. 갑오개혁부터 4년째가 되며 청일전쟁으로 청과 일에 시달린 끝에 종전으로 러시아 세력까지 침투하여 고종은 1년 동안의 아관파천俄館播遷의 곤욕을 겪었으며 그러한 가운데서도 대한제국을 세워 독립제국으로서 각국의 승인을 얻은 다음해에 해당한다. 1897년에서 1898년에 걸쳐서 열강에 의하여 국내의 이권이 차례로 점탈되어 가는 것을 보다 못한 독립협회가 자원확보를 위한 민중운동을 적극적으로 전개하다가 서재필徐載弼이 타의에 의하여 미국으로 돌아간 것도 이 해이다.

따라서 이 법률은 열강의 시달림 속에서나마 대한제국으로서의 자주고양의 몸부림 끝에 나온 것이다. 3개조로 되어 있는 간단한 법률인데 관민을 물론하고 외국인에게 아부·의뢰하여 국체를 손상시키고 국권을 잃게 하는 자는 기수·미수를 물론하고 명률의 모반죄謀叛罪에 비추어 처단하도록 되어 있다.

그 범죄는 첫째, 외국정부에 대하여 본국의 보호를 몰래 청하다가 발각된 자, 둘째 본국의 비밀정보를 외국인에게 누설하여 발각된 자, 셋째 외부(외무부)와 정부당국의 허가를 받지 아니하고 함부로 외국인에게 차관, 병대고용兵隊雇用, 선박의 임차 등 사항을 의논하거나 이를 중개한 자, 넷째 외국인의 소개로 관직을 얻으려다 발각된 자, 다섯째 외국의 정세에 관하여 본국에 위험한 양으로 퍼뜨려 민심을 공포에 떨게 하고 그것을 이용하여 협잡한 자 등이다. 명률의 모반죄謀叛罪는 본국을 배반하여 몰래 외국에 따르는 죄이며 공모자는 정범正犯과 종범從犯은 모두 참형에 처하며 그 처·첩·자녀는 공신가의 종으로 삼고 재산도 모두 몰수하며 그 부모·조·손·형제도 동거 여부를 불문하고 모두 유 2천리 안치형에 처한다.

이 법률은 광무 4년(1900)에 법률 4호로 개정되었는데, 각국과의 조약에 의하여 허용된 토지 외의 모든 전토田土·삼림森林·천택川澤을 외국인에게 몰래 팔거나 외국인에게 명의를 빌려준 자에게 그 정을 알면서 매도한 자를 추가하고 형벌도 가장 무거운 명률의 모반죄謀反罪의 형벌로 가중 처벌하도록 하였다. 이 추가된 죄상은 원래 개국 503년(고종 31년, 1894)의 갑오개혁법령인 의안議案 "토지土地·산림山林·광산鑛山을 본국本國 입적인入籍人이 아니면 점유占有 매매賣買를 불허不許하는 건件"에 의해서 금지되었던 것인데 그 실효성이 없었던 것이다. 모반謀反이라는 죄는 사직을 위태롭게 하는 것이며 정범과 종범은 가장 무거운 능지처참에 처하며 그 부와 16세 이상의 아들은 교형에 처하고 15세 이하의 아들과 모·녀·처·첩·조·손·형제·자매·자부·자의 첩은 공신가의 종으로 하며 재산을 몰수한다. 연좌緣坐로 처벌되는 자 중에서 남자로서 연령이 80세 이상과 독질篤疾이 있는 자, 부인으로서 연령이 60세 이상과 폐질廢疾이 있는 자에 대하여는 연좌형을 과하지 않는다. 더욱 이 죄인의 백숙부와 질姪도 동거 여부를 불문하고 모두 유 3천리 안치형에 처한다.

이 법률은 광무 8년(고종 41년, 1904) 3월 31일에 제2차의 개정이 있었으며 외국인을 위하여 전토·산림·천택의 매입명의를 빌려준 자, 본국정부의 국적제적허가國籍除籍許可를 받지 아니하고 외국에 대해서 국적취득을 부탁한 자, 외국인에게 광산·철도·전토·삼림·어채魚採·제염製鹽 등의 인허문제, 군함과 공용물품·기기의 제조를 부탁하거나 구입하는 계약의 체결문제 및 고문관과 보좌원의 합동군사에 관하여 외부와 정부의 허가를 받지 아니하고 함부로 의논하거나 중개한 자를 추가하였다.

이상과 같이 이 법률의 제정동기나 개정경과의 배경은 구태여 설명할 필요조차 없으며 이 법률에 규정된 처벌대상인 행위는 예방적 효과를 기도하여 나열된 것이 아니라 걷잡을 수 없을 정도로 자행되고 있는 소행들이었으며, 이미 국권이 기울어진 때에 이 법률이 얼마만큼 실효성이 있었는지는 매우 의심스럽다. 또한 이 법률은 광무 9년(1905) 4월 29일부터 공포 시행된 조선왕조 최후의 최대입법인 형법대전刑法大全에 의하여 대치되어 그 제4절 국권괴손율國權壞損律인 제200조에 대체로 그대로 규정되었다.

2. 일제시대의 법제

1) 법령체계

일본 제국주의는 1911년에 "조선에 시행할 법령에 관한 법률"을 공포하여 식민지지배법제의 기틀을 마련하였다. 그리고 조선에서 법률이 필요한 사항은 조선총독의 명령으로 규정하며 이것을 '제령制令'이라고 칭하였다. 제령은 일제의 식민지통치법제의 중추이며 중요한 사항은 제령으로 규제하고 제령 외에도 입법사항을 정한 법률과 행정명령이 있었으니, 이것을 구체적으로 설명하면 다음과 같다.

① 특히 조선에 시행할 목적으로 제정된 법률 및 칙령.

② 칙령으로 조선에 시행된 법률.

③ 규정의 내용으로 보아 당연히 조선에 그 효력을 미치는 법률 및 칙령.

④ 병합 당시의, 특히 그 효력의 존속을 인정한 구한국법령 및 일본법령, 이것은 구한국법으로서, 신문지법·보안법·출판법이 있고, 일본법은 통감부統監府 법령으로서 신문지규칙·보안규칙·출판규칙 등이 있으며 구한국법은 조선인에게, 일본법은 일본인에게만 적용되었다.

⑤ 제령制令 : 조선민사령·조선형사령을 비롯하여 중요한 법령은 모두 제령制令이었다. 일본의 민법과 상법은 제령의 형식으로 시행되었기 때문에 내용적으로는 일본 본국의 법률이었다. 예컨대 조선민사령 제1조에 "민사에 관한 사항은 본령 기타의 법령에 특별한 규정이 있는 경우를 제외하고 좌左의 법률에 의한다"라고 규정하여, '법률의 의용依用' 형식을 취하였다. 그렇기 때문에 의용하는 법령은 제령이므로 의용되는 민법과는 형식상 전혀 다른 법이었다.

대만에서는 소위 '내지법률연장주의內地法律延長主義'에 따라, 일본의 법률이 칙령(시행칙령)에 의해서 시행되고, 대만의 특수 사정에 따라 특례를 둘 필요가 있을 경우에는 따로 특례칙령으로 규정하고, 그 방법으로도 불충분한 경우에 한하여 제령에 해당하는 율령律令이 제정되었다. 따라서 대만에서는 의용의 형식이 생기지 않으며, 율령으로 규율되는 분야가 적었다.

⑥ 조선총독부령 : 조선총독이 직권 또는 특별한 위임에 의하여 발하며 칙령과 같이 1년 이하의 징역 또는 금고, 구류, 2백원 이하의 과료의 벌칙을 과할 수 있다.

⑦ 경무총감부령 : 1919년 8월까지 존속한 것으로서 헌병경찰제도를 뒷받침하였다.

⑧ 道令 : 도지사가 관내 행정사무에 관하여 직권 또는 위임의 범위 안에서 발하며, 3월 이하의 징역, 금고, 구류, 백원 이하의 벌금 또는 과료를 과할 수 있다.

⑨ 道警務部令.

⑩ 島令

위와 같은 법체계는 3권을 장악하고 있는 총독의 통치수단이었으며, 이밖에도 훈령·회답·통첩을 비롯한 행정명령이 있고, 관습에 맡겨진 특수분야에서는 여러 가지 훈령과 통첩·회답이 관습법을 만들거나 선언하는 효력이 있었다.

2) 총독정치의 성격

이미 통감부 시대에 식민지지배의 기초를 닦은 일제는 1910년 8월 28일 조선총독부를 설치하고, 그 해 9월 9일에 총독부 관제를 공포하였다. 총독은 육군대장을 임명하며, 천황에 직속하여 위임받은 범위에서 육해군을 통솔하고 제반정무를 통할하는 무관총독武官總督제도였다. 총독은 정무에 관하여 총리대신을 거쳐 천황의 재가를 받는 것으로 되어 있었는데, 대만총독이 총리대신의 감독을 받는 것과는 달리 사실상 감독을 받지 않고 입법권·사법권·행정권을 장악하고 있었다.

① 행정권 : 총독은 행정관청으로서 천황의 감독을 받아 행정업무를 통할하며 판임

判任문관 이하의 임면권을 행사하였다.

② 군대통솔권 : 총독은 육군대장으로서, 위임받은 범위 안에서 육해군을 통솔하며, 이를 위하여 그의 참모로서 육군소장 또는 좌관佐官인 무관 2명과 전속부관 1명을 두었다. 1919년 이후에는 문관文官에게도 총독자격을 줌으로써 군대통솔권을 없애고 질서유지를 위해 필요한 경우에는 병력의 사용을 청구할 수 있도록 하였으나 문관총독이 임명된 일은 없었다.

③ 입법권 : 총독은 법률을 요하는 사항에 관하여 제령과 부령府令을 발할 권한이 있었다.

④ 사법권 : 조선총독부재판소는 총독부에 직속하며, 총독은 재판소의 설치와 폐지는 물론 관할구역을 정하며 판사의 임면과 징계·사무처리·지휘 감독권을 행사하였으므로, 재판소는 총독 밑에 있는 하나의 행정관서에 불과하였다.

조선총독은 위와 같이 형식상 위임된 범위 안에서 강대한 3권을 장악하고, 1919년까지는 총독 아래 정무총감을 정점으로 하는 행정관료계통과 경무총감부를 정점으로 하는 헌병경찰계통이 말단에 이르기까지 나란히 이질적으로 기능하였는데, 오히려 헌병경찰계통이 모든 면에 걸쳐 우위에 있었다.

1942년 11월부터는 총독이 내무대신의 감독 아래 들어갔으나, 실질적으로는 그 지위에 아무런 변동도 가져오지 않았다.

3) 헌병경찰제도와 무단통치

3·1운동까지의 일제의 통치방식은 헌병경찰제도에 의한 무단통치武斷統治로 특징지어지며, 이 동안에 식민지통치의 기초작업이 강대한 권력을 배경으로 강행되었다. 무단통치를 뒷받침하는 헌병경찰제도는 1904년부터 시작되었다. 1904년 3월 7일에 서울 치안을 유지하고, 일본 작전군의 배후에 있는 여러 설비를 보전함으로

써, 그 운용을 용이하게 하기 위하여 6개 대대반의 주둔군을 새로 편성하여 군율軍律을 공포해서 한국인에 대한 억압체제를 정비하였다. 군율은 처음에는 군용전선과 군용철도의 보호를 목적으로 한 것이었으나, 1905년에 이르러서는 서울과 그 주변의 경찰권을 장악하게 되고 한국인의 반일, 비협력 행위도 단속할 수 있도록 한 것이다.

그 후 1907년 10월에는 각지에서 일어난 의병을 진압하고 질서를 유지한다는 명목으로 헌병대장에 소장인 아카이시明石를 임명하여 헌병을 증파하였고, 1908년 3월에는 2천명으로 더 늘렸다. 1908년 6월에는 의병을 수색하고, 민정을 정찰하기 위한 밀정으로서 보조하게 하기 위하여 4,234명의 한국인을 헌병보조원으로 만들었으니, 여기에 군사지배의 기초가 이루어졌다. 아카이시는 의병진압의 공로로 헌병사령관이 되었고, 그동안 반목 충돌이 있었던 고문경찰顧問警察과 이사경찰理事警察과의 통일을 주장하였는데, 1910년 육군대신 데라우찌寺內가 현직 그대로 통감에 부임하여 통일적인 헌병경찰제도를 확립시켰다. 즉, 통감 밑에 육군장관이 헌병대사령관과 경무총장을 겸임하며, 경찰서장은 경시 또는 경부로 하고, 경찰서장을 두지 않은 지방에서는 헌병분대의 분견소가 경찰업무를 처리하였다. 병합 후에도 헌병경찰제도는, 그 조직과 명령계통 등 그 본질이 총독부 경찰관서로 계승되었다.

헌병경찰의 직무 내용은 첩보수집, 의병토벌, 검사직무 대리, 범죄의 즉결, 민사소송의 조정, 집달리업무, 국경 세관업무, 산림감시, 민적사무, 여권사무, 우편호위, 여행자 보호, 종두種痘 · 도수屠獸검사, 수출우輸出牛검역, 우량관측, 수위측량, 해적 및 밀어선과 밀수입의 경계 · 단속, 해수害獸와 맹수猛獸의 구제驅除, 묘지단속, 노동자단속, 재류금지자在留禁止者 단속, 일본어 보급, 도로개수, 국고금과 공금의 경호, 식림농업의 개량, 부업장려, 법령의 보급, 납세의무의 유시 등등, 보통 경찰업무 이외에 군사 경찰업무와 행정 및 사법에 이르기까지 관여하지 않은 것이 없었다.

이와 같은 헌병경찰에 의한 군사적 억압체제는 3 · 1운동을 고비로 식민지정책이 소위 문화정치로 전환될 때까지 강압적 · 무단적 수법으로 철저하게 강행되었다.

1912년 당시 1,649개소의 헌병경찰 기관과 13,166명의 경찰력이 1919년에는 1,826
개소에 14,518명의 인원으로 늘어났다. 그리하여 무단정치의 명실이 상부하게 제
반 행정사무 및 행정관 그리고 사법관의 존재를 무색케 할 정도였다. 3·1운동을
계기로 1919년 8월 이후 관제가 개정되어 문관 총독 임명의 길을 열고, 부·면 협
의회 의원의 민선, 한국어 신문의 발행허가 등 소위 문화정치에로의 전환으로 헌병
경찰을 보통경찰로 개편하였다. 즉 경무총감부를 없애고 총독부에 경무국을 신설
하여 각 도에 제3부라는 것을 두고, 제3부장은 경찰 및 위생 사무의 집행에 관하여
도지사의 명을 받아서 부하인 경시나 경부·순사를 지휘 감독하며 각도 밑의 경찰
관청으로서 각 부府와 군에 경찰관을 두어 지방관인 경부, 경시를 서장으로 임명함
으로써 소위 문관경찰제도로 되었다.

이와 같이 헌병경찰이 보통경찰로 바뀌었으나, 일본인 경찰관은 2천명이 증원되
고 1921년에는 경찰관 총수가 2만 명을 넘었다. 그리고 경찰기관도 3천 개소에 달
하여 헌병경찰시대에 못지않게 강화되었고, 이러한 경찰력의 강화 외에도 헌병이
엄연히 존재하여 경찰관과 연락·원조를 하였으니, 전에 못지않게 군사적·경찰적
억압체제는 한층 강화되어 갔다.

4) 강압법과 형사법

헌병경찰에 의한 사상단속과 강압은 한편으로는 법치주의의 이름 아래 법령에
의하여 합법적으로 행하여졌다. 천황제 법치주의는 봉건적·전제적 권력주의에 형
식적인 법치주의의 가면을 씌운 것이었으며, 여러 가지 경찰법규에 의하여 강압이
진행되었고, 형사법에서는 인권에 대한 제한이 가해졌다. 우선 1910년 8월에는 "정
치에 관한 집회 또는 옥외에서의 대중집회 금지의 건"으로 서울 시내에서의 정치
집회나 옥외집회를 금지하고, 1919년 3월에는 '경찰범 처벌 규칙'으로 87개 항목에
달하는 금지규정으로 구속을 하였다. 그리고 종래부터 남형濫刑의 폐가 많았던 태

형刑을 부활시켜 1920년까지 항일투사들을 잔인하게 처형하였다.

1919년 3·1운동으로 민족적 반항에 직면하자, 4월에 '정치에 관한 범죄 처벌의 건'을 제정하여 정치의 변혁을 목적으로 다수가 공동하여 안녕질서를 방해하거나 방해하려 한 자, 선동한 자를 10년 이하의 징역 또는 금고에 처하고 '제국외帝國外'에서 같은 죄를 범한 '제국신민'에도 적용하는 것으로 하였다. 이것은 해외에서 독립운동을 하는 동포들까지도 단속하려는 것이며 당시 일본의 국적법이 한국에는 시행되지 않았기 때문에 해외동포는 일본국적을 이탈할 수 없었던 것이다. 뿐만 아니라 1925년의 치안유지법, 1926년의 '폭력행위처벌에 관한 건' 등의 일본법률이 칙령에 의하여 시행되었고, 구한국법인 신문지법·보안법·출판법도 해방될 때까지 사상단속과 언론탄압을 위해 위력을 발휘하였었다. 이 세 가지의 한국법도 실질적으로 일본인에 의해 제정되었던 것이다.

형사법의 경우도 마찬가지였다. 1912년 4월 1일부터 조선형사령을 시행하여 일본의 형법·형사소송법을 의용하게 되었는데, 일본 형사소송법 중의 인권보호에 관한 규정을 적용하지 않았다. 즉 1920년까지는 경무총장이 사법경찰관으로서 범죄를 수사할 때에는 검사와 동일한 직권을 부여하고, 검사에게 현행범이 아닌 때에도 영장 발부권을 부여하였다. 또, 검사의 피고인 구류기간은 일본 형사소송법에서는 3일인데, 20일로 하였으며 일본 형사소송법에서는 변호인이 피고인을 대리하여 상소할 수 있는데, 이를 하지 못하게 하였다. 그리고 사형과 무기징역에 해당하는 자 이외에는 관선변호인을 붙이지 못하게 하였고, 1년 이하의 징역·금고 또는 3백원 이하의 벌금을 언도한 1심 판결에서는 증거에 관한 이유를 생략할 수 있게 하였다. 또 일본 형법보다 형이 무거운 형법대전 중의 모살인謀殺人·고살인故殺人·친속살인·강절도强竊盜 상해·강절도 강간·강도에 관한 조문을 계속 적용하였다. 이와 같은 사정은 1922년에 일본의 신형사소송법이 제정되고, 1924년 1월 1일부터 시행됨에 따라 조선형사령도 동시에 개정됨으로써 종래보다 다소 개선되기는 하였다.

5) 사법기관

1909년 총리대신 이완용과 총감 소오야曾彌荒助 사이에 '한국 사법 및 감옥사무 위탁의 각서'가 교환됨으로써 한국정부의 재판소와 감옥과 법부가 폐지되고 일제는 동년 11월 1일부터 통감부 재판소를 설치하였다. 통감부 재판소는 3심제 4계급이며 고등법원·공소원控訴院·지방재판소 및 구재판소로 구별되어 통감에게 직속하였다.

병합 후에는 1912년 3월에 고등법원·복심법원覆審法院·지방법원의 3심 3계급으로 되어 해방 당시까지 존속하였다. 재판소의 구성을 비롯하여 재판관의 임용자격, 신분보장, 기타 사법에 관해 일본에서는 법률로 정하도록 되어 있는데, 조선에서는 제령으로 규정하고, 재판소의 설립과 폐지, 그리고 관할구역과 그 변경도 총독부령으로 정하였다. 판사의 신분보장도 심신쇠약으로 인한 퇴직, 정년퇴직에 관해서는 일본과 같으나, 금고 이상의 체형 또는 징계처분에 의한 경우를 제외하고는 그 뜻에 반하여 물러나지 않는데 그칠 뿐 일본과 같이 전관轉官·전소轉所·정직停職·면직免職·감봉減俸에 대한 보장이 없었다. 판사의 징계처분에 관해서도 일본에서는 징계의 종류가 견책譴責·감봉·전소·정직·면직의 5종이며, 징계 절차도 징계재판소의 자치적 재판에 의하였다. 그리고 검사의 신청 또는 직권으로 검사의 의견을 들어 징계재판의 개시여부를 결정하며, 심리는 구두변론주의를 채택하였였다. 피고와 검사는 항소할 수 있고 징계재판소의 판사는 복심원장과 고등법원장이 해마다 미리 부장과 협의하여 정하고, 검사의 직무는 복심원에서는 검사장, 고등법원에서는 검사총장이 행하였다. 그러나 이에 대하여 조선에서는 징계의 종류는 전소를 제외한 4종이고 절차도 판사징계위원회의 의결에 의하였다. 그리고 회의는 총독의 청구에 의해 개시하며 심리는 서면심리주의를 취하고, 위원회가 필요하다고 인정하는 때에 한해서 본인의 출두를 명하였으며 또 항소를 하지 못하게 하였다. 따라서 사법권은 총독의 장악 아래 있으므로 사법권이 독립되어 있지 않으며 재판소는 총독 소속의 행정관서에 지나지 않았기 때문에, 재판에 대한 정치적 압박이 가능하여 공정한 재판을 받을 권리가 제한되어 있었다.

6) 동화정책과 고유법

식민지통치를 위해서는 우선 기초작업으로서, 토지조사와 관행조사부터 시작하는 것이 상례이다. 일제는 구한국시대인 1906년에 설치된 부동산법조사회를 계승하고 1908년에 일본인으로 구성된 법전조사국을 설치하여 1908년부터 1910년에 걸쳐 민사·상사관습을 조사하였으며 이는 중추원中樞院으로 계승되었는데, 당시의 관습조사는 불완전하고도 부정확한 대로 관습법의 법원法源이 되었다. 일제는 이러한 관습조사에 입각하여 조선민사령에 의해서 일본 민법을 이용하되 능력·친족·상속에 관해서는 한국인의 관습에 따르도록 하였다. 조선민사령은 그 후 점차 개정되었는데, 1921년 11월의 1차 개정으로 친족·후견·보좌 및 무능력자를 위한 친족회에 관한 일본 민법을 의용하였고, 1922년 12월의 2차 개정으로 혼인연령, 재판상 이혼, 인지, 친족회에 관한 규정 전부, 상속의 승인, 재산의 분리에 관한 규정을 1923년 7월 1일부터 의용함과 동시에 분가·절가재흥·혼인·협의상 이혼·입양·협의상 파양에 관한 종래의 사실주의事實主義를 신고주의申告主義로 전환하였다. 그러나 이와 같은 점차적 적용은 일본의 제도를 처음부터 강제하면 민족감정과 윤리감정을 자극하게 되어 통치의 원활을 기할 수 없었기 때문이며, 또한 동화同化의 목적달성을 위한 교활한 수단이기도 하였다.

그런데 동화론이 강조되면서부터 전통적인 관습의 말살 또는 적극적 동화가 1939년부터 본격적으로 시작되었다. 1939년 11월에 조선민사령의 3차 개정으로 일본 민법의 씨氏에 관한 규정, 재판상 이혼, 재판상 파양, 서양자 입양의 무효 취소에 관한 규정을 의용함과 동시에 이성양자異姓養子제도를 추가하였다. 이에 이르러 우리의 고유한 성명을 말살하여, 일본식 창씨개명創氏改名을 강제하고, 서양자壻養子

제도를 도입하였다. 조선민사령 개정에 즈음한 총독 미나미南次郎의 담화문 중의 "황국신민의 신념과 긍지를 품은 반도인의 일부에 법률상 일본인 식의 씨氏를 지칭하고 싶은 희망을 가진 자가 생기게 된 것은 전부터 내가 알고 있는 바인데, 동조동근同祖同根의 내조양민족內朝兩民族이 혼연일체가 되려는 때를 당하여 개인의 칭호를 동일 형식으로 하고자 하는 요망이 대두한 것은, 질質과 서로 표리하여 형形에 있어서도 내선일체內鮮一體의 구현이 고조에 달한 것이라 아니할 수 없다"고 한 데서 알 수 있다.

이와 같이 사법私法 영역에서의 내선일체內鮮一體를 구현하기 위하여 씨명의 공통·내선통혼·내선연조緣組를 내세운 것이다. 친족상속법의 동화는 제령에 의한 일본 민법의 의용에 못지않게 관습법의 관제官製에서도 역력히 나타났다. 관습조사보고서가 있었지만, 특히 재판할 때에 적용할 관습법이 명확하지 않은 경우에는, 사법부장관이나 조사국장관의 통첩·회답, 정무총감이나 중추원의장, 중추원서기관장의 통첩·회답, 법원장·판사의 통첩·회답, 사법협회 민사심사회의 질의회답과 질의응답, 판례조사회의 결의, 구관습제도 조사위원회의 결의 등이 관습법을 선언하는 역할을 하였다. 그리고 고등법원의 판결은 판례법으로 되었다. 이들 결의, 회답, 통첩 중에는 정책적으로 동화하려는 의도에서 나온 것이 적지 않았으며 전체적으로는 1939년의 조선민사령 개정을 고비로 적극 추진되었다. 실제로 당시의 친족상속관습은 하나의 명확한 법체계로서 정비되지는 못하였지만, 가족국가 이론에 뒷받침된 천황제이념에 입각한 식민지통치를 위한 온상이 될 수 있었다. 그리고 관습을 존중한다고 하여 특수한 한국적 유교적 가족 도덕을 순풍미속이라고 찬양하면서 그것을 강화하고 체계화시킴으로써, 식민지 통치체제 확보에 이용하는 한편, 일본식 가家ie 제도의 원리를 서서히 침투시키면서 1939년의 조선민사령 개정에까지 이르렀던 것이다. 근본적으로는 '관습의 존중'을 내세우건 일본법을 강제하건 제국주의 식민지통치의 요구와 크게 저촉되지 않을 뿐 아니라 오히려 유효적절한 수단이기도 하였다. 고유한 관습을 존중하는 체하면서 동화적 민족말살정책을 밀고 나

간 데에 통치방식의 한 특징을 간취할 수 있다.

결국, 일제는 총독을 정점으로 하는 관료기구와 헌병경찰제 내지 경찰기구를 가지고 '동화'를 종국적 목적으로 하는 식민지지배의 이념을 위하여 법치주의라는 가식 아래 민족말살정책을 강행하였고, 특수성을 존중한다는 미명 하에 제국주의적 요청을 충족시켰다. 1919년 8월의 관제개편의 '조서詔書'에 사용된 '일시동인一視同仁'이라는 표현에서 시작하여 우가끼宇垣 총독의 '내지연장주의內地延長主義', 미나미南 총독의 '내선일체內鮮一體' 등 동화론을 강조해 왔다.

동화정책은 회유의 너울 속에서 지배권력을 강력하게 발동하여 언어·관습을 무시하고, 법제적으로는 식민지적 특수법을 제정하는 것이었다. 그리고 참정권을 인정하지 않고 권리의 향유를 차별하며, 권력통치를 계승하는 것이었다. 일제시대에 근대적 여러 제도가 이식되었지만, 그것은 허울이 근대적일 뿐이며, 근대적 제도의 정신을 올바르게 터득하지 못하고, 불행한 유산을 걸머진 채 해방을 맞이하게 되었던 것이다.

VII 현대의 법

　36년의 일제 식민지하에서의 일본화된 서구적 근대법은 총체적으로는 제약된 형태와 범위에서 절대적인 권위와 무조건적인 복종을 강요하는 수단으로서의 근대법이었으며 근대법체계라는 허울 속에서 이지러진 법체질을 간직한 채 1945년 8월 15일의 광복을 맞이하게 되었으나 해방의 감격과 흥분에 못지않게 고전적 민주주의에 대한 맹목적인 신앙의 감격과 흥분에 휩싸여 개화기 이후의 전통단절을 메울 자각과 시간의 여유를 갖지 못한 채 자유민주주의의 계몽과 실현의 꿈에 들떴다. 처음부터 독립건국을 획득하지 못하고 남북으로 분단된 가운데 미국의 군정과 민정이라는 과도기에서는 일제日帝의 법체계와 법체질을 그대로 간직한 채 즉 일본화된 대륙법체계 속에 영미법이 주로 공법분야에 도입되기 시작하였다. 1948년 5월 10일에는 한국정치사상 최초의 총선거가 실시되어 5월 31일에 제헌국회가 구성되어 민주헌정의 첫발을 디뎠다. 제헌국회는 대한민국의 법적 기초가 될 헌법의 제정이라는 역사적 임무수행을 위하여 헌법기초위원회를 구성하여 독립국가의 조직구조 체제를 담은 헌법초안을 만들어 국민의 자유권의 보장, 삼권분립, 단원제 국회, 대통령제, 헌법위원회제, 통제경제제도를 골자로 하는 헌법이 통과되어 7월 17일 오전 10시에 공포되었다. 7월 20일에는 대통령과 부통령이 선출되고 8월 8일에는 국무총리의 임명승인과 대법원장의 임명인준이 끝나 8월 15일에 역사적인 대한민국 독립선포식이 거행되고 12월 12일에는 국제연합에 의해서 정부의 승인을 받음으로써 내외적으로 명실상부한 독립국이 되었다.

정부와 국회는 독립자주국가로서 일제의 의용법依用法의 수치를 씻기 위하여 주체적인 법체계 완결을 급선무로 하고 법전편찬위원회를 구성하여 민법을 비롯한 기본법전 편찬에 착수하였다. 그리하여 1953년 9월에 형법, 1954년 9월에 형사소송법, 1958년 2월에 민법, 1960년 1월에 상법·어음법·수표법, 1960년 4월에 민사소송법이 제정됨으로써 기본적인 5법이 완결되었으며 수많은 행정법령이 제정됨으로써 행정법체계도 완성되어 이른바 기본 6법을 갖추게 되었다. 이들 법전은 혼란과 경황 속에서 충분한 연구 검토를 거칠 여유도 없었을 뿐더러 독립자주국가로서의 체통유지의 여망 때문에 기왕의 의용법전依用法典을 기본으로 하여 부분적으로 영미법과 독일법의 새로운 제도를 도입하는 것으로 만족하였다. 이 6법의 기본체계 외에는 여전히 일제시대의 법령이 대부분 그대로 시행되었는데 1961년 7월부터 1962년 1월까지의 사이에 구법령 615건 중 400건을 폐지하고 213건의 대치법령代置法令을 공포함으로써 법치국가로서의 면목을 새롭게 하였으며 이는 치안, 국방, 재정, 경제, 사회, 노동, 교육, 문화, 교통, 보건위생 등 전반에 걸친 것이었다.

1970년대 이후로는 국내외적으로 종래의 전통적인 법률의 테두리로써는 파악하고 규율할 수 없던 현대사회에 고유한 새로운 문제가 계속 대두되고 있고 거기에 대처할 새로운 개별적 법률분야가 개척되고 있으며, 세법稅法, 경제법, 농업법, 토지법, 공업법, 운수교통법, 보건법, 환경법, 매스커뮤니케이션법을 비롯하여 국제거래법의 분야에 이르기까지 다양하기 이를 데 없다.

그러나 법체계의 완결과 보완보다도 더 중요한 것은 법의 지배를 통한 법치주의의 확립 발전에 있다. 건국헌법 이래 1952년의 발췌개헌, 1974년의 사사오입개헌, 1960년 6월의 의원내각제헌법의 성립, 1960년 11월의 부정선거처벌개헌, 1962년의 전면개헌, 1969년의 3선개헌, 1972년의 유신개헌 그리고 1980년의 제5공화국헌법의 성립이라는 개헌의 발자취가 입증하듯이 지금까지 개헌의 초점은 정치권력을 위한 투쟁에 있었으며 전쟁과 혼란의 격동기 속에서 '정치의 시대'이었지 '법의 시대'가 아니었으며 초법적 정당성이 합법성을 억압하는 법의 침묵시대를 걸어온 것이다.

　이제 우리나라는 질서유지자로서의 국가로부터 급부자給付者로서의 국가로 바뀌고 있으며 고도성장에의 의지가 강할수록 국가기능, 특히 행정권능의 비대화, 적극화가 요청되고 있고, 따라서 법질서도 민주주의를 기본이념으로 하여 국민의 자유와 권리를 보장함과 동시에 전체국민의 복지를 향상할 수 있도록 법치주의이념과 복지국가이념의 조화 위에 자리잡아야 한다. 이러한 과정에서 자유와 통제의 조화를 통한 정의와 법의 우위를 실현하며 일그러진 법체질을 바로잡음으로써 법의 시대를 창출하는 것이 현대 한국법의 역사적 과제이다.

법사상과 법의식

제3장

I 법사상의 시각

　19세기까지의 우리의 전통적 법제도는 1894년의 갑오개혁에서 비롯된 일제에 의한 서구적 근대적 법률 내지 법체계의 점진적 이식, 그리고 일제식민지 하에서 일제에 의한 일본적 근대법체계의 전체적 강요로 말미암아 형식적으로는 전통적 법제도의 역사적 연속성이 단절되었으므로 전통적 법의 검토는 법제도보다도 법관념, 법의식을 소재로 삼아야 할 것이다. 단절된 법제도와는 달리 법의식은 우리의 기나긴 역사를 통한 시련과 경험에서 우러나온 것이라고 본다면 오늘의 법은 역사적 연속성을 지니고 있는 것이며, 거기에는 우리가 의식적이건 무의식적이건 도덕적 이념이 깔려 있는 것이다. 따라서 현행법 제도가 그 자체로서 지니고 있는 도덕적 이념도 중요하거니와 그에 못지않게 전통의 흐름 속에 깔려 있는 도덕적 이념을 밝혀내는 것이 중요하며 법의 역사성의 기초 위에서 현행법제도의 기능은 물론 법의 사회학적 인식을 통하여 사회발전에 있어서의 법의 역할 나아가서는 근대화의 과제를 해결할 수 있으리라고 본다.

　우리 역사상, 법은 내적 생성과 함께 크게 보아 5차에 걸친 외국법의 계수繼受[수용]를 경험하였다. 삼국시대의 위魏·진晉 내지 당률唐律의 계수, 고려시대의 당률령唐律令 및 송宋·원元 법의 계수, 조선왕조의 명률의 포괄적 계수, 개화기부터 일제시대에 걸친 서구법(대륙법)의 계수, 그리고 해방 후의 대륙법을 비롯한 영미법의 주체적 계수인데, 근대 이전은 모두 중국법을 계수하고 있는 것이 특색이다. 그리하여 오랜 역사를 통한 중국의 유교적 법문화의 계수는 우리의 전통법과 사회발전에 커다란 영향을 미쳤으며, 우리의 전통법과 사회의 발전적 특질은 중국문화를 빼놓고 논할 수 없는 것은 상식에 속하는 일이다. 그런데 삼국시대의 법이나 고려시대의 법은 아직 유교문화적 속성이 일부 계층에 국한된 종적인 것이었고 법문화의 주류는 고유법이었다고 짐작된다. 당시의 율은 통치조직면을 제외하고는 독립적으로 형성된 일반관습법과 판례법의 영역을 침범할 수 없었으며 이 영역은 다양성 그대로 간직하고 있었으므로 율은 이상법으로서의 성격을 지니고 있었다. 그러나 조선왕조 건국의 이념적 특질은 유교이념의 포괄적 수용에 있으며 이것이 조선왕조의 역사적 성격을 특징지었는데 오늘에 이르기까지 그 유교문화적 속성이 계승되고 있다. 법제사적으로는 대명률의 전체적 포괄적 계수가 이것을 뒷받침하고 있는데 왕조시대를 통하여 대명률은 형사법의 보통법으로서 적용되었으며 중국의 역사적 문화의 집대성으로서의 대명률의 500년에 걸친 일반적 적용은 유교문화 수용에 있어서 결정적 역할을 하였다. 더구나 대명률은 송·원의 율을 계승한 것이 아니라 고전적인 당률을 계승한 복고적, 고전적 율인 점에 특색이 있다. 율에는 일관된 정신이 있으며 그것은 바로 유교의 예禮이다. 유교의 예는 성인이 만들어 인류의 일상생활에서 반드시 준수해야 할 법칙으로서 주어진 것인데 권위를 지니고 있으나 강제력을 지니고 있지 않다. 여기에 옛 성인을 대신해서 예의 법칙에 강제력을 지니게 하고 이에 위반한 자를 처벌하는 법칙을 정한 것이 율이다. 따라서 예의 특색은 그대로 율의 특색으로서 나타나는 것이다. 유교의 예는 가족 내부에서의 존비의 등급과 사회구성에서의 계급이라는 두 개의 차등을 명백히 구별하고 서로 범하지 않을 것을 목적으로 하고 있는데, 예의 주장을 그대로 체현하는 율은 필연적으로 가족 내와 사회 내에 두 계층을 준별하여 상上의 하下에 대한 권리와 하下의 상上에 대한 의무를 명백히 열거하고 있다. 고전적 유교이념에로 복고한 명률을 조선왕조가 포괄적으로 계수하였다는 사실로 보아 조선왕조의 이념적 특질을 능히 짐작할 수 있다. 따라서 크게 보면 근대의 전대인 조선시대는 유교로 일관된 정신적 풍토, 유교를 기준으로 하는 기본적 제도와 사회질서가 지배한 시대이다. 그만큼 오늘날

법문화의 낙후요인과 권리의식의 박약, 준법정신의 결여 등 법의식의 전근대성의 역사적 원죄를 조선왕조시대가 거의 전적으로 뒤집어쓰고 있는 것이 사실이다. 그러나 어두운 면에 못지않게 역사를 움직인 밝은 면도 실질적으로 통찰되지 않으면 안 되는 것이며 거기에서 정신적 유산을 찾아야 한다.

II 조선시대 입법자의 법사상

　조선왕조를 법적으로 본 특징은 명률의 계수보다도 오히려 독자적 법전편찬, 즉 그 편찬방법과 입법방법에 있었다고 보아야 한다. 태조는 건국과 동시에 즉위교서에서 국가통치의 기본방침으로서 통일법전을 제정하여 법치주의 정치를 실현할 것을 표방하고 법제는 급격한 개혁을 하지 아니하며 고려 말 이래의 법을 그대로 계승할 것을 선언하였다. 그렇게 제정된 경제육전, 태종대와 세종대의 속육전과 육전등록, 그리고 세조대부터 성종대에 걸쳐 완성·시행된 경국대전 등은 조선왕조의 법치주의통치의 초석이 되었다. 건국초기의 이와 같은 법전편찬과 그 뒤를 이은 법전의 끊임없는 개수·보완이 바로 조선왕조에 법치왕조라는 특색을 부여해도 과언이 되지 않는 역사적 소이所以인 것이다.

　조선 초 입법자들의 법사상 내지 법률관은 경제육전과 속육전 그리고 경국대전의 서문序文과 전문箋文에 집약적으로 표현되어 있다. 즉 경제속육전經濟續六典의 전문에서는 조종성헌의 존중, 법의 영원성, 불가경개성不可輕改性을 주장하고 있고, 경국대전의 서문과 전문에서는 법은 첫째, 천지사시天地四時의 자연질서와 같이 일그러짐이 없어야 하고 둘째, 천지사시와 같은 법은 周의 고법에서 찾을 수 있으며 셋째, 조종성헌은 영구히 준수해야 하며 넷째, 법은 민심民心에 합치된 것이라야 한다는 사상적 바탕에서 제정되었으며 그것을 자랑하고 있다. 즉 법이 자연질서와 일치된다고 함은 고제古制와 민심에 합치됨을 뜻하며, 따라서 그러한 법은 영구성을 지니고 있으므로 경솔히 개정해서는 안 된다는 것이다. 그리고 이러한 법률관은 서문

의 미사여구에만 그치지 않고 구체적인 개개 법령의 제정과 개폐과정에서 그 타당
성과 실효성이 논의될 때에 예외없이 판단기준으로 되었다.

1. 법은 고법古法이어야 한다.

성인이 만든 법은 마치 넓고 큰 천지가 만물을 덮고 실으며 춘하추동의 사시가
어김없이 반복 운행함으로써 만물을 생육시키는 질서정연한 자연질서와 같이 만인
만물이 즐겨 따르며 우러러 보는 것으로 보고, 이 천지사시와 같은 성인의 법을 중
국의 3대 하夏·은殷·주周, 특히 주대에 구하였다. 주를 모범으로 한 것은 우선 주
관육전周官六典이 천지 춘하추동에 따라 치전治典·교전敎典·예전禮典·정전政典·형
전刑典·사전事典의 육분법六分法으로 분류한 것을 본받아서 조선의 법전도 이전·
호전·예전·병전·형전·공전으로 분류하여 법조문을 수록하였으며 주대의 정치
가 천지사시와 같이 이상적이었음을 동경한 때문이었다. 그리하여 3대 성왕의 제
도를 '고제古制', '고훈古訓'이라고 하여 정치의 기준으로 삼았으며 개개의 구체적인
입법정제는 일단 이 고제·고훈에 비추어 보고 동시에 시의에 적중하는 여부를 참
작하였으며 그렇게 함으로써만이 대소신민의 왕에 대한 소망을 위로하는 것이 되
고 만세에 전할 '자손지법子孫之法'을 세우는 것이 된다고 보았기 때문이다.

그러나 고법이라고 해서 절대적 가치가 부여되지 않았다. 고법을 존중하는 뜻은
역사적 경험을 무시하고 고제에는 없는 신법을 제정함으로써 자칫 타당성과 실효
성이 상실될 것을 우려한 때문이며 고법을 본받음으로써 법의 영구성을 보전할 수
있었다는 역사적 교훈을 살리기 위한 것이었다. 따라서 고법임과 동시에 현재에 적
합한 것을 이상으로 여겼던 것이다. 현재에 적합하다는 것은 민심을 따르고 참작하
는 것인데 "법이 비록 오래된 것이라 할지라도 백성이 좋아하지 않으면 폐법弊法이
다"고 하여 고법의 타당성의 근거를 민의에 둔 것이다. 물론 중국법사상에서와 같

이 자연질서와 사회질서의 동일성을 가지고 고법의 기준으로 삼는 사상이 근본에 깔려 있는 것은 부정할 수 없으나 그것이 바로 운명적 질서, 자연법적 질서라고 하는 전통적 질서사상을 의미하는 것은 아니다. 법전편찬에 즈음하여 현재에 알맞고 고제에 어그러지지 않으며 민에게 이로울 뿐 아니라 관에게도 편리한 사항이 법이 되어야 한다는 표현과 같이 지배권력의 신성성만을 강조한 것도 아니며 민에게 불리하면 고법의 자연법성은 부정될 수 있는 것이었다. 즉 고법은 현재에도 적합하고 민에게 유리할 때에 비로소 양법미의良法美意라고 규정되었다.

한편, 3대 성왕의 고법의 모범성과 신성성에 대한 신앙적 태도는 조선의 선왕先王의 법에도 그대로 적용되었다. 선왕의 법은 '조종지법祖宗之法', 또는 '조종성헌祖宗成憲'이라고도 하였는데 태조 후의 왕들이 태조의 법, 즉 경제육전을 지칭하는 데 사용하였다. 그래서 후왕後王이 새로이 법전을 편찬할 때에는 모든 조문은 한결같이 원전原典을 본위로 하고 원전의 규정과 모순되는 것, 원전의 규정을 개정한 내용의 속전續典규정은 삭제하고 부득이 원전을 변경해야 할 경우에는 원전 조문을 그대로 두고 그 밑에 개정 조문을 할주割註로 표시하도록 하는 원칙이 태종대에 세워지고 이 원칙은 후대에도 예외없이 지켜졌다.

이와 같이 조종성헌이라 함은 경제육전을 비롯하여 후대왕에게는 전왕前王의 법이 모두 조종성헌이 되는 셈이며 조종성헌의 영구성, 불가변성은 그 형식적 신성존엄성神聖尊嚴性을 유지할 수 있었다. 말하자면 3대 고법이 양법미의인 것과 마찬가지로 조종성헌도 양법미의로서 자연법적 성격을 띠고 설사 개정되더라도 이념으로서, 이상법理想法으로서의 권위를 지니고 있었다.

2. 법은 양법미의良法美意이어야 한다.

각 법전에 수록된 법뿐만 아니라 제정된 법령들은 양법미의일 것을 이상으로 하고 또 양법미의라고 자처하였다. 즉, 조종지법이나 신법은 양법미의이어야 하였다. 양법은 선법善法, 즉 좋은 법이며, 미의는 아름다운 뜻이며 마음을 즐겁게 해주는 법, 즉 미법美法을 뜻한다. 조종성헌을 집대성한 경국대전에 대해서 서거정徐居正은 그 서문에서 경국대전을 성인의 제작에 비유하였는데 "성인의 제작은 만물이 즐겨 보지 아니함이 없으니 천지사시와 같이 조화를 이루고 있는 양법미의이며 주周의 관저關雎·인지麟趾와 같이 문文과 질質이 잘 조화되어 있는 양법미의"라고 자찬하였다. 최항崔恒 등도 전문에서 "경국대전은 선왕의 뜻을 따른 것으로서 시속時俗에 알맞고 실용에 적합하게 함으로써 깊이 민심에 합치시킨 아름다운 법"이라고 찬양하였다.

양법미의의 기준은 '무폐無弊', 즉 시행하여도 폐가 생기지 않아야 하며 특히 민심에 합치되는 것, 즉 민폐가 없이 상하상안上下相安하여야 하는 것으로 보았다. "공사公私가 풍족하고 상하上下가 상안相安하는 만세에 전할 양법미의", "유국유민裕國裕民하는 양법"과 같이 표현하고 민폐가 없는 양법미의는 적극적으로 민심을 살필 수 있는 제도와도 상통하는 것이었다. 또한 유교이념에 입각한 가족제도와 계급제도의 존비상하질서도 양법미의이기 때문에 비하卑下가 존상尊上을 능욕하거나 부민서도部民胥徒가 관리를 고소하는 것을 금지하는 것은 당연한 일이었다.

그리하여 신법의 제정이나 법의 개폐의 정당성을 주장할 경우에는 고법인 양법미의를 모범으로서 제시하거나 고법인 조종성헌에로의 복귀를 주장하였는데 그것은 고법이나 조종성헌은 영구히 폐가 없는 양법미의라고 의식하였기 때문이었다.

3. 법은 민신民信·민지民志에 따라야 한다.

조선왕조의 정치사상의 근본은 공맹사상孔孟思想의 실현이었다. 공자의 정명주의正名主義, 덕치주의德治主義, 예치주의禮治主義에 입각한 이상정치의 최고목표는 민신이며 그것은 족식足食(경제), 족병足兵(군사)을 달성하되 도덕에 의한 교화가 없으면 민신을 기대할 수 없게 되어 사회는 무질서하게 되기 때문에 병兵과 식食은 버릴지 언정 민신을 버릴 수 없다는 것이다(논어 안연). 경제, 군사보다도 위정자의 민에 대한 신이 없으면 국가가 위태롭다고 본 것이기 때문에 정치의 지상목표는 '믿음(信)'인 것이었다. 맹자의 정치사상의 최대의 특색은 민본주의民本主義이다. 맹자는 "민이 가장 귀하고 다음이 사직이며 그 다음이 군주"라고 하여(맹자 진심장구 하) 본래의 유가정치사상이 '존군尊君' 중심인 데 대하여 민귀군경民貴君輕설을 주장하였다. 공자의 '민신'에서도 위민사상을 엿볼 수 있지만 맹자는 보다 적극적으로 군주가 민지를 자기의지로 삼지 못하고 보민保民을 하지 못하면 군주의 자격을 상실한다고 하는 혁명革命사상에까지 발전시켰다. 이것은 서경書經의 '민유방본民惟邦本 본고방녕本固邦寧'의 정치실천적 전개라고 할 수 있다.

이와 같은 공맹사상은 조선왕조 초부터 정치실천적 이념으로서 강력히 주장되었다. 민신에 관해서는 태조 원년(1392) 7월 17일의 즉위 3일 후인 20일에 창업주로서의 정치의 준칙을 건의하는 사헌부의 상소에서 다음과 같이 말하고 있다.

> 신들이 생각하건대, 신信은 인군人君의 대보大寶이며 국가는 민에 의해서 보전되고 민은 신에 의해서 보전됩니다. 그러므로 성인이 차라리 병兵과 식食을 버릴지라도 신을 버리는 것을 허용하지 않은 것은 후세에 대한 훈계의 뜻이 깊습니다.

군주는 정사의 대소를 막론하고 언제나 자연사시의 운행과 같이 모순없는 조화를 이룩하도록 해야 하고 그것은 민의 신뢰를 저버리지 아니하는 것이 된다고 보았다. "신자信者 인군지대보人君之大寶 국보어민國保於民 민보어신民保於信"은 정치의 최고목표로서 언제나 거론되고 강조되었다. 민에게 신을 잃고 능히 국가를 통치한 예가 없으며 군주가 민에게 신을 보이는 것이 더욱 뚜렷해야 민이 군주를 우러러 믿는 것이 더욱 깊어지는 것이기 때문에 군주는 한마디 말이라도 소홀히 해서는 안 된다고 하였다.

법은 목적이나 운용에 있어서 사시와 같이 믿음이 있어야 하므로 법의 제정과 개폐는 언제나 민신을 기본으로 하여야 하였다. 민이 만족하고 있음에도 불구하고 법을 경솔히 개폐하는 것은 민에게 믿음을 보이는 것이 되지 못하며 양법미의인 법이 있음에도 불구하고 그대로 적용하지 않는 것은 실신失信이며 군주뿐만 아니라 관리들이 양법미의를 준수하는 것도 믿음으로써 하지 않으면 안 된다고 하였다. 특히 형벌은 국가대사 중 가장 큰 일이며 관리들이 형을 자의대로 집행하는 것은 법령이 불엄불신不嚴不信한 때문으로 보았고 법령이 엄하지 못하면 두려워하지 않게 되며 법령이 믿음이 없으면 행해지지 않는다고 하였다.

법의 시행에 믿음이 있어야 함은 군주를 비롯한 모든 관료와 민이 법에 대하여 일정성(항상성)의 의식을 갖고 있음을 뜻하며 그중에서도 민이 법의 일정성을 믿고 있어야 하는 것이며 그것은 법이 민의를 반영하고 있음을 뜻하는 것이다. 따라서 민신은 민의와 같은 뜻이었다. 민의는 당시에 민지民志, 민정民情, 민생民生, 민욕民欲, 인심人心, 인정人情 등으로 표현하였으며 왕이나 관료들도 위민爲民, 태민泰民, 안민安民, 인민仁民을 강조하였다.

위정자는 항상 민지의 소재를 정확히 파악해야 하며 민지에 따른 법이 양법미의이었다. 예부터 입법창제는 민정을 근본으로 하지 않은 것이 없다고 보고 유국유민하는 법이 양법이라고 보았다.

인정에 따르는 것이 민의 이목을 하나로 고정하는 것이며 인정은 변화를 싫어하고 고상古常[고법]을 편안하게 여기므로 법을 개정할 때에도 인정에 따라 결정해야 한다고 보기 때문에 고법에 타당성과 영구성이 부여될 수 있었다. 고법을 지키는 것만이 민생을 편안히 하는 길이며 비록 양법이라고 해서 제정하였더라도 민원民怨이 크면 법이 아니라고 보았다. 또한 군주는 보민保民과 양민養民을 항상 마음에 간직해야 하며 부국富國을 우선적으로 생각해서는 안 되며 만약 부국을 위주로 하면 반드시 해가 민에게 미치는 것이며 법이 고제를 따른 것이라 할지라도 민이 좋아하지 않으면 폐법이라고 단정하였다.

그러나 민지의 소재를 정확히 알기는 어려우며 그만큼 법의 타당성과 실효성을 기하기 어려웠다. 그래서 이상론이기는 하나 다음과 같이 법의 시험적, 예비적 시행론도 있었다.

대저 처음 입법할 때에는 영구히 폐가 없을 것이라고 말하는데 법이 오래 되면 반드시 폐가 생긴다. …… 수년 동안 시행하여 그 법의 이해와 민정의 편부를 시험해 보아서 과연 이가 있고 해가 없으면 널리 여러 도에 시행하는 것이 좋겠다.

대저 입법에는 반드시 민정民情의 좋고 나쁨을 살펴야 하며 만약 민정이 이를 싫어하면 끝내는 반드시 민을 병들게 할 것이니 이이가 비록 백배라 할지라도 시행을 중지하는 것만 같지 못하다. 만약 부득이하여 행하려면 4, 5개 군현에서 4, 5년간 시행하여 민이 익숙해진 것을 기다려 편리한지를 시험함과 동시에 현지를 찾아가서 물어보는데 비록 수령이나 사장社長이 모두 시행해도 좋다고 하더라도 이를 듣지 말아야 한다. 반드시 한 고을의 백성[一邑之民]이 모두 시행해도 좋다고 해야 하고 일읍지민뿐 아니라 4, 5군현郡縣의 백성들이 모두 시행해도 좋다고 한 연후에 시행하는 것이 옳다.

물론 이러한 의견들은 이상론에 치우친 것이기는 하나 민지에 입각한 법의 타당성, 실효성, 영구성을 기하려는 입법자들의 의지의 표현이며 민본사상 실천의지의 소산이라고 할 수 있다.

이와 같이 민지는 모든 것이 믿음에 귀착되는 것과 같이 모든 것이 민지에 조명되지 않으면 안 되며 신상필벌을 옳게 하는 것, 귀천지분貴賤之分을 고정하는 것, 세자를 세우는 것 등도 하나같이 민지를 안정시키는 것이라고 하였다. 모든 사상을 법의 실현이라고 볼 때에 한결같이 법을 준수하는 것이 민지를 안정시키고 신을 실현하는 것이라고 본 것은 민신은 민지와 일치함을 뜻하는 것이었다.

주의해야 할 것은 민신·민지라 하더라도 그것이 적극적으로 자기주장을 할 제도적 보장장치가 없었다는 점이다. 민은 어디까지나 수동적이고 소극적인 위치에 있지 않으면 안 되었다. 민신·민지는 어디까지나 치자治者계급, 즉 위로는 군주를 위시한 중앙의 관료층과 지방의 관찰사를 비롯한 수령 등 목민관과 하의상달下意上達의 기회가 원칙적으로 보장되어 있는 양반유생 등의 문견聞見과 시찰을 통해서만 반영될 수 있었던 것이다. 이것과 함께 3대 성왕의 고법이 민신·민지를 실현한 양법미의라고 보았기 때문에 민지의 현실적, 구체적 파악 대신 고법에의 복귀 또는 재현으로써 민신·민지에 대신하기도 하였던 것이다.

이와 같이 볼 때에 민신·민지는 공자의 덕치·예치사상과 맹자의 민본사상의 범주 내에서 이해해야 하며 결국 인정仁政으로서 파악될 수 있을 것이다. 수많은 교서教書와 상소 등에서 찾아볼 수 있듯이 인정을 위한 군주의 반성과 관료의 보필이 제반 정책에 적중할 때에 민신·민지는 존중되는 것이다.

4. 법은 경솔하게 개폐改廢할 수 없다.

고법이 양법미의라는 신앙은 고법은 양법미의이기 때문에 영구불변성에의 신앙과 결부되지 않을 수 없다. 그것은 조종성헌이기 때문에 영세지전이며 그 후에 제정된 법령은 일단 '록錄'이라는 법령집에 수록되며 법전을 편찬할 때에는 '록錄' 중에서 영구히 시행할 영세지전永世之典(수세지규垂世之規, 경구지법經久之法)을 골라서 '전典'에 수록하고 일시의 사정에 따라 임시로 시행하는 법인 비영세지전非永世之典(비경구지법非經久之法)은 '록錄'에 그대로 머물거나 폐지되도록 되어 있었다. 경국대전은 경제육전과 속육전 또는 등록 중에서 영세지전을 골라서 수록한 것이며 속대전은 경국대전 이후의 법령집인 경국대전주해, 대전속록, 대전후속록, 수교집록, 신보수교집록, 기타 수교 중에서 영세지전을 골라서 편집한 '전典'이다. 따라서 법의 영구불변성은 '전典'에 수록된 법조에 부여되었던 것이며 설혹 개정되거나 실질적으로 폐지되었더라도 '전典'에서 삭제할 수 없었다.

그런데 고법에 대한 영구불변성의 신앙은 필연적으로 새로운 사정에 대응할 법 개정의 필요성과 충돌하지 않을 수 없었다. 법의 영구불변성을 고집하면 일응 법의 안정성을 기할 수 있으나 새로운 사정에 대해서는 타당성과 실효성을 기할 수 없게 된다. 무수히 증가하는 신법의 홍수 속에서는 개폐를 둘러싼 찬반의 의논 속에서 각자 그 이유를 찾아 상호견제하게 되었다. 그것은 어떤 법이든지 절대로 개폐할 수 없는 것이 아니라 경솔히 개폐해서는 안 된다고 하는 법의 '불가경개성不可輕改 性'이 법률관의 밑바닥에 자리잡게 된 것이다. 따라서 법의 영구불변성은 실질적으로는 불가경개성이라고 하는 제한된 법적 안정성으로 바뀐 것이며 이것이 왕조정치의 진전에 대한 공과功過평가의 요인이 되었다.

법의 불가경개성은 조종성헌이라는 이유와 인심 및 국기國基의 안정이라는 이유로 주장되었다.

먼저, 건국 초의 군주들은 국기를 튼튼히 하기 위해서는 조종성헌 고수의 길밖에 없다고 생각하였다. 태종은 법개정 주장에 대해서 왕안석王安石의 고사를 예로 듦과 아울러 고려도 하나의 법이나 관제를 세울 때마다 반드시 대성臺省으로 하여금 충분히 연구검토하게 하여 진실로 의義에 합당한 연후에 시행하였기 때문에 비록 꾀를 부려 신법을 만드는 것을 좋아하는 무리들이 구법을 바꾸고자 계책을 썼지만 그 뜻을 이루지 못하였으므로 5백년이라는 오랜 왕조를 유지할 수 있었다는 역사적 경험을 강조하면서, 제도나 정령을 개변하고자 할 경우에는 구법을 유지하는 것보다도 개변할 경우의 이익이 10배가 되지 않으면 안 되며 그러지 못하면 개정해서는 안 된다고 하였다. 세종도 즉위 이래 항상 조종성헌을 개정하지 않겠다고 결심하였는데 부득이한 사정이 있을 경우에는 자주 개정해 왔음을 반성하였다. 법을 개정할 경우에는 현행법이 열 가지의 폐가 있다면 새로 만들 법은 하나의 폐도 없다는 것이 확실한 연후에 개정해야 하며, 입법은 어렵지 않으나 개법은 어려우니 일단 입법하였으면 부득이한 사정이 있더라도 폐지해서는 안 된다고 하였다.

이러한 사정은 관료들도 마찬가지이었다. 조종성헌은 그 이유만으로써 당연히 자손만대에 준수함을 이상으로 삼았으며 구법을 돌아보지 않고 꾀를 부려 법을 개정하려는 자는 불수법不守法으로 논죄해야 한다고 하고 일단 법이 제정된 후에는 우려할 만한 큰 폐가 없으면 반드시 법의 목적이 성취되도록 노력해야 한다고 하였다. 따라서 법을 쉽사리 바꾼 경우에는 조정대법을 한낱 서생의 말만 듣고 바꾸는 것은 불가하다고 비난하기도 하였다.

또한 법을 경솔히 바꾸면 인심이 쉽게 변하며 국세國勢가 고정되지 못한다고 보았으며 그것은 즉 조종지법을 준수하여 자주 바꾸지 않는 것이 인심을 진복鎭服시키고 국맥國脈을 안정시키는 것이었다. 인정은 변화보다는 고법에 안존安存한다고 보았으며 고려의 법이 3일이 못가 바뀌어 민신을 얻지 못하였음을 교훈으로 내세우기도 하였다.

또한 법의 개정을 억제하고 그 영구성을 유지하기 위해서는 처음에 신법을 제정할 때에 신중히 검토할 것이 요구되었다. 날로 증가하는 새 법령은 당해 관사의 사무집행이나 정책구현을 위한 세칙을 정하기 위한 경우가 많았는데 신법이 필요하다고 생각되면 판서가 직접 왕에게 상신上申하여 결재를 받아 시행하였다. 이들 법령 중에는 기존 법령이나 다른 부서의 사무와의 연관성을 고려하지 않고 각자의 소견대로 졸속으로 입법하므로 그간에 모순충돌이 생기기 때문에 관리들이 준수하기 어려웠던 것이다. 그래서 태종대에는 신법제정은 반드시 의정부의 심의를 거치도록 하였으나 실효성이 없었으며, 세종대에는 모든 관리들이 다투어 신법을 제정하려고 하기 때문에 법전과 등록謄錄 외에 신법을 제정하지 못하게 하자는 건의도 있었다.

그리하여 불가경개성과 신법 억제는 경국대전 이후에 형식적으로는 지켜진 셈이었으나 실제로는 법은 무수히 바뀌며 신법이 제정되었다. 그러면서도 항상 '법립이폐생法立而弊生' 또는 '일법립일폐생一法立一弊生'이라는 격언은 법의 안정성과 영구성을 위한 쐐기로서 기능하였다.

5. 왕과 법의 관계

왕은 어떠한 인간에게도 종속되지 않으며 오직 천명天命에 응하여 천의天意를 대신하는 것이며 천의는 민심이기도 하였다. 민심의 소재를 정확히 파악하여 천지사시와 같은 조화 있는 정치를 하는 것이 왕의 임무이며 그것이 천의에 부응하는 것이며 입법, 사법, 행정과 같은 통치권이나 풍교風敎의 종국적 권원이 왕에게 귀속되어 있는 것이다. 위에서 왕이 법을 만들고 인신人臣이 아래에서 법을 지킴으로써 비로소 기강紀綱이 서고 상하가 평안한 것이라고 보았다. 그러나 왕은 법을 만들기만 하고 준수하지 않을 자유는 없으며 스스로 만든 법이라 할지라도 백성과 함께 준수해야 하며 그것이 조종성헌일 경우에는 왕도 스스로 백성과 함께 마땅히 준수해야 할 의무가 있다고 보았다. 그러한 의미에서 왕은 '기법지종紀法之宗'이라고 표현하였다. 즉 왕은 한 나라의 법을 체현하는 근본이 되는 종주宗主인 것이다.

또한 법은 왕이 천하국가를 다스리는 '공기公器', 천하의 모든 사람이 함께 소유하며 관여하는 것 '천하지소공天下之所共' 혹은 영구히 전해서 준수해야 할 공공의 기(萬歲公共之器)이기 때문에 비록 왕이라 할지라도 임의로 폐지하거나 굽히는 등 사사로이 사물시私物視할 수 없다고 본 것이다. 이러한 사상은 왕토왕민王土王民사상과 같이 법도 '왕법王法'이라고 표현되었는데 왕토왕민이라고 해서 왕의 사유물이 아닌 것과 같이 왕법이라고 해서 왕의 사적 법일 수는 없는 것이다. 이렇게 본다면 왕도 법 아래 있다고 볼 수 있으며 왕이 법을 만들면 신하가 지켜야 하는 것과 같이 왕도 법을 받들고 스스로도 지켜야 하는 자기구속 하에 있다고 하겠으나, 사정은 오히려 반대로 왕은 법에 의한 자기구속에서 해방되어 법에 대한 우위를 위한 자의恣意가 감행되기도 하였다.

III 법사상의 변화(변법變法사상)

　　건국 초의 고법존중·양법미의·민신민지·불가경개의 법률관은 변함없이 계승 되는 가운데 불가경개성이나 신법 억제는 새로운 사정과 시대의 변천에 즈음하여 법의 개폐를 정당화하는 이유를 정면으로 내세우게 되었다. '시대가 다르고 사정이 다르므로 신법과 구법이 서로 저촉하여 관리들이 시행하는데 현혹되며', '법령이 너 무 많고 복잡하여 시행의 효과를 기대하기 어려우므로 이를 조화시켜' 영구적 법을 모으게 되었다. 즉 대전속록의 서문에서는 "만약 법이 오래 되면 폐단이 생기므로 마땅히 법을 개폐해야 할 때가 되었는데도 불구하고 부질없이 구장舊章[구법]만을 지 키고 변통하지 아니한다면 교주고슬膠柱鼓瑟과 같을 것이니 어찌 숭상할 만한 일이 겠는가."라고 한 다음 3대代에는 3장章 17조條의 법만으로 족하였으나 한漢·당唐 이래로는 국토가 넓어지고 만사가 번잡해졌으므로 법이 증가하게 된 것은 필연지 세必然之勢이었으며, 3대 이후 한·당만큼 성치盛治를 한 때가 없었음을 고례로 들면 서 신법창설과 개폐를 정당화하고 있다. 또한 대전후속록의 서문에서는 "정치는 도道와 더불어 같이 하고 시속時俗에 따라 개혁하는 것이니 반드시 선왕의 도를 본 받고 시무時務의 편의에 합당하여야 한다. 선왕의 대경대법大經大法은 비록 백세가 지나더라도 마땅히 준수하여 상실해서는 안 되지만 법령의 조목에 관해서는 부득 불 그 당시의 사정을 참작하여 조화시키지 않을 수 없다."라고 하여 시세의 변동에 따른 법의 변동을 정당화하고 있다.

　　역시 경국대전주해의 서문에서도 "구법을 준수하면서 그 폐단과 결함을 보완하는 것이 자고로 군왕들의 민을 다스리는 요체이었다."고 하고 17세기말의 수교집록의 서문에서는 "경국대전은 성대한 법전이나 입법한 지 오래되고 당시와 현재가 다르므로 시대의 사정에 따라 법을 가감증보함으로써 시의에 맞게 되었다."고 하고 속록을 편찬함으로써 경국대전이 더욱 밝아지고 집록을 편찬함으로써 속록이 더욱 완비되었다고 자부함으로써 정당화하고 있다. 그러나 이상과 같이 개정의 정당성의 이유를 정면으로 표명하면서도 거기에 과해져야 할 한계인 조종성헌인 양법미의의 존중과 그 불가경개성을 강조함으로써 무절제한 개폐를 경계하였다.

"만약 성자성손聖子聖孫이 사성四聖(태조, 태종, 세종, 세조)의 마음을 살피지 아니하고 부질없이 법령의 조문의 지엽말단만을 보고 아침에 한 가지 법을 바꾸고 저녁에 한 가지 법을 세워 남김없이 어지럽게 고친다면 조종의 양법미의가 하나도 남지 않게 될 것이니 경계하지 않을 수 있겠는가?" 혹은 "조변석개한다면 끝내는 법을 법답게 쓰지 못하고 나라가 나라답지 못하게 되므로 법이 없는 것만 못하게 된다고 하고 혹은 자고로 선왕의 법을 근수謹守하지 않고 그 국가가 장구한 예가 없으며 법이 미법美法이라도 시행하는 것이 더욱 귀중하며 주周가 망한 것은 법이 없기 때문이 아니라 시행하지 못하였기 때문"이라고 말하기도 하였다.

이와 같은 법률관은 고법의 묵수가 지배적이었던 초기와는 달리 법의 변동을 적극적으로 긍정 촉진하면서도 그것을 고법존중사상에 의해서 미화한 점에 특색이 있으며 이것을 법률관의 발전이라고 해도 무방할 것이다.

법은 고법이어야 하며 고법은 민신·민지에 바탕을 둔 양법미의이며 영구불변하므로 경솔히 개정해서는 안 된다고 생각한 초기의 법률관은 이념적으로는 유교사상에 근거하고 있음과 동시에 법치주의사상에 그 원천을 찾을 수도 있다. 그러한 법률관에 입각하여 실정법의 확립을 성취하고 이를 고수하려 한 것은 규정적 특색이라고 할 수 있다.

또한 법률관은 정치적 이유 때문이기도 하였다. 중국의 3대代, 한漢·당唐을 비롯하여 가까이는 고려왕조의 성쇠가 천의天意와 민지民志의 향방에 의해서 좌우되었으며 특히 고려가 법강의 문란으로 천의와 민지에서 이탈되었다는 역사적 교훈과 경험에서 강력한 왕권을 기반으로 왕조의 영속을 도모하기 위해서는 민지에 입각한 통치규범을 확립하여 불가변의 안정성을 유지하는 길밖에 없다는 자각과 의지에서 나온 것이며 정치사상의 법적 실현이라고 해도 좋을 것이다.

건국초의 법률관인 고법묵수古法墨守에 의한 안정성의 사상에서 법의 개변에 의한 구체적 타당성의 사상에로 전환하게 된 것은 법의 안정지향성과 변동지향성의 상충과정에서 후자가 우세하게 된 결과라고 하겠다. 그에 따라 법은 변동하나 안정성의 사상은 형식적인 명맥을 유지함에 불과하고 실제로는 법의 자의적 변개도 가능하게 된 것이다. 더욱이 법은 변하다 하더라도 기본적으로는 건국초부터의 일관된 유교이념과 그것의 심화에 일관하였을 뿐이었다. 오직 중국문화의 영향 하에 있었을 뿐, 법이 다양한 이념이나 제도를 교환하면서 자기 형성하는 여건을 갖지 못하였던 것이다. 그러나 이 시대의 법률관은 법의 도덕적 이념으로서의 유산으로서 오늘날에 살아 있다고 보아야 할 것이다.

IV 법과 민중의 법의식

1. 일반적 법의식

양법미의로 자처하고 공포 시행된 각 법전 그리고 민신·민지에 입각한 유국유민裕國裕民하는 법으로서 시행된 무수한 단일법령은 그 내용이 대부분 통치조직과 운용에 관한 헌법·행정법·군사법·형사법이며 직접적으로는 각 관사나 관리에게 하달될 성질의 법이었다. 그것이 정책 시행과정에서 민에게 시달示達될 때에 민은 비로소 법령의 존재를 알 수 있었다. 따라서 민은 법의 주체가 아니라 객체였다고 할 수 있다.

그런데 법전에는 처벌규정이 수반되지 않은 이른바 민사적 법규가 없었던 것은 아니다. 호전에는 토지, 가옥, 노비, 우마의 매매, 임대차, 소권訴權, 이자제한에 관한 규정이 있고 예전에는 혼인, 친족의 범위, 제사상속, 입양에 관하여 규정하고 있으며 형전에는 재산상속과 노비의 매매에 관해서 규정하고 있다. 따라서 민이 사법적인 것으로서 국가법과 관계하는 것은 위의 범위에 국한되었다고 할 수 있고 여타는 관습법, 판례법에 일임되어 있었으므로 사적 생활의 대부분은 국가법의 직접적인 규율대상이 아니었던 것이다.

그러므로 민의 국가법에 대한 인식은 특수한 양식을 띠게 되었다. 즉 국가법은 거의 모든 경우에 민에게는 위압이나 형벌을 수반하는 명령으로서 받아들여지고 두려움을 갖지 않을 수 없었다. 고려사 형법지 서문에는 법과 형에 관하여 다음과 같이 기술하고 있다. 즉 "형刑은 이미 일어난 일을 징벌하는 것이고 법法은 아직 일어나지 않은 일을 미리 막는 것이다. 이미 일어난 일을 징벌함으로써 사람들로 하여금 무서운 것을 알게 하는 것은 일어나지 않도록 미리 방지함으로써 사람들로 하여금 피할 수 있게 하는 것만 같지 못하다. 그러나 형이 아니면 법이 행해질 수 없다. 그러므로 선왕들이 형과 법을 병용하고 그 어느 한 쪽을 없애지 못한 까닭이 여기에 있다." 이와 같이 법은 형과 같은 뜻인 것이며 법은 그대로 민에게도 형으로서 인식되게 된 것이다.

이 점은 국가법의 내용과 성격에서만 유래하지 않는다. 형사재판에서는 유죄판결이 있은 후에 범인으로 다루어지는 것이 아니라 피의자로 지목될 때부터 범인이었다. 위압적인 관사에서는 처음부터 자백을 강요하기 위한 각종 잔인한 고문이 자행되는 것이 실제였다. 민사재판은 사송詞訟이라고 하여 형사재판과 절차의 면에서 구별되었지만 오늘날과 같이 완전히 구별된 것이 아니라 사안과 관계되는 범위에서 형사재판적 성격이 가미되었다. 즉 비록 순수한 민사사안이라 할지라도 사건의 발단, 당사자 간의 사적 해결과정 그리고 재판과정에서 사기, 문서위조, 협박, 구타, 상해, 명예훼손 등 반도의적·반사회적 언동이 수반되는 것이 상례이므로 그러한 사실이 있는 경우에는 소송진행 중 또는 변론종결 시에 부수적·병행적으로 형사처벌을 과하였으며 당사자도 소장에서 분쟁해결의 청구와 동시에 형사처벌도 요구하는 것이 상례이었다. 따라서 민사재판이라 하지만 형사재판의 분위기였다고 해도 과언이 아니며 국가법의 경우와 같이 관사나 재판도 위압과 외포畏怖의 분위기였다.

다음, 국가법의 영역 밖인 비국가법적 평면인 사법적 영역에서는 통일적 이상적인 법규가 없었으므로 관습법과 조리에 따라 규율되었다. 이 영역에서의 행위의 규준은 리理, 도리道理, 사리事理, 경위逕渭, 법리法理라고 하였다. 이것은 국가에서도 당연한 것으로 규정하여 민사재판을 심리하는 것을 '청리聽理'라고 하고 이유가 없어 패소하는 것을 '이굴理屈'이라고 하며 당사자가 소장에서 판결을 청구하는 용어를

'논리제급論理題給', '논리처결論理處決'이라고 표현하였다. 모든 사물에는 이치 또는 도리가 있어서 소작인에게는 작인作人의 도리, 반상에게는 양반의 도리와 상인의 도리가 있었다. 행위의 기준에 맞는 것은 근리近理, 이소당연리所當然, 사리쟁지事理爭之, 거리책지據理責之, 법리당연지의法理當然之意, 무위경위無違涇渭라고 하고, 맞지 않는 것은 이불연리不然, 무리지사無理之事, 비리지설非理之說, 비리생억非理生臆, 무거도리無據道理, 사심무거事甚無據, 무경위無涇渭, 무지법의無知法意, 무법리無法理, 법외지변法外之變, 법외지인심法外之人心이라고 하는 것과 같다. 도리나 경위는 결국 조리 또는 형평과 같은 말이며 일반적으로 사람들이 가지고 있는 법의 이상적 기초관념이며 보편적 상식이라고 할 수 있다. 사물에 내재하는 보편적 이치인 사리는 모든 사람이 수긍할 수 있는 근거를 가지고 있으므로 도리에 어긋나는 것을 무거도리無據道理라고 하고 그것은 억지이어서 비리생억非理生臆이라고 하였다.

결국, 도리에 맞는 것은 염치廉恥를 알고 인의仁義에 따른 것이므로 그에 반한 경우에는 사극무렴事極無廉, 무렴무법無廉無法, 불가인의쟁자不可仁義爭者라고 하였다. 사람들은 사리와 도리에 좇아 생활하고 거래하는데 '리理'는 실정법처럼 통일적이고 명확하지 않으나 양심 속에 깔려 있는 것이었다. 일상거래나 행위에서 말미암은 분쟁이 당사자의 리理에 따른 사적 해결에 실패한 경우에 분쟁은 관사에 제소되는데 관사도 리理에 따라 재판하므로 청리聽理에 의하여 쌓인 판례는 객관적인 관사의 리理의 집적이었다. 관사의 리理의 반복연속에 의해서 법리가 형성되며 그것은 권위있는 리로서 받아들여지고 사람들은 그 법리를 기준으로 삼았다. 또한 민신·민지에 따른 양법미의인 국가법에 대하여도 민중은 리理로서 평가하여 받아들이거나 거부拒否하였을 것이다.

민중의 이법理法은 형사적이거나 위압적이 아니었다. 그러나 사리의 다툼이 관사의 공권적 해결에 의존하지 않을 수 없는 이상 결국 이법理法의 실현은 관사의 그 분위기와 결부될 수밖에 없는 것이다.

2. 재판과 권리의식

권리의식의 보편화와 권리실현의 실효성은 실정법체계가 통일적·추상적으로 개인의 전 생활관계를 파악하고 있고 생활관계에서 생긴 분쟁이 실정법에 표현된 기준에 따라서 예외없이 통일적으로 재판권에 의해서 해결되고 이 과정이 중첩됨에 따라 사람들에게 권리의식을 갖게 한다. 즉 일정한 분쟁에 대해서 실정법에 따른 통일적 해결방법이 있다는 것이 명백하면 분쟁주체 상호 간의 사실에 대한 인식이 일치하는 한, 실정법에 따른 선에서 자발적으로 분쟁이 해결되고 이렇게 해서 사람들에게 실정법에 따른 행위를 하게 한다. 그 결과 마치 실정법에 독자적인 강제력이 존재하는 것처럼 나타나며 그것이 실효성을 갖기 위해서 필요한 소송상의 절차나 증거의 제출이 하나의 실효성을 갖고 사람들의 행위를 규제하게 된다. 따라서 이와 같은 법의식, 권리의식의 보편화는 재판의 제도, 기능과 밀접히 결합되어 있다.

그러나 사적 생활관계에 관한 실정법이 없고 사람들의 마음속에 자리잡은 써어 있지 않은 사리나 도리는 불명확하며, 명확하다 하더라도 실정법과 같은 공권력에 의한 강제력이 없으므로 분쟁주체 간에 사실에 대한 인식이 일치하지 않음은 물론 그에 대한 준법의식도 결여되어 있으므로 분쟁의 해결은 국가권력의 최종적인 강제력의 발동인 재판에 의존할 수밖에 없었다.

또한 분쟁이 있는 경우에 서로 상대방의 이익을 긍정·승인하는 의식이 있는 경우에는 대항하는 역관계가 다소 안정되어 균형상태를 유지하고 있으므로 리理에 따라 해결되나, 그렇지 않은 경우 예컨대, 반상班常 간이나 세력의 강약자 간에서는 특히 억지와 위압이 개재하기 때문에 필연적으로 관사의 재판에 호소할 수밖에 없게 되어 있었다.

어떻든 분쟁이 관사에 제소된 경우에는 벌써 분쟁당사자의 인간관계는 파탄되었다. 소지所志(소장)의 서두에서부터 '원통한 사유[冤痛情由, 至冤情由]', '분한 사유[憤惋情

由, 憤迫情由, 切憤情由'라는 말로 시작하여 본인, 조상, 가문에 대한 치열한 공격을 곁들인 청구취지를 적고 말미에서는 '소리높여 부르짖습니다[疾聲仰籲]', '천리에 방황하는 일이 없도록[無至千里彷徨事]', '피폐한 백성이 원통함이 없도록[殘民無至呼寃之地]', '원통함을 풀 수 있도록[俾得雪寃之地]', '피를 흘리는 원통함을 면하도록[免血漏之寃]'하여 달라고 호소하였다. 그래서 민사재판의 당사자가 관가에 들어올 때에는 원기가 충천하여 헐떡거리고 들어와서 마음 좀 편하게 해달라고 호소하는 일이 많았다. 일상용어인 "척산다[作隻]", "척사지 말라"의 '척隻'은 재판용어인 피고의 뜻인데 소송에 이르면 '원수'로 된다는 경험에서 '척'이 원수 또는 '원한'의 대명사로 된 것이다.

어떠한 경우에나 재판은 차별없이 공정해야 하며 오로지 법정절차에 따라서 '이곡이직理曲理直'을 명쾌히 판정해야 하는 것이 당시의 재판지침이며 대체로 평등한 주체 간은 물론 반상 간이라도 차별없이 재판하는 예가 많았다. 양반이 상민과의 분쟁으로 인하여 상민으로부터 능욕을 당하는 일도 흔하였으며 이러한 경우에 재판하는 지침에 관해서 선각추록先覺追錄에는 다음과 같이 말하고 있다.

"상놈이 양반을 능욕한 죄는 율문에 규정이 있으니 조사하여 중히 다스리기 위하여 잡아오라"는 제사題辭(결정문)를 내리고 잡아 온 뒤에 사실을 조사하여 상놈에게 잘못(曲)이 있으면 경중에 따라 의법중치依法重治하고 양반에게 잘못이 있으면 상놈에게 "상한지도常漢之道는 다만 사리事理로 다툴 수 있으며 양반을 능욕해서는 안 되니 어찌 무죄일 수 있느냐"고 말하고 간단히 처벌을 과함으로써 명분을 세운 다음 양반을 경중에 따라 중치함으로써 양반지도兩班之道를 잃지 않도록 신신 교유敎諭해야 한다.

반상班常 간이라도 사리에 관해서는 얼마든지 당당하게 다툴 수 있으나 귀천상하의 명분을 지켜 능욕행위는 하지 못하게 한 것이다.

한편 위와 같은 경우와는 달리 당사자 중 한편이 권세가이거나 권세의 배경이 있거나 뇌물이나 청탁을 받은 경우에는 송관訟官이 재판을 지연시키거나 오결誤決하는 사례가 많았다. 이와 같이 재판이 공정하지 못하고 송관이 중립을 지키지 못하는 것은 권세가의 이기주의와 준법정신의 결여에서 말미암은 것이며 특히 후기에는 더 심하였다. 그러나 그런대로 관사는 강력한 힘을 가지고 발휘하였으며 세약자勢弱者나 일반민중은 그나마도 관사의 재판의 힘에 의지하여 권리를 주장하였다. 이렇게 해서 한편에서는 불공정한 재판이 행해지는 일이 있어도 분쟁은 끊임없이 관사에 제기되었으며 그런대로 권리의식은 성장하고 있었다.

분쟁의 사리에 따른 해결이 관사의 위압적인 분위기에도 불구하고 관사에로 집중되었다는 사실은 민중이 관사의 그러한 분위기를 당연한 것으로 받아들이고 동시에 그러한 분위기가 분쟁을 신속하게 자기에게 유리하게 해결하는 데 서로 도움이 된다고 의식하였기 때문이다.

3. 소유권의식

사회적 사실로서 사람이 어떤 물건을 '가지고 있다'는 것은 인류의 역사와 함께 시작된 것이며, 소유권이라고 할 때에는 그것은 단순히 물건을 소유하는 권리 혹은 단순히 물건을 가지는 권리가 아니라 법에 의해서 보장되고 법과 함께 발전하는 권리이다. 따라서 역사적 사회에서의 소유는 다양한 형태로 나타난다.

먼저 국가법적 평면, 즉 제정법전의 규정에 의하면 토지는 상속할 수 있었고 동시에 자유로이 처분할 수 있었다. 토지의 매매는 세종 6년(1424) 3월부터 일반적으로 해금解禁되었으며 입안立案을 받도록 하였는데, 이는 처음에는 매매이유를 심사하는 절차였으나 얼마 안 되어 매매의 진정성 여부의 절차로 되었다.

즉 토지는 법률상 처분가능성과 상속가능성이 보장되어 전시대를 일관하였다.

그리고 사적 소유로서의 상급소유, 하급소유도 아니며 오로지 소유자 한 사람의 독점적 소유이었다. 소유권에 관한 법전의 규정은 소송법적 규정과 결합되어 호전戶典 전택조田宅條에 의해 강력한 절대적 보호를 받도록 되어 있고 소유권이 침해된 경우의 구제방법으로서의 재판제도는 '사송詞訟'으로서 형사소송인 '옥송獄訟'과 구별되어 권리실현을 위한 실효적 기능을 영위하였으며 법률적으로나 일반의 법의식에서나 현실적인 물건지배의 사실과는 관계없이 관념적으로 물건지배를 정당화하는 법적 근거인 권원에 의해서 보호되고 그렇게 의식하고 있었다. 이러한 소유권을 '기물己物'이라고 표현하였다. 그런데 소유권의 관념성은 근대법에서와 같이 논리적으로 관철되어 있지 못하였으나 사람들의 의식 속에는 항상 철저하게 권원의 정당성의 관념이 박혀 있고 소송에서도 항상 시비, 정·부정의 근원적 구명, 근거 또는 내력의 근원적 구명만이 있을 뿐이며 호전 전택조의 "남의 땅을 훔쳐 판 자, 상속재산을 독차지한 자, 남의 땅이나 집을 빌려서 영구히 차지한 자는 제소기한의 제한을 받지 않는다[盜賣者 合執者 永執者 不限年]."라는 규정이 이를 입증하고 있다.

토지를 3년이 지나도록 이용하지 않을 경우에는 관에 신고하여 타인이 이용할 수 있으므로 소유권은 이용되고 있지 않으면 약화될 가능성이 있었다. 타인의 신고 경작은 본주인이 돌아올 때까지이므로 소유권 자체는 보호를 받고 있는 셈이나 토지소유권은 관념성의식과 현실성의식의 충돌과정 속에서 성장하고 있었다. 따라서 소유권의 현실성은 각처에서 수시로 나타났다. 토지에 관한 소송에서는 언제나 물권적 권원의 다툼이지만 동시에 물권적 권원의 사실적 지배로부터의 완전한 준별·분화가 보편화되어 있지 못하였다. 권원을 주장 또는 입증할 경우에는 언제나 예외없이 현실적 지배의 계속을 주장하였다. 즉 권원權原(조상대대로 매수하여 증여받아)과 함께 현실적 이용(경식耕食, 거주居住, 금양수호禁養守護)의 사실을 주장하고 그것을 더욱 보장하기 위하여 '집지執持', '차지次知'를 내세웠다. 그 이유는 첫째로 국가의 정책상 토지를 놀리지 못하게 하는 강력한 규제에 말미암은 것이며 누구든지 자기의 권리를 주장하여 구제받으려면 권원과 함께 현실적으로 이용하고 있거나 침해될 당시까지 이용하고 있음을 입증하지 않으면 안 된다는 의식 때문이었다. 이용하고 있지 않으면 언제 누가 고관경식告官耕食할지 모르며 세강자勢强者가 침탈할 위험이 있을지도 모른다. 그것은 소유의 법질서가 국가의 힘과 함께 외적인 사실의 힘으로 사람의 의식을 구속함으로써 지탱되어 있음을 뜻한다. 여기에서 사람들은 누군가가 현재 사실상 점유 이용하고 있는 경우에만 그러한 사실의 외부로부터의 힘에 지배되어서 그것을 존중하지만 사실상의 점유가 없으면 소유권을 존중하지 않는다. 따라서 타인의 소유권이 존중되는 것은 존중하는 사람의 의식에 대해서 외부로부터 강제하는 사실적 힘이 있을 때에 한하는 것이다. 즉, 소유권은 점유를 수반하면 강하게 되고 그렇지 못하면 약하게 된다. 자기가 꼭 잡고서 갈아먹고[執持耕食] 있지 않으면 빼앗길지도 모르므로 자기의 소유로 하려면 집지하고 있어야 한다는 의식이 지배하고 있었던 것이다.

소유의 법체계는 전근대적 법체계로서는 이기적일 정도로 권리본위로 구성되어 있으나 계급사회의 본질상 주체자主体者의식과 대등자對等者의식은 법규정에도 불구하고 실제로는 사회적 규모로 존재하지 못하였다. 반상간, 세강자와 세약자 간에는 힘에 의해서 지배되며 이들 간에는 권리부정적 의식과 권리주장적 의식의 충돌이 쉴새없이 일어났다. 대등한 인간에 의해서 구성되는 사회가 아니었으므로 다만 개인적이지 사회적이 아니며, 타자부정적인 이기주의가 지배하고 연대적 상호의존관계가 결여되거나 희박하며 따라서 권리의 주장은 항상 이기주의적 의식과 행동으로 나타났다. 이러한 사정은 전래의 속담에도 나타나 있다. 이기주의적 의식은 다음과 같은 속담에 표현되었다.

① 남의 고기 한 점이 내 고기 열 점보다 낫다.
② 제 돈 칠푼만 알고 남의 돈 열네 잎은 모른다.
③ 내 돈 서푼은 알고 남의 돈 칠푼은 모른다.

이러한 의식은 다음과 같은 배금주의 의식이 뒷받침하고 있다.

    ④ 돈이 많으면 두역신痘疫神을 부린다.

    ⑤ 돈이 있으면 처녀불알도 산다.

    ⑥ 돈이 장사

    ⑦ 돈이 제갈량

    ⑧ 돈 한푼을 쥐면 손에서 땀이 난다.

    ⑨ 돈 있으면[有錢] 귀신도 부린다[使鬼神].

이러한 배금주의가 이기주의를 낳고 따라서 타인의 권리를 존중할 줄 모른다. 그래서 "⑩다 팔아도 내 땅"이라고 하여 합법적 계약에 의해서 자기 땅을 매도하였으면 소유권은 매수인에게 이전되는데도 불구하고 계속 자기 땅이라고 의식하고 있는 것이다. 이러한 의식은 "⑪아해 가진 떡[兒持之餠]"으로까지 된다. 다 팔아도 내 땅인데 하물며 아무런 힘도 없는 어린아이는 주체적 인간으로 보이지 않고 따라서 어린아이가 가지고 있는 떡은 내 떡이나 다름이 없다. 이러한 상황에서는 다음의 극단적인 상황으로까지 확대된다.

    ⑫ 행랑行廊 빌면 안방까지 든다.

    ⑬ 행랑이 몸채 된다.

    ⑭ 손님이 주인이 되기에까지[回賓作主] 이른다.

이러한 이기주의적·타자부정적 의식이 충만하면 서로 실력에 의지하게 되고 자기의 힘이 미약해진 경우에는 언제 누가 자기의 무력無力을 틈타 침해할지도 모른다는 피해망상의식에 젖게 된다. 침해된 경우에는 우선 감정적으로 자기의 무력함을 한탄하며 상대방의 침해행위를 자신의 무력에 대한 멸시의 결과라고 단정하고 마는 것이다. 결국 국가법이 보장하고 있는 소유권과 그에 상응한 소유권의식이 보편화되지 못한 점에서 그 전근대성을 찾을 수 있다.

V 개화기 및 일제시대의 법의식

　개화기의 소위 근대화는 자주적 노력에도 불구하고 그 기인과 과정은 일제에 의한 타력적 개화이며, 일제의 직접, 간접의 간섭 하에 형성·운용된 법체계는 오로지 행정, 경찰, 형법 그리고 재판제도에 치중된 것이었고 사법적 영역은 방치된 상태였다. 이전 시대에 비할 수 없을 만큼의 방대한 이른바 근대적 법체계는 배일감정, 제도와 법문의 생소함과 복잡함, 무지로 인하여 민족적 지지를 얻지 못하고 적응될 수 없었다. '자유와 권리'와는 무관한 법에 대한 인상은 이전 시대의 법률에 대한 인상과 다름없이 권위적, 위협적, 명령적으로 받아들여졌다. 재판제도는 서울을 제외하고는 구태의연하고 서울에서의 재판은 까다롭고 비용이 드는 것으로 의식되고 종래의 단송短訟·건송健訟은 있으나 일반적으로 근대적 권리의식의 신장에 도움을 주지 못하였다.

　그러나 개화기의 법제는 우리의 원顯·불원不顯 간에 일본인과 일부 한국인 법조인의 손으로 그 규범력을 발휘하여 사회통제의 강제적 기능을 영위하였으며 거기에서 긍정적으로는 자주적 근대화의 민족적 원동력을, 부정적으로는 법과 재판에 대한 소원疏遠과 법의식의 갈등을 유산으로 남겼다.

　이미 통감부시대에 식민지지배의 기반을 닦은 일제는 병합 후 헌병경찰제에 의한 무단적 군사지배로 시작하여 3·1운동을 고비로 헌병경찰이 보통경찰로 바뀌었으나 전에 못지않은 군사적 경찰적 억압체제였다. '일시동인一視同仁'으로 시작하여 '내지연장주의內地延長主義', '내선일체內鮮一體' 등 동화정책을 강조하면서 회유의 베일 속에 지배권력을 강력하게 발동하여 언어·관습을 무시하며 식민지적 특수법을 제정하고 참정권을 부인하고 권리의 향유를 차별하고 사법권의 독립을 확보하지 않으면 권력통치를 계속하였다. 사법적인 영역에서도 일본의 민상법을 의용하게 함으로써 대체로 식민지 지배체제로서는 개화기와는 달리 모든 면에 걸쳐 통일적 추상적 실정법 체계가 정비 운용되었으나 그것은 궁극적으로는 법치주의의 가면을 쓴 자의적 전제지배를 위한 수단에 불과하였다. 여기에서 법률에 의하기만 하면 된다는 법만능주의적 사고와 불가항력적 지배 하의 무권리·무관심·무비판적 노예정신을 심어주었다.

자본주의체제에 상응할 민법, 상법 등 정치적으로는 무색한 법이 적용되고 사적 분쟁에 대해서는 순수한 민사재판이 행하여져서 서구적 사법제도에 접할 수 있었으나 법의 난해성과 개화기와는 비교할 수 없을 정도로 기술적인 소송절차 하에서의 시간과 비용이 드는 재판제도는 근대적 법의식, 권리의식을 신장하는 데에 도움이 되지 못하였고 오히려 전제적·식민지적 지배라는 전체적 압제분위기 밑에서 준법정신의 결여, 법의 경시풍조를 일층 심화시켰을 뿐이다.

또한 특히 지적해야 할 것은 가족제도이다. 조선의 관습을 존중한다고 하여 친족·상속에 관하여는 관습법이 적용되었으나 그 관습법은 총독부 당국이나 법원 등의 통첩, 회답, 결의 등의 형식으로 선언한 관제官製관습이었다. 그런데 이 관습의 관제화 과정에서 일제의 천황제적 가족국가의 이데올로기에 입각한 일본식 유교적 가족제도가 이식됨과 아울러 전통적 유교적 가족제도는 조선왕조 시대보다 더욱 강화되고 보충·정비되었으니 이 시대의 관제 가족제도야말로 일찍이 우리 역사상에 있어보지 못한 강력한 가부장제 가족제도였다는 점을 유의해야 한다.

Ⅵ 현대법의 과제

　역사적 경험과 민신·민지에 바탕을 둔 양법미의와 그것의 영구적 안정을 이상으로 하고 추진한 조선왕조 초기의 법률관은 우리 역사상 일찍이 없었던 법의 성기를 맞이하게 하였다. 그럼에도 불구하고 시대를 내려오면서 자의적인 법의 개폐, 일부 양반·관료·토호들의 이기적 불가항적 지배와 법의 유린, 외우내환에 말미암은 민족적 병폐와 그에 상응한 민중과 법의 괴리라는 어두운 면을 남겼다. 더욱이 개화기의 충격을 포함하여 50여 년에 걸쳐 근대적 법치주의의 가면 아래 자행된 일제 식민지 하의 압제, 정치적 억압, 더욱더 조직화되고 획일적으로 강제된 가부장제 가족제도는 민중과 법의 유리, 법의 경시, 권리의식의 박약을 더욱 심화·고정시켰다. 즉 우리 법문화의 밝은 역사적 맥락이 500년을 능가하는 일제통치 50년의 밀도에 의하여 송두리째 매장되고 망각되지 않을 수 없게 되었다. 그것은 나아가서는 우리 스스로가 근대화를 저해하는 제 요인의 근원에 대한 역사적 죄과를 전통시대에만 뒤집어씌우기까지 만든 것이다.

　오늘날 한국인의 법의식에 관한 실태조사에서는 공통적으로 다음과 같은 것이 한국인의 전근대적 법의식으로서 지적되고 있다.

　① 법의 도덕성, 정치성과 형법적, 징벌적 측면이 강조된다.
　② 법의 공정성, 타당성에 대한 회의로 말미암아 법에 대한 신뢰도가 낮다.
　③ 준법정신이 결여되어 있다.

④ 권리의식이 박약하다.

⑤ 법의 타당성 내지 재판의 공정성에 대한 회의로 인하여 재판을 경원한다.

그리고 이와 같은 전근대적 법의식은 실태조사를 기다리지 아니하고도 일반적으로 느끼고 또 제시됨과 동시에, 그 근원을 조선왕조시대에 찾고 있다. 이미 보아온 바와 같이 그것은 사실이다. 그러나 자각해야 할 것은 그 근원보다도 그러한 법의식들이 일제하에서 더욱 심화·고정되었다는 사실이며 따라서 우리는 현대법체계의 밑바닥에 깔려있는 법의 식민지유산이 '전통'이라는 이름 아래 법의 '근대화'에 작용하는 실상을 파헤쳐 청산하는 작업이 선행되어야 할 것이다.

오늘날 우리는 주체적으로 선진국들의 이념과 제도를 수용하면서 자기를 형성해가고 있다. 그와 함께 타력적으로 그릇되게 이해되고 망각되었던 전통 속에서 가치 있는 정신적 힘을 발굴하여 오늘에 살려야 한다. 그것은 국토분단, 민족적 법의 분단을 통일하기 위한 힘이 될 것은 물론 발전하는 시대의 새로운 문제의 해결을 위한 기초로 될 것이다. 자유욕구성과 통제욕구성의 조화를 통한 '정의'와 '법의 지배'를 실현하며 민신·민지에 기초한 법치주의를 성취시킴으로써 민중에게 법에 대한 사랑과 신뢰를 갖게 하는 것이 현대의 법적 역사적 과제라고 하지 않을 수 없다.

형법

I 형법의 특색

중국에서는 법 혹은 법제라 하면 고래로부터 형법의 뜻으로 사용될 정도로 형법이 법률 가운데에서 강하게 인식되어 왔다. 진秦·한漢의 형법에서 발달하여 체계적·조직적으로 완성된 당唐나라의 형법인 당률唐律(654년 편찬)은 그 발달 정도가 당시의 세계에 비교될 만한 것이 없었을 정도로 훌륭한 것이었다. 유럽에서 획기적 형법전이라고 일컫는 1532년의 카롤리나Carolina 형사법전도 당률보다 9백년 이상이나 뒤진 것이며, 발달 정도에서도 당률에 미치지 못한 것이었다. 더욱이 당률은 19세기의 유럽 형법전에 비하여도 손색이 없다. 우리나라도 중국의 율령을 받아들이게 되는 삼국시대 이전에는 중국의 영향이 전혀 없는 것은 아니나 토착적인 형법이었다. 고구려에서 비롯한 중국의 율의 계수는 삼국시대 형법의 발전에 지대한 영향을 미쳤으며, 고려시대에는 당률을 비롯하여 송·원의 형법을 받아들였다. 더구나 조선시대 500여 년을 통하여 대명률을 형법의 보통법으로 적용하였으니, 이는 어느 분야보다도 중국 형법이 미친 영향이 절대적이었다고 할 수 있다. 물론 중국 형법상의 여러 원칙이나 규정이 그대로 적용되지는 않았다 하더라도 형법에 관한 한, 중국 형법이 바로 우리 형법의 기본이었던 것은 부인할 수 없다.

II 형벌의 종류

1. 부족사회의 형벌

이 시대의 형벌은 단순하여, 사형·배상형·노비로 만드는 인격형이 있었으며 고조선의 8조법이 대표적이다. 형량은 부족에 따라서 다르기도 하고, 사형도 집행 방법이 달랐을 것이나 자세한 것은 알 수가 없다.

2. 삼국시대의 형벌

고구려가 일찍이 중국의 율을 계수하여 독자적인 율을 시행하였으나 자세한 것은 알 수 없고 참형斬刑, 화형火刑, 기시棄市, 족형族刑, 태형笞刑, 찬형竄刑이 있었음을 짐작할 수 있다.

한편 신라는 고구려율을 계수하였으므로 이로 미루어 보아 신라에 관해서는 비교적 상세히 알 수 있다. 신라의 형벌은 수隨·당唐 이전의 형벌 계통에 속한다. 사형으로서는 범죄인의 친족까지도 연대처벌하는 족형族刑, 수레에 머리와 사지를 묶어 몸을 찢어 죽이는 거열車裂, 사지를 베어 죽이는 사지해四支解, 시장 또는 길거리의 사람들이 보는 데서 공개적으로 처형하는 기시棄市, 묘에서 시체를 파내어 다시 처형하는 육시戮屍, 참형斬刑 따위가 있었고, 그밖에 일종의 명예로운 사형인 자진自

盡이 있었다. 그러나 교형絞刑이 있었는지는 확실하지 않다. 유형流刑은 원래 수隋·
당唐의 형벌로서 그 이전의 사변형徙邊刑이 지양된 것인데, 신라에서는 이 사변형에
해당하는, 즉 섬에 보내는 입도入島 또는 투기원도형投棄遠島刑이 있었다. 또한 신체
형으로서는 장형杖刑이 있었는데, 도형徒刑이 있었는지는 확실치 않다. 따라서 형벌
에는 대체로 장杖·류流·사死의 3종이 있었던 것만은 확실하다. 백제에도 참형, 유
형, 금고형禁錮刑, 족형이 있었다.

3. 고려시대의 형벌

고려는 당률을 본받았으므로 형벌에 있어서도 당률에서 완성을 본 태笞·장杖·
도徒·류流·사死의 오형五刑제도가 확립되었다. 즉 태형은 10부터 50까지의 5등급,
장형은 60부터 100까지의 5등급, 도형은 1년·1년 반·2년·2년 반·3년의 5등급,
유형은 2천리·2천 5백리·3천리의 3등급, 사형은 교絞와 참斬의 2등급으로 되어 있다.

4. 조선시대의 형벌

조선시대는 대명률을 적용하였으므로, 당률이나 고려율과 같은 오형체계이며, 그
밖에 특수 형벌이 있었다. 이것을 경중의 순서에 따라 설명하면 다음과 같다.

1) 태형과 장형

태형은 경죄를 범한 자에게 작은 형장刑杖으로 치는 것이며 장형은 큰 형장으로
치는 것인데, 그 크기와 도수度數에 차이가 있다. 또한 장형은 도형·유형에 병과併

科하였다. 이 태형·장형은 매우 남용되어서 형장의 크기나 도수度數를 제대로 지키지 않고 족장足杖 혹은 원장圓杖이라는 법 밖의 용구를 사용하였다. 그리하여 절도범이나 군율軍律 위반자에게만 사용하는 곤장棍杖을 보통 범죄인에게 사용하는가 하면 장형 때문에 죽는 일(장사杖死)도 있었다.

2) 도형

도형은 일종의 징역형으로 각 지방의 제염소製鹽所·초철소炒鐵所로 보내거나 또는 대개 관청의 잡역이나 관선官船의 선부로서 노역에 복역하였다. 또한 군역軍役에 복역하는 충군充軍도 도형의 한 종류로 볼 수 있다.

3) 유형

유형은 태·장·도·류·사라는 오형 중 사형 아래의 무거운 형벌이다. 이 오형은 중국의 형벌제도인데 일찍이 우리나라 삼국시대 이래로 시행되었다. 원래 중국의 유형은 유2000리流二千里·유2500리流二千五百里·유3000리流三千里의 3종이 있는데 중죄인을 차마 죽일 수 없는 경우에 일생 동안 먼 곳으로 보내어 고향에 돌아오지 못하게 하는 것을 말하며, 황무지나 해변에 안치安置시키며 유형을 과하기 전에 장100을 병과하도록 되어 있었다.

우리나라는 조선왕조 때부터 중국의 대명률을 일반형법으로서 의용하면서부터 유형이 정형正刑으로서의 자리를 굳히게 되었는데 국토가 넓은 중국과는 달리 땅이 좁아서 그대로 적용할 수 없으므로 세종 12년(1430)에 팔도감영監營을 기점으로 하여 2000리, 2500리, 3000리에 해당하는 지역을 구체적으로 열거하였다. 그러나 유배할 경우에는 극악범인極惡犯人에게 우회함으로써 고통을 주기 위하여 짐짓 삼천리를 우회시킨 예도 있고 혹은 법대로 정배하지 않고 본도本道나 근도近道에 정배하는 예도 있었는데 대체로 천리를 넘는 것을 원칙으로 하였다.

우리나라에서는 유형을 과하는 것을 '정배定配', '사徙', '류流', '적謫', '방放', '천遷', '찬竄' 등이라고 부르기도 하였는데 죄질이 각양각색이기 때문에 2000리, 2500리, 3000리의 유형으로서 정해진 것 외에 막연히 정배定配, 본도정배本道定配, 타도정배他道定配, 정배어서북도강변定配於西北道江邊, 정배어서북변지定配於西北邊地, 원배遠配(원지정배遠地定配), 변원정배邊遠定配, 극원정배極遠定配, 도배島配, 절도정배絶島定配라고 표현하여 죄질에 따라서 다시 구체적으로 지정하기도 하였다. 대체로 조선 중기 이후 예를 들면 다음과 같은데, 이러한 죄들은 대명률이나 법전의 형전에 없는 특별범죄이다.

> 정배(관의 담을 넘어 들어온 경우), 본도정배(출입금지 지역을 범한 경우의 종범), 타도정배(封山에서 失火하였으나 소나무가 타지 않았거나 봉산을 범하였으나 소나무를 한 그루도 베지 않은 경우), 정배어서북도강변 및 정배어서북변지(인삼을 몰래 판 경우), 원배(자녀를 살해할 것을 모의한 경우, 仁嬪墓所의 석물을 타파한 경우), 변원정배(비부로서 처의 상전을 모살하려 한 경우, 재상의 서간을 위조한 경우, 유생으로서 본관사또에게 발악한 경우, 서울 안에서 소나무를 벤 경우, 작당하여 선현을 욕한 경우, 궁궐에 침입하여 소나무를 벤 경우), 원지정배(패소한 후 작당하여 송관이 지나가는 길에서 작폐한 경우), 극원정배(억측으로 사람을 의심하여 익명의 게시문을 걸었다고 포도청에 고발한 경우), 도배(왕의 수레에서 멀지 않은 곳에서 수레를 보기 위하여 말에 타고 있는 경우, 묵은 논을 火耕하다가 바람이 불어 봉산에까지 延燒한 경우), 절도정배(무녀가 궐내에 들어와 무당제사를 지내는 경우, 어사를 가칭하여 작폐한 경우, 역적의 부로서 80세 이상된 자, 타인과 간통하여 두 자식을 낳은 계모를 구타한 경우)

정배의 일종으로서 연좌형緣坐刑을 과하는 무거운 형에 전가사변全家徙邊이 있다.

이것은 죄인의 전가족도 함께 변방벽지로 보내는 것이며 향교에 실화한 후 위판位版을 사조私造한 경우, 전세를 여러 해 동안 불납한 경우, 토호로서 많은 공채를 불납한 경우, 공물을 대납한 경우, 은을 사채私採한 경우, 기한이 지났거나 확정된 소송사건을 다시 제소한 경우, 장예원서리掌隷院書吏가 문기를 위조하여 증명을 발급해 준 경우, 향전鄕戰한 경우 등에 전가사변에 처하였다. 이 형벌은 가혹한 것이었으므로 속대전이 편찬된 영조 20년(1744)부터는 경국대전에 규정된 두 가지를 제외하고는 일체 장·유형으로 바꾸었다.

또 유형의 일종으로서 유배소에서 다시 일정한 곳을 지정하여 유폐시키는 안치安置제도가 있었으며 이는 왕족이나 고관·현직자에게 과하였다. 안치에는 다시 본향안치本鄕安置, 절도안치絶島安置, 위리안치圍籬安置가 있는데 본향안치는 죄인의 고향에 유폐하는 것이며, 절도안치는 독사·독충이 있는 절해의 고도, 예컨대 흑산도, 추자도, 제주도에 안치하는 것이며 위리안치는 안치의 무거운 것으로서 가극안치加棘安置라고도 하며 배소의 주위를 가시가 있는 탱자나무로 담을 치고 유폐시키는 것이다.

유형은 아니지만 방귀전리放歸田里·방축향리放逐鄕里·문외출송門外黜送·방축향외放逐鄕外·이향移鄕이 있는데 법외형이며 서울에서 시골이나 고향으로 거주를 옮기게 하고 서울에 오지 못하도록 하거나 지방에 정배된 자를 사면하되 서울에 귀환하는 것을 금지하는 처분이다. 유형에는 한년限年, 불한년不限年이 있는데 '불한년'의 경우는 원칙적으로 일생을 유배지에서 마쳐야 하였다.

유형에 처해진 자는 형조의 장부에 등재하는데 타 관사에서 정배한 경우에는 이를 형조에 보고해야 하였다. 유형수가 배소配所에 도착한 후에는 배소 내에서는 자유이며 처첩이 원할 때에는 따라갈 수 있었으므로 유배수流配囚의 의식주는 현지인 또는 처첩이 시중들었다.

유형제도는 개국 504년(1895)의 '유형분등급가감례流刑分等及加減例'라는 법률에 의하여 형기제로 바꾸어 유종신流終身, 유流15년, 유流10년의 3종으로 하고 당시 이미 유형을 복역하고 있는 자에 대해서는 유 3000리를 유종신, 2500리를 15년, 2000리를 10년으로 바꾸고 또 '징역처단례懲役處斷例'라는 법률에 의하여 유형은 국사범國事犯에만 과하게 되었다. 그 후 건양 원년(1896)의 '형률명례刑律名例'라는 법률에 의하여 유형은 종신, 15년, 10년, 7년, 5년, 3년, 2년 반, 2년, 1년 반, 1년의 10등급으로 나누었다. 유형은 형법대전에서도 그대로 존치되었는데 일제침략 후, 1912년의 '조선형사령朝鮮刑事令'에 의하여 금고형禁錮刑으로 바뀌었다.

북쪽으로는 온성, 종성, 삼수, 갑산, 강계 등 함경도와 평안도, 남쪽으로는 진도, 추자도, 제주도 등을 비롯한 크고 작은 섬에는 유배자의 후손들이 적지 않게 퍼져서 사회적으로 우월한 지위를 차지하여 왔다.

4) 사형

사형의 정형正刑에는 교형絞刑과 참형斬刑이 있는데, 교형이 참형보다 가벼운 것이며, 다시 경중의 순서에 따라 대시교待時絞·부대시교不待時絞·대시참待時斬·부대시참不待時斬으로 구분된다. '때를 기다린다', 또는 '때를 기다리지 않는다'의 '때'는 추분秋分을 가리키는 것으로 사람의 목숨을 끊는 사형은 원초적으로 자연질서에 반하는 것이므로, 사형집행은 자연의 질서가 쇠퇴하게 되는 추분부터 춘분 전에 집행하되, 일정한 중죄는 추분을 기다리지 않고 언제나 집행할 수 있다는 동양 고래의 법사상에서 유래하는 것이다. 능지처사凌遲處死는 가혹하고 잔인한 사형방법인데, 신체의 살을 잘게 저미거나 지체肢體와 목을 베는 형이다.

여러 민족의 형벌사를 보면 가지가지의 끔찍한 형벌이 많다. 1532년에 제정된 이른바 카롤리나 형사법전은 독일의 로마법계수시대의 형사입법 중에서 최대 유일의 통일적 형사법전이며 중세 말의 전단적이고 가혹한 형사법을 제거하려는 것이었는데도 수레로 찢어 죽이는 거형車刑, 솥에 넣어 끓여 죽이는 팽형烹刑, 꼬챙이로 쑤셔 죽이는 곶자형串刺刑, 태워 죽이는 화형, 물속에 넣어 죽이는 익형溺刑과 같은 생명형을 비롯하여 단수형斷手刑, 단지형斷指刑, 단이형斷耳刑, 단비형斷鼻刑, 단설형斷舌刑, 눈을 도려내는 결목형抉目刑 따위의 살벌한 신체형이 있어 매우 유혈적이며 중세적이었다. 동양에서의 형법의 종주국이며 근대 이전까지 세계에 유례 없는 훌륭한 형법전을 가졌던 중국에서도 대체로 위와 같은 혹형이 있었으나 그것은 법정형으로서는 이미 기원전부터 사라져가고 있었으며 우리나라에도 절대적 영향을 주고 모범이 되었던 당률에서는 태·장·도·류·사라는 오형제도가 확립되어 사형도 교형과 참형의 2종밖에 없었다.

그런데 10세기경부터 국사범이나 강상범에 대하여 새로이 능지처참凌遲處斬이라는 극형이 법전에 등장하게 되었다. 죄 가운데서 가장 악질적인 것이 국가적으로는 군주를 배반하여 사직社稷을 전복하는 것이요, 가족 내에서는 조부모·부모·부夫를 살해하는 것이었다. 이러한 죄인은 단숨에 목숨을 끊는 참형보다는 시간을 걸리게 해서 최대의 고통을 준 후에 목숨을 끊게 하고자 능지처참을 과하게 되었다. 즉, 죄인을 산 채로 묶어 놓고 살을 모두 저미며 뼈만 남긴 후에 심장을 찌르거나 사지를 모두 자른 후에 심장을 찔러 죽이는 것이다. 능지凌遲라는 말은 능지陵遲와 같아 산의 경사가 완만한 것을 뜻하며 그처럼 서서히 목숨을 끊는 것이며 예컨대 사흘을 걸려 살을 저미는 것과 같다. 고려인이 원의 수도인 북경성에서 능지형의 집행을 구경하였는데 형장에 세워진 큰 나무기둥에 수형자를 묶어 놓고 집행인이 칼로 살을 저미며 개를 주고 뼈를 남겼다고 한다.

도수刀數에 관해서는 전해온 바에 의하면 명대明代에는 4700도, 3600도의 예가 있고, 청대淸代에는 8도, 24도, 36도, 72도, 120도의 구별이 있었다고 한다. 24도는 제1·2도로 양미兩眉를 제거하고 제3·4도로 양견兩肩의 살, 제5·6도로 양유兩乳, 제7·8도로 양팔의 살, 제9·10도로 양어깨의 살, 제11·12도로 양퇴兩腿의 살, 제13·14도로 양각兩脚의 장딴지, 제15도로 심장, 제16도로 참수斬首, 제17·18도로 양수兩手, 제19·20도로 양완兩腕, 제21·22도로 양족兩足, 제23·24도로 양각兩脚을 절단하는 것이고, 8도의 경우에는 제1·2도로 양미를 제거하고 제3·4도로 양견, 제

5·6도로 양유, 제7도로 심장을 찌르고 제8도로 참수하였다.

청대의 집행인은 '귀두수鬼頭手'라고 하고 그 이름은 일률적으로 "강안姜安"이라고 하며 자루가 긴 4척의 칼을 사용하는데 강안에게 뇌물을 주면 제1도로 가슴을 찔러 목숨을 끊은 뒤에 나머지 도수를 채웠다고 하며 죄인의 피를 만두에 찍어 먹으면 몸에 좋다는 미신이 있어 성행하였다고 한다.

군부君父의 은혜는 끝없는 것이어서 배은망덕에 대해서는 천지를 전복시키는 것에 대비하여 그와 같은 끝없는 제재를 가하였던 것이다. 또한 죄인 본인의 능지처참에 그치는 것이 아니라 일정한 범위의 근친에게는 연좌형을 과하였다. 모반죄謀反罪와 종묘, 산릉, 궁궐을 파괴한 대역죄의 경우, 범인의 부와 16세 이상의 아들은 교형, 15세 이하의 자와 모 또는 처첩, 조손, 형제자매와 자의 처첩은 공신가의 종으로 만들고 재산을 몰수하며 백숙부, 조카는 3000리 안치형에 처하였다. 부모를 살해한 경우에 속대전에서는 처와 자녀를 종으로 만들고 그가 살던 집을 헐어버려 못으로 만들어 다시는 사람이 살지 못하게 하였고 그가 살던 곳의 읍호邑號를 강등하는데 목사, 부사, 군수, 현령의 읍은 현감의 읍으로 강등하고 수령을 파직하도록 규정하고 있다.

한편 능지처참처럼 혹형으로서 원·명시대부터 때때로 행해진 박피형剝皮刑이 있었는데 매우 예리한 칼로 등 뒤의 머리부터 엉덩이까지 피부를 한 줄로 얇게 그은 다음 그 선을 중심으로 해서 피부를 벗기기 시작하여 전신의 피부를 벗기는 것인데 청말인 19세기 중엽에도 처와 함께 어머니를 매로 때린 어떤 사인부부士人夫婦를 박피형에 처하였다고 한다.

5. 오형 이외의 형벌

이상과 같은 정형正刑 이외의 형벌이 때로는 행해졌다. 사형으로서는 육시戮屍·

거열·사지해·시체의 머리를 장대에 걸어서 공개하는 효수梟首와 신라시대의 자진에 해당하는 약살藥殺 또는 사약賜藥이 있었다. 또한 신체형으로서는 왼쪽다리의 힘줄을 끊는 단근형斷筋刑이 있었는데, 이것은 도범盜犯에게 과하였다.

6. 형벌의 목적

위에서 소개한 형벌 중에서 가혹한 형벌은 항상 과하는 것이 아니고, 극히 예외적이었다. 뿐만 아니라 전 역사를 통하여 한편에서는 법 밖의 남형濫刑이 행해지는 일도 있었으나, 항상 형벌의 완화와 개선이 시도되고 실행되었다.

형벌은 응보의 위협을 잃지 않음과 동시에 수형자의 개과천선, 다시 말해서 교육형적 및 특별예방적 목적을 위한 것이었다.

형벌의 궁극적 목적은 형벌을 없애는 데 있다고[刑期于無刑]하는 이념은 끊임없이 주장되고, 형벌이 적고 감옥이 비면 빌수록 선정善政의 상징으로 삼아, 국가의 길흉대사·천재지변 등이 있을 때는 너무 빈번할 정도로 수시로 감형령과 사면령을 내려 국왕 스스로가 경건히 반성하였다.

한편 빈번한 사면령은 오히려 형벌의 권위를 상실하게 하고 무형無刑·공옥空獄의 이상에 역행하기도 하였다. 태조가 조선을 건국하자마자 대명률을 형법의 보통법으로 적용하게 한 근본취지도 고려 말 이래의 형벌의 문란을 시정하여 죄형법정주의를 확립시키려는 의도에서 나온 것이었다.

그 이래로 역대 국왕과 신하들은 휼형恤刑에 주력하였으며, 갑오개혁 이후의 형벌법의 입법목적도 형벌의 완화에 있었다. 남형과 휼형의 이율배반적 역사과정이 바로 한국의 형법사라고 할 수 있다.

재판제도

제5장

Ⅰ 민사재판

1. 재판의 개념

재판은 송사訟事라고 하며, 오늘날과 같이 민사재판과 형사재판으로 완전히 나뉘어 있지 않았다. 모든 재판은 경중의 차이는 있으나 형벌이 과해지는 가능성이 있다는 의미에서 형사재판적이었다고 할 수 있다. 그러나 전혀 구별이 없는 것이 아니고, 재판은 옥송獄訟 또는 상얼詳讞과 사송詞訟 또는 소송訴訟으로 구별된다. 옥송은 오늘날의 형사법상의 범죄를 다루는 재판을 뜻하며, 그 목적은 오로지 형벌을 과하는 것이고, 사송은 개인상호 간의 권리나 재산에 관한 분쟁을 다루는 것이며, 그 목적은 분쟁을 해결하는 것이었다.

사송의 뜻은 문서로 고소하고 말로써 다투는 것인데, 결국 당사자가 서로 문서와 구술로 분쟁사실의 진상을 남김없이 주장하고, 관사가 이를 처리하는 것을 뜻한다. 따라서 사송을 청송聽訟 또는 청리聽理라고도 하며, 상속·부동산·노비·소비대차 등에 관한 것인데, 흔히 전토송田土訟·전택송田宅訟·노비송奴婢訟·채송債訟·산송山訟 따위가 그것이며 이외는 모두 잡송雜訟이라고 하였다. 옥송을 재판하는 것을 결옥決獄 또는 절옥折獄이라고 하며, 사송과 옥송은 절차면에서 구별되었으나 민사분쟁, 예컨대 상속재산을 균등하게 분할하지 않는다든가 토지·가옥을 침탈한다든가 채무를 이행하지 않는다든가 하는 경우에는 그 행위가 법률이나 도의에 반하여 반사회적인 행위로 되었다. 그러므로 이에 대한 사송이 진행 중이거나 또는 끝난 뒤에는 재산이나 권리를 회복시켜 줌과 동시에, 그 행위의 반사회성을 형벌로 다스리는 결과도 가져오므로, 민사재판이 순수한 민사로만 그치지 않았다.

따라서 제도나 사건 내용이 민사 관계를 포함하지 않은 순수하게 형사적인 것과 형벌과 관계없는 순수하게 민사적인 것으로 크게 나누어져 있었다. 그러나 사송이라는 하나의 절차에서 민사적인 면과 형사적인 면이 완전히 분리되지는 않고 함께 처리될 수 있었다는 점에 특색이 있었다.

이러한 특색은 근대적 제도와 다른 전근대적이라고 말할 수 있으나, 근대적 소송제도의 결점으로 나타나는 소송절차와 재판의 강제력의 비능률성 및 비경제성과 비교하여 보면, 당시로서는 훨씬 효과적이었다. 예컨대 사기행위가 있으면 그때마다 처벌함으로써 관령官令의 위엄을 세우고, 또 승소자는 같은 소송과 절차에서 민사적인 구제를 받음과 동시에 범죄자에게 형사처벌을 부과함으로써 다음의 분쟁을 예방할 수 있는 유리한 점이 있었다.

2. 재판기구

근대화되기 전까지는 일반적으로 사법과 행정이 서로 분리되어 있지 않았으므로, 하나의 기관이 행정도 하고 재판도 하였다.

초기 부족사회에서는 민중집회에서 재판을 하였다. 부여의 영고迎鼓, 고구려의 동맹東盟, 동예東濊의 무천舞天, 삼한의 5월과 10월의 집회 등은 부족들의 연중대회年中大會이며 가무歌舞와 향연으로 즐기며 제천祭天의 종교적 행사와 아울러 부족적 중대사를 결정하였다. 영고 집회에서는 재판을 하였고 고구려에서는 부족장部族長인 가加들의 회의에서 재판을 하였다. 특히 마한馬韓에서는 소도蘇塗라 하여 큰 마루를 세우고 방울과 북을 걸어 별읍別邑이라는 성역聖域을 만들고 귀신鬼神을 섬기고 제사지냈는데 죄인이 이 성역으로 피난·망명한 경우에는 추적·체포할 수 없게 하여 일종의 비호권庇護權이 인정되었다.

부족에 공통되는 법의 제정이나 재판은 영고와 같은 부족집회에서 결정하였고 부족연맹국에서는 부족평의회를 개최하였다. 신라의 화백和白은 그 대표적 예이다. 이러한 회의체적 특징은 왕제국가로 발전한 뒤에도 전제적 왕권이 확립될 때까지 존속하여 왕(부족연맹의 장)이나 재상宰相의 선출·파면·재판 기타 중요한 국사를 결정하였다. 그 후 관료제적 조직이 정비되어 가면서부터 일반적 재판업무는 관료제 조직 중의 일정한 기관에서 담당하게 되었다.

삼국시대에는 율령제적 통치체제의 확립으로 최고의 재판권은 왕에게 귀속하였음은 당연한 귀결이나 일반적 구체적으로 어떠한 조직 아래 어떻게 재판권이 행사되었는지는 확실히 알 수 없다. 고구려의 초기에는 감옥이 없으며 부족장인 가加의 회의에서 평의하여 처결하였는데 이는 당시의 최고재판기관이었으며 각 부족에서는 부족장인 가加가 재판권을 행사하였을 것으로 짐작된다. 백제는 고이왕古爾王대에 육좌평 중에 형옥刑獄을 주관하는 조정좌평朝廷佐平이라는 사법기관이 설치되었으며 사죄死罪는 지방관이 독단적으로 처결하지 못하며 반드시 중앙에서 신중히 심리하고 5회에 걸쳐 왕의 재가를 받은 후에 결정하도록 하였다. 신라도 일찍부터 커다란 사건은 여러 관리들이 평의하여 처결하였으며 화백이나 남당南堂에서 국왕의 임석하에 재판권을 행사하였다. 따라서 일찍부터 지방관이 재판권을 행사하였고 수시로 염찰사廉察使를 파견하여 재판사무를 감시하였으며 지방의 사건 중 중대하거나 의심스러운 것은 중앙의 남당에서 합의해서 처결하였으며 특히 중대한 죄는 왕의 재가를 얻도록 하였다. 대체로 율령체제 초기에는 중죄 아닌 사건을 도사道使, 성주城主, 군태수郡太守 등 지방관이나 촌락공동체에서 고래의 관습법에 따라 재판권을 행사하였을 것이며 율령체제가 확립된 뒤로는 국왕을 정점으로 하는 질서있는 조직을 통해 행사되었을 것으로 추정된다.

고려시대에는 사법과 행정이 분리되지 않았기 때문에 일반행정관청이 민형사사건을 재판하였다. 중앙정부의 재판기관으로서는 태조太祖 때에 태봉泰封의 제도에 따라 의형대義刑臺를 두었다가 후에 형관刑官으로 고쳤고 다시 성종成宗 때의 개혁으로 형부刑部라고 하였다. 형부는 법률에 관한 사항과 민사재판인 사송詞訟 및 형사재판인 상얼詳讞을 관장하였으며 후에 전법사典法司, 형조刑曹, 얼부讞部, 이부理部 등으로 명칭이 바뀌었다. 문종文宗 때에는 노비에 관한 소송을 관장하는 도관都官을 설치하였고 충선왕忠宣王 때에 얼부讞部에 병합되었다가 노비송奴婢訟이 폭주하므로 다시 설치하였다. 원종元宗 때부터는 형조刑曹 외에 필요에 따라 특수한 사건을 관장·재판하는 임시관청을 두었는데 원종 10년(1269)의 전민변정도감田民辨正都監, 충렬왕忠烈王 7년(1281)의 인물추고도감人物推考都監, 충숙왕忠肅王 5년(1318)의 찰리변위도감拶里辨違都監, 동 7년의 화자거집전민추고도감火者據執田民推考都監, 공민왕恭愍王 14년(1365)의 형인추정도감刑人推正都監 등이었다.

지방재판기관으로서는 수도인 개성에서는 개성부윤이 공양왕恭讓王 때부터 일체의 민사사건을 재판하였다. 지방에서는 서경西京은 분대分臺가, 기타는 수령守令인 유수관留守官, 부사府使, 목사牧使, 지주군사知州郡事, 현령縣令, 감무監務가, 동서東西의 주진州鎭에서는 각계各界의 병마사兵馬使가 초심기관初審機關이었으며 안렴사按廉使(안찰사按察使)와 계수관界守官은 관내수령管內守令의 형정을 감독함과 동시에 2심 재판기관이었다. 성종 때에는 각 도道의 전운사轉運使도 형정사무를 관장하였고 각 도에 파견되는 안무사安撫使(순무사巡撫使)나 공양왕 때에 경기지방에 파견되던 염문사廉問使도 민형사사건의 상소심으로서 재판하였다. 그밖에 충렬왕 때에 몽고의 제도를 모방하여 설치하여 포도捕盜와 금란禁亂사무를 관장하던 순군만호부巡軍萬戶府도 민간의 투구鬪毆사건과 우마살해사건牛馬殺害事件은 물론 실제로 권한을 넘어서 노비송을 관장한 일이 있었다.

심급審級이나 재판절차는 일응 법으로 정해져 있었으나 구체적인 것을 알 수 없으며 형사재판에서는 소사小事는 5일, 중사中事는 10일, 대사大事는 20일, 도형徒刑이상에 해당하는 죄는 30일 안에 판결하도록 하는 형사재판 정한법定限法, 일정한 근친近親간에는 재판관과 소송당사자가 될 수 없게 하는 상피제도相避制度, 일반 형사사건은 반드시 3명이 합의하여 처결하게 하며 사죄死罪는 왕에게 3번 상주上奏하여 왕과 함께 합의하여 재판하도록 하는 제도가 있었다[삼복三覆]. 그러나 자백을 얻기 위한 고문의 폐단이 심하였고 형사정책은 엄격하지 못하여 사면령赦免令이 빈번하였으므로 형벌이 권위를 잃었다. 행형제도行刑制度로서는 중앙에는 전옥서典獄署가 있고 이를 대리시大理寺라고 칭한 때도 있었으며 지방에서는 수령이 관장하였다. 감옥은 높은 담으로 둘러싸인 둥근 집이었고 수금중인 승중자承重子가 부모상이나 조부모상을 당하거나 처妻가 부상夫喪을 당하면 귀휴歸休하게 하고 수금중인 부인이 산월産月을 당하면 귀휴하게 하는 휼형恤刑제도도 있었다.

민사소송절차는 조선초기의 법에 의하여 추정할 수 있는데 당사자주의이고 변론과 증거, 특히 서증書證에 따라 재판하였으며 판결문은 2통을 작성하여 1통을 승소자에게, 1통은 관에 비치하였고 판결의 확정력의 제도는 불안정하였다. 민사재판에서 적용되는 실체법은 대부분 확립된 판례법이나 관습법이었다.

중앙집권적 전제적 관료통치제도가 확립된 근세 조선의 재판기구는 행정조직의 정비에 따라 확고한 제도로 되었다. 관료기구의 말단으로서 직접 국민과 접하는 지방수령인 목사·부사·군수·현령·현감이 일체의 사송과 태형笞刑 이하에 해당하는 형사사건을 직결하였다. 수령은 원칙적으로 양반 출신으로서, 행정과 사법의 실제에 대한 경험과 지식을 습득하여야 하였으나, 그렇지 못한 경우가 많았으므로 구체적인 실무는 아전이 담당하였다. 사송은 형방刑房을 경유해야 하였으므로, 아전이 재판에 대해서 많은 영향을 미쳤다.

수령의 재판에서 패소한 경우에는, 각 도道의 장관인 관찰사(감사)에게 항소할 수 있었다. 감사에 대한 항소를 의송議送이라고 하였다. 감사 밑에는 검률檢律과 아전인 형방서리刑房胥吏가 감사를 보좌하였다. 의송에 대해서 감사는 직접 재판하지 않고 수령으로부터 사건과 판결이유에 대한 보고를 받아 자기 나름대로 사실과 증거에 대한 조사와 판결의 방향을 수령에게 지시하였으며, 수령은 대체로 감사의 지시에 따라 다시 판결을 내렸다. 의송에 의한 판결에서 패소하면, 중앙의 형조에 상소할 수 있었다. 형조는 법률·형사소송·민사소송을 관장하며, 사법행정의 감독기관인 동시에 수령이 관장하는 일반사건의 상소심으로서 합의제合議制로 재판하였다. 따로 노비송을 관장하는 장예원掌隷院이 있었으나, 영조 40년(1764)에 형조에 합병되었다.

형조와 함께 사헌부司憲府도 상소심의 역임을 하였다. 그런데 사헌부는 원래 행정규찰과 시정논핵時政論劾 등 일종의 검찰 사무를 관장하였을 뿐, 재판기관은 아니었다. 즉 판결이 심히 부당한 경우, 예컨대 수령이 권세나 금력 때문에 편파적이고 불공정한 재판을 한 경우에는 사헌부에 상소할 수가 있었다. 따라서 사헌부는 사건 그 자체의 심리를 하지 않고 재판관을 규탄하면 이 규탄에 따라 왕의 명령에 의해서 특별히 지정된 관청 또는 관리가 재판하였다. 한편 한성부는 수도 서울의 일반 행정기관인 동시에 사법기관이지만, 한성부 이외의 토지가옥에 관한 사건에 대해서는 전국에 걸쳐 관할권을 행사하는 제1심이었다. 실제로는 재심再審도 하여 차차 본래의 심급관할審級管轄을 넘어 형조와 대등한 기관이 되었다.

위와 같은 기구 위에 모든 권한의 근원인 국왕이 있고 최고·최종의 재판권은 국왕에 속하였으며, 국왕에 대한 상소를 상언上言이라고 하였다. 또한 필요에 따라 특별 재판기관을 설치하는 일도 있었으며, 병사兵使·수사水使를 비롯한 각 관청에서도 각자의 관할에 관계되는 사소한 형사재판과 민사재판을 하기도 하였다. 이와 같이 대체로 특별 재판관청과 형조만이 고유한 의미의 사법기관이며, 지방관은 한 사람이 행정사법을 처리하였다. 형조가 사법기관이기는 하나 그것은 사무의 분담이라고 하는 일반적 현상의 한 예에 불과하다. 즉 이조吏曹가 인사人事를, 호조戶曹가 재정을 분장하는 것과 완전히 같은 뜻으로, 형조가 사법을 분장分掌할 뿐이었다. 그러므로 재판기구는 행정기구의 한 측면일 수밖에 없었다. 이와 같이 재판권은 일반 행정기관에서 관장하였지만, 그 기구와 심급구조審級構造는 법전상 명확히 규정되어 있었다. 따라서 이에 위반한 경우에는, 이것을 월소越訴라고 해서 수리하지 않았으나, 후기로 내려올수록 계통을 무시하고 월소하는 사례가 많아졌다. 위에 말한 한성부도 위법적으로 재판한 것이었으나 그것이 당연한 관할로 되었던 것이다.

재판기관이 행정기관으로부터 독립, 분화하기 시작한 것은 19세기 말에 비롯된다. 개국 503년(1894) 7월에 군국기무처軍國機務處는 군율軍律 위반자를 제외하고는 각 관청·군문軍門·궁宮의 범인 체포를 금하고, 사법관에 의한 재판절차에 의해서만 형벌을 과하게 하였다. 또한 형사 보통사건의 재판권을 법무아문法務衙門에 속하게 하고, 관리의 죄는 의금사義禁司로 하여금 전담하게 하는 의안議案을 결의하여 새로운 재판제도를 수립하는 기초를 닦았다. 그러나 행정관청인 법무아문이 형사재판을 하는 것은 부당하므로 같은 해 12월 16일에는 지방의 재판을 제외하고, 중앙에서는 의금사를 법무아문권설재판소法務衙門權設裁判所로 바꾸어 재판사무만을 담당하게 하였기 때문에 법무아문은 순수한 행정기관으로 되었다. 이로써 중앙에서 먼저 사법권이 행정권으로부터 형식상 분리하게 되었고, 재판소라는 새로운 명칭과 기구가 탄생하게 되었다.

1895년 3월 25일에는 갑오개혁의 법률 제1호로 재판소구성법을 공포하여 비로소 새로운 재판소제도를 지방에까지 두게 되었다. 즉 재판소를 지방재판소, 한성·개항장재판소, 순회巡回재판소, 고등재판소, 특별법원 등의 5종으로 하였다. 지방재판소는 각 도에 설치하여 일체의 민사 및 형사사건을 재판하게 하였다. 한성·개항장재판소는 한성·인천·부산·원산에 설치하여 일체의 민형사 사건과 외국인과의 사건을 재판하게 하였다. 순회재판소는 법부대신이 수시로 지정하여 3월부터 9월 사이에 각 지방에 개설하여 부산·원산 및 각 지방재판소의 판결에 대한 상소사건을 재판하게 하였다. 고등재판소는 법부에서 임시로 개정하여 한성과 인천의 재판소의 판결에 대한 상소사건을 재판하도록 하였는데 후에는 각 지방재판소의 상소심으로 되었으며, 칙임관勅任官·주임관奏任官의 범죄를 재판하게 하였다. 특별법원은 왕족의 범죄를 재판하였다. 이 가운데 순회재판소는 설치되지 않았다. 광무 3년(1899) 5월에는 고등재판소를 평리원平理院으로 바꾸어 상설재판소로 하였다. 재판소구성법에는 판사·검사·서기·정리廷吏 등의 직원과 이들의 직무를 규정하는 등

근대적인 모습을 갖추었으나, 실제로 설치된 것은 평리원과 한성재판소뿐이다. 또한 지방재판소 등도 각도의 감영監營, 또는 부청府廳 등에 명칭만 붙였는가 하면, 판사도 관찰사 또는 부윤府尹·군수가 겸임하였으므로 모두가 이름뿐이고 실제로는 옛 제도 그대로였다.

이러한 형편 가운데 광무 9년(1905)에는 소위 을사보호조약으로 일본의 보호정치가 시작되어 일본인들이 법부의 사법행정 사무에 관여하게 되었다. 즉, 평리원 이하의 주요 재판소에 일본인 판검사 보좌관이 배치되어, 광무 11년(1907)부터는 많은 일본인 판검사가 재판에 관여하게 되었던 것이다. 융희 원년(1907) 12월 23일에는 새로 재판소구성법이 제정되어서 대심원大審院·공소원控訴院·지방재판소·구재판소區裁判所를 두게 됨으로써 비로소 명백한 삼심제三審制로 되었다. 또한 재판소를 설치하지 않은 지방의 사건은 행정관이 담당하고 있었는데, 이듬해 7월부터 모두 인접한 재판소가 처리하게 되었고, 이에 비로소 사법권과 행정권이 완전히 분리되었다. 융희 3년(1909) 7월에는 사법사무와 감옥사무를 일본인에게 빼앗기고, 10월에는 법부, 재판소, 감옥이 폐지되고 다시 11월 1일부터는 통감부에 흡수됨에 따라 대심원大審院이 고등법원高等法院으로 바뀌어 사법권은 완전히 일본인의 손아귀에 들어갔다.

3. 소송당사자와 능력

원고는 원고인原告人 또는 원고原告라 하고 피고는 피론被論·원척元隻·척隻이라 하며 원고와 피고를 말할 때에는 원元·척隻이라고 하였다.

계급적 신분사회이면서도 양반·상민·천민의 구별없이 소송상의 능력이 법률상 인정되었으며, 상민이 사대부를 상대로 소송할 수도 있었다. 왕족·양반 혹은 노비를 가진 자는 자신이 직접 관청에 출정하는 것을 싫어하여, 아들·사위·아우·조카나 노비로 하여금 대신 소송하게 하거나 타인을 고용하여 소송하는 관습이 있었다. 이것을 대송代訟이라고 하였다. 다만 양반인 부녀자만은 아들·손자·사위·조카·노비로 하여금 대송할 수 있도록 법전에 규정되어 있었다. 여러 사람이 당사자로 되어 소송을 제기할 수도 있었는데, 그 소장을 '등장等狀'이라고 하고, 공동으로 소송하는 것을 '동송同訟'이라고 하였다. 그리하여 등장을 제출하여 동송할 경우에는, 끝까지 동송하지 않은 자는 승소의 이익을 받을 수 없었다.

누구나 자유롭게 서로 소송할 수 있으나, 특히 4촌 이내의 형제·숙질 간의 소송은 자칫하면 친목을 망각하고 미풍을 해치므로, 이러한 근친 간에 이유없이 소송을 제기하여 그 간사함이 드러난 경우에는, 엄벌에 처하였다. 또한 소송진행 중의 변론 때에 장유유서의 질서를 문란하게 한 자는 먼저 그 사실을 다스린 뒤에, 소송을 심리하였다. 근친 간의 소송은 대개 토지·노비 등의 분재分財의 불평에 기인하는 경우가 많았으며 재판관도 가급적이면 꾸짖고 화해나 취하를 권장함으로써, 근친 소송을 금하는 데 노력하였다.

4. 소송제기방식

소송제기방식에 있어서 소송은 구술로 하거나 서면으로 하였다. 서면인 소장을 소지所志 또는 소지단자所志單子라고 하고, 소지를 제출하는 사연을 발괄白活이라고 하며, 양반이 직접 제출하는 소장을 단자單子라고도 하였다. 소지와 단자는 각각 소장의 서두와 끝의 문투가 다른데, 그 서식은 먼저 주소·성명과 수결 또는 수촌을 적고, 본문으로서 소송의 취지(청구원인)·증거를 제시하고, 끝으로 연월일을 기재하였다. 갑오개혁 후에는 통일된 양식의 소장을 사용하였다.

5. 정소기한

정소기한呈訴期限은, 분쟁이 발생한 경우에 소송을 제기할 수 있는 기한을 말하며, 송한訟限이라고 하였다. 분쟁이 발생한 경우에 무한정하게 소송할 수 있게 하면 소송이 번잡하고 권리관계가 항상 불안하므로, 일정한 기한 안에 소송을 제기하게 하였다. 만약 그 기한 내에 소송을 제기하지 않으면 그 상태가 그대로 합법적인, 누구도 다툴 수 없는 법률관계로 하려는 뜻에서 특히 토지·가옥·노비에 관한 소송은 분쟁 발생 때부터 5년 안에 소송을 제기하지 않으면 안 되며, 5년 안에 소지를 제출하였더라도 다시 5년 안에 소송을 진행시키지 않으면 안 되었다.

그러나 예외로서 ①토지·가옥을 도매盜賣당한 경우, ②토지·가옥에 관한 소송에 있어서 아직 확정판결이 없는 경우, ③상속재산은 모든 자녀가 균분均分해야 되는데 분재하지 않고 독점하는 경우, ④소작인이 지주에게 토지를 돌려주지 않고 자기 것으로 만든 경우, ⑤셋집에 든 자가 집주인에게 집을 비워 주지 않고 자기의 것으로 만든 경우와 같은 중대한 사건은 5년 기한의 적용을 받지 않고 언제든지 소송을 제기할 수 있었다. 그러나 부조父祖때에 분쟁이 없었는데, 자손대에 분쟁을 일으켜 소송을 하는 폐단이 있었으므로, 중종 13년(1516) 11월에는 위의 ①과 ②의 경우를 제외하고, 30년 이전의 사실을 다투는 소송은 수리하지 않게 하였다.

이와 같이 기한을 정하여 만약 기한이 지났음에도 불구하고 소송을 제기하는 자는 비리호송죄非理好訟罪로서 전가사변全家徙邊에 처하고, 기한이 지났음을 알면서도 재판한 관리는 지비오결죄知非誤決罪로서 파면하여 영구히 관리로 등용을 하지 않는 등 엄벌에 처하는 규정을 두었다. 그런데 실제로는 처벌되는 일은 거의 없고 기한이 지난 소장은 각하하든가 재판을 하더라도 패소판결을 내렸다. 그러나 재판관이 권세가의 위세에 눌려 오판하는 등 특별한 경우에는 기한이 지났더라도, 특히 재심을 허용하는 일이 있었다. 이 정소기한은 오늘날의 사법상의 시효時效와 같은 것으로 증거가 있건 없건 간에 분쟁 사실의 시비곡직을 불문하고 권리관계가 그대로 인정되는 것이다.

6. 소환

원고가 소장을 제출한 다음에 피고가 출정하여 원고의 소장에 대해서 응소應訴하는 답변서를 제출함으로써 소송이 시작되었는데 이것을 시송始訟이라 하고, 피고가 제출하는 답변서를 '시송다짐始訟侤音'이라고 하였다. 피고가 출정하는 것은 오늘날과 같이 소환장을 발송하는 것이 아니라 원고가 제출한 소장의 끝에 "피고를 데려 오라"고 하는 '제사題辭 또는 제김題音'을 써서 원고에게 주면 원고가 그것을 피고에게 보이고 출정하도록 하였다.

이와 같이 피고를 원고가 데려오도록 되어 있었으므로, 만약 피고가 이에 응하지 않으면 소송의 개시는 부지하세월이었다. 이런 경우에는 원고는 두 번 세 번 피고가 출정에 응하지 않는다는 사실을 소장으로 내면서 관청에서 잡아와 달라고 요청하였다. 그러면 "성화 같이 잡아오라", "당일 안으로 잡아오라"는 제사를 내려, 관청의 직원으로서 범인체포를 위해 사역하는 차사差使를 보내어 잡아오게 하였다. 한성부에서는 외방外方에 거주하는 피고 또는 증인을 소환할 경우에는 해당 관청에 공문을 보냈다. 또 농번기에는 일정 기간 동안 소환을 금지하는 때도 있었다.

7. 변론과 증거

피고가 출정하여 시송다짐을 내면, 본격적으로 소송이 시작된다. 원고와 피고는 각각 자기주장의 정당성을 다투기 위해 제한 없이 변론을 할 수 있으며, 변론은 구술로도 할 수 있으나 대개는 반드시 서면으로 해야 하였다. 원고가 소장을 제출하고 피고가 다짐을 내면, 다음에 원고와 피고가 다시 각자의 주장을 적은 최초의 서면을 냈는데, 이것을 원정原情이라고 하였다. 즉 이 원정이 각자의 최초의 변론서가 되는 셈이었다. 그리하여 각자가 원정에서 주장한 사실을 증명하는 일체의 증거를 제출하는데, 그것은 어디까지나 당사자 간의 자유이었다.

그러므로 소송은 당사자진행주의였다고 할 수 있다. 증거는 인증人證과 서증書證이 있는데, 서증이 결정적인 역할을 하였다. 이 점은 당시의 거래관습과도 밀접한 관계를 가지고 있다. 분재分財나 매매에는 반드시 문기文記를 작성하였는데, 그것은 훗날의 분쟁에 대한 증거로서의 대비對備로 생각하였으며, 그만큼 권리의식이 강하였다고 볼 수 있다. 그러므로 부자・형제・숙질과 같은 지친 간에도 반드시 문기를 주고받았다.

당시에 '종문권시행從文券施行'이라는 법언法諺이 있었다. 재판을 하거나 백성의 진정陳情을 처리할 경우에는 반드시 문권에 따라서 승패가부를 결정해야 한다는 뜻이다. 흔히 우리의 옛 선인들은 소중화小中華니 동방예의지국東方禮義之國이니 하여 계약을 체결할 경우에 계약서를 작성하지 않고 구술계약만으로 능히 신의를 지켜 계약을 준수하는 착한 관습을 지켜왔다고 자랑하는 사람들이 있다. 실상 구술계약만으로 아무런 분쟁이나 후환 없이 약조가 지켜진다면 이상적인 근대시민사회가 부러울 것이 없겠고 그야말로 준법정신이 투철하였다고 하겠다. 관청이 필요없고 재판이 있을 수 없다. 그러나 우리는 어느 민족 못지않게 증서를 소중히 여기고 계약의 종류에 따라 형식이 다른 각종 증서를 애용하였다.

문권은 문서라고도 하며 권리・의무관계를 입증하는 넓은 뜻을 가지며 주로 사법적 용어로 사용하였다. 매매계약서는 명문明文 또는 문기文記라고 하고 임대차・소비대차・전당계약서를 표標 또는 표문標文 혹은 수기手記라고 하고 위임장을 패지牌旨[배지] 또는 패자牌子[배자], 증여나 유산분할에 관한 것을 성문成文, 조부모, 부모의 유언을 유서遺書라고 하고 이들 문서는 각기 일정한 형식이 있으며 거의 어김없이 그 형식에 따라 작성되었다. 부자・조손이나, 형제자매 간, 숙질 간의 계약은 구술로써 족하겠지만 권원權原을 확실하게 하기 위하여 반드시 문서를 작성하였으며, 설사 구술로 하였더라도 후에 반드시 문서를 작성하고 그 취지를 부기하였다. 또한 중요한 문서에는 반드시 증인과 또 이를 집행할 사람인 보인保人을 세우고 당사자나 증인 이외의 사람이 문서를 작성하였으며 이를 필집筆執이라고 하였는데 그것은 그 법률행위의 진정성립을 보증하기 위함이었고 이를 관서문기官署文記라고 하였다. 다만, 조부모·부모·외조부모의 유서나 증여만은 증인·필집을 필요로 하지 않음을 법전에 규정하고 있으며 이를 백문기白文記라고 불렀다. 이처럼 모든 법률행위에는 반드시 문서를 작성하게 함으로써 권원이나 권리를 확보하도록 한 것이다. 그리하여 예컨대 토지를 매매하는 경우 매도인은 최초의 소유자로부터 현재까지의 권리이동을 입증하는 모든 문서, 즉 권원문서를 매수인에게 인도해야 하며 이를 구문기舊文記 혹은 본문기本文記라고 하며 현재, 즉 그 토지의 최후의 매매계약서를 신문기新文記라고 하였다. 갑·을·병·정·무에 이르기까지 네 번 전전매매轉轉賣買되었다면 반드시 3장의 본문기와 1장의 신문기, 도합 4장의 계약서가 있는 셈이며 무의 소유권은 이것으로 확보·입증하는 것이다. 그래서 전란을 당하여 피란할 경우에 가재도구는 모두 버리더라도 땅문서, 집문서, 종문서, 신주神主, 족보는 어떠한 일이 있더라도 간직하고 다녔다.

그리하여 분쟁이 발생하면 서로 문서로써 자기 권리의 정당성을 주장하여 재판을 하게 되며, 서증의 유무, 진정 여부에 따라 승패가 좌우되었다. '종문권시행從文券施行'은 재판에서 절대적 지침이었다. 그 때문에 자료를 남기거나 기록화함으로써 권리관계의 분쟁이 있는 경우에 이를 관청에 제출하면 그에 기해서 그 내용대로 판결된다고 하는 관념이 뿌리깊이 박혔고 여기에서 권리의식의 보편화현상이 생긴 것이다. 따라서 서증이 갖는 성격은 사람들의 권리의식을 일반적으로 나타냄과 동시에 권리관계 존부에 대해서 결정적인 증거력을 갖는 것이었다. 재판의 세부지침으로서 준용되었던 청송식聽訟式에는 이 서증의 위조, 변조를 막고 가려내기 위한 16가지의 세칙이 적혀 있다.

물론 서증 외에 인증도 중요하였다. 인증의 경우는 증언을 진술하게 하고 그것이 진실이며 만약 허위인 경우에는 처벌을 감수하겠다는 다짐도 문서로써 제출해야 하였다. 그것은 인증의 객관성에는 한계가 있고 일반적으로 객관성이 적기 때문이었다. 따라서 인증은 보충적 · 2차적이었으며 서증이 우위이었다. 치군요결治郡要訣이라는 책에도 무릇 재판을 함에는 한 쪽의 말만 듣고 노하여 오결해서는 안 되며 반드시 양쪽의 문서를 참고하여 시비곡직을 가린 연후에 판결해야 한다고 강조하고 있다. 그리하여 당시의 민사판결서인 결송입안決訟立案에는 당사자가 제출한 모든 서증을 일자순에 따라 그 전문을 기재하도록 되어 있으며 실제로 그렇게 하였으므로 누구나 그 판결의 객관적 정당성을 판단할 수 있게 되어 있었다. 민사재판이 당사자변론주의를 기조로 하였음은 예나 지금이나 다름이 없으며 문서생활 또한 20세기에 비롯한 새로운 것이 아니다.

8. 친착결절법親着決折法

원고와 피고가 원정을 제출하고 소송을 진행시키는 동안 형세가 불리하게 되면, 소송을 중단하고 출정하지 않으므로 소송이 한없이 지연되어 끝날 날이 없었다. 그러므로 소송이 개시되어 50일 안에 이유 없이 30일이 지나도록 출정하지 않으면, 계속 출정한 자에게 승소판결을 내리도록 하였다. 50일의 기한 중에 관청이 개정하지 않은 날은 빼며, 출정한 때에는 자기의 성명과 수결手決 또는 수촌手寸을 하도록 하였다. 이것을 친착이라고 하였다.

이 법에 있어서 50일, 30일 등의 계산방법은, 예컨대 갑이 30일이 지날 때까지 출정하지 않으면 을의 출정 일수가 만 30일이 되지 않더라도 을이 승소하는 것이다. 즉 을의 친착 일수가 반드시 21일이 되고 갑의 불출정이 만 30일이 된 경우에는 을이 승소하는 것이다. 그리하여 을의 21일과 갑의 30일은 갑 · 을이 다같이 출정하지 않은 일수도 포함해서 계산한다.

또한 갑이 변론에서 패하여 퇴장을 한 경우에 을의 출정 일수가 근 21일이 되면, 설령 갑이 하루 이틀 출정하였더라도 그 일수를 을의 출정 일수에서 제외하지 않았다. 이러한 법은, 소송의 지연을 막자는 데 그 목적이 있었다.

9. 정송停訟

농번기에는 농민이 실농失農하지 않게 하기 위해서 외방에서의 소송의 제기를 금하고 또 진행중인 소송을 중지하는 것이 조선시대 건국 초부터의 정책이었다. 즉 춘분일春分日부터 추분일秋分日 사이에는 농번기이므로 소송을 중단하였는데, 이 기간을 무정務停이라 하고 추분일부터 춘분일까지는 농한기로서 소송을 접수하거나 중단되었던 소송을 진행시켰는데, 이 기간을 무개務開라고 하였다. 무정의 제한을 받지 않은 한성부에서도 무정이 되면 당사자 중 한 사람이 외방에 거주하는 자로서 농사를 위해 귀향할 것을 청구하면 허가하였다.

또 농민이라도 판결이 임박하여 형세가 불리하므로 귀농하려는 때에는 허가하지 않았다. 그러나 무정 동안에도 중대한 사건, 즉 민사사건으로서 타인의 토지를 도매盜賣하거나, 횡점橫占한 사건은 무정의 제한을 받지 않았다. 형사사건으로는 십악十惡·간도奸盜·살인사건 등은 무정의 제한을 받지 않았다. 이 정송법은 조선말엽에 이르기까지 대체로 그대로 시행되었다.

10. 판결

원고와 피고가 남김없이 증거를 제시하고 변론을 다하였다고 생각되는 경우에서로 합의하여 연명聯名으로 판결해 줄 것을 청구하는 서면을 제출하면, 비로소 판결을 내렸는데, 경우에 따라서는 직권으로 판결한 일도 있었다.

판결은 한성부와 형조는 합의에 의하여 외방 수령은 단독으로 결정하였다. 판결사항은 법전에 규정된 형식에 따라 문서로 하였는데, 질지作紙를 납부하면 정식의 판결문을 작성해서 승소자에게 주었다. 이 판결을 입안立案·단결입안斷決立案·결송입안決訟立案 또는 결절입안決折立案이라고 하였다. 한성부와 형조는 당상관·당하관이 서압署押하고, 수령은 단독으로 서압하였다.

입안의 내용은 그 사건에 대한 판결사항만 기입하는 것이 아니라, 최초의 소장에서부터 마지막에 이르기까지 원고와 피고가 제출한 일체의 소장과 서증의 전문全文을 제출된 날짜순으로 모두 기입하고, 마지막에 판결사항을 기입하였다. 즉 그 소송에서 당사자가 제출한 모든 문서, 그리고 관청에서 내린 모든 제사題辭의 문자를 한 자도 빠짐없이 기록하였으므로 한 통의 입안으로 그 사건의 자초지종을 남김없이 알 수 있으며, 그 판결의 당부當否를 객관적으로 알 수 있게 되어 있었다. 그러므로 오랜 시일에 걸쳐 많은 문서가 동원된 사건의 입안은 그 부피와 길이가 매우 컸다. 지금 우리나라에 현존하는 입안 가운데 긴 것 중 하나는 현종 2년(1661) 6월 19일의 한성부 결송입안으로서 가대家垈에 관한 사건인데, 3개월여에 걸친 이 사건의 입안은 7천여 자字에, 백지의 폭이 약 42cm, 길이가 10.3m에 이른다. 오늘날의 판결문에 비하여도 조금도 손색이 없었다.

판결은 먼저 구술로 내리고 다음에 입안을 내주었다. 그러므로 구술판결과 입안 작성 사이에는 시간의 간격이 있게 마련이다. 즉 구술판결 후, 입안 작성 전에 재판한 결송관決訟官이 교체되고 신임관新任官이 새로 부임한 때에는 신임관은 구관舊官이 내린 판결 그대로 입안을 작성해 주었으며, 패소자가 억울한 경우에는 신임관에게 다시 처음부터 소송을 제기하여야 하였다.

입안은 승소자가 신청한 경우에만 발급하였는데 입안을 받으려면 수수료인 질지作紙를 납부하여야 하였다. 질지는 백지白紙 또는 포목布木인데 그 사건의 소송물訴

訟物 가격에 따라 달랐다. 와가瓦家 한 칸에 백지 2권, 초가 한 칸에 1권, 토지는 10 부負에 2권, 노비는 한 사람에 3권씩이며 아무리 많더라도 20권을 넘지 못하게 하였다. 토지·가옥·노비에 관한 사건 이외의 잡송雜訟, 예컨대 채무에 관한 소송 등에는 입안을 받지 않는 것이 보통이었고, 입안 대신 간단한 입지立旨로 대신하였다. 입지는 따로 발급하는 것이 아니라 소장의 끝에 적어주는 것이었다. 판결이 내리면 그 사건은 종결되며, 따라서 판결은 강제력을 갖고 있었다. 즉 판결이 내리면, 패소자는 다시는 승소자의 권리나 이익을 침범하지 못하며 만약 침범한 경우에는 어떠한 처벌이라도 달게 받겠다는 다짐을 문서로 제출하였다.

11. 삼도득신법

부질없는 소송을 막고 빨리 해결하기 위한 방법으로 기한을 정하는 법과 함께 무한정한 소송을 제한하기 위하여, 한편이 세 번 승소하면 패소자는 억울하더라도 다시 제소하지 못하고 판결이 확정되는 법이 삼도득신법三度得伸法이었다. 고려 말에 다섯 번 판결한 것은 세 번 승소한 자를 승소자로 확정하고[五決從三], 세 번 판결한 것은 두 번 승소한 자를 승소자로 확정하는 법[三決從二]이 있었는데, 법질서가 문란하였던 고려 말기에는 무한정하게 소송을 제기할 수 있었던 것 같다.

조선시대의 경국대전 전에는 이도득신법二度得伸法이 있었는데 두 번 다투어서 두 번 승소하면 확정되는 것이었다. 그러나 청송관聽訟官[재판관]이 시비를 제대로 가리지 못하여 오결誤決하거나 사정에 끌려 불공정한 재판을 한 경우에 끝내 구제받지 못하면 원통하고 억울할 것이라 하여 경국대전에서는 세 번 승소한 삼도득신三度得伸 사건은 다시는 심리하지 못하도록 규정하였다. 그러나 간사한 자들은 삼도득신법을 교묘히 악용하였다. 남의 토지나 노비가 탐나면 일부러 소송을 제기하여 요행을 바라고 승소하지 못하더라도 삼도득신법에 기대어 소송을 지연시키거나 수대에 걸쳐 다투게 되므로 그 중에는 옳은 자가 패소하는 사례가 많았다. 그래서 명종때에는 삼도득신된 사건을 가지고 계속 다투는 자는 '비리호송죄非理好訟罪'로 전가사변全家徙邊에 처하고 이 사건을 다룬 관리는 '지비오결죄知非誤決罪'로 영불서용永不敍用에 처하도록 하였다.

그러나 삼도득신은 일방이 세 번 승소한 경우를 뜻하는 것인지 혹은 일방이 두 번 승소하고 타방이 한 번 승소한 경우를 뜻하는 것인지 명백하지 못하였다. 전자로 해석하면 패소한 타방은 상대방이 두 번 승소한 후에 한 번 제소할 수 있는 것으로 되고 후자로 해석하면 제소하지 못하는 것으로 되는 것이어서 운용에 통일성이 없었다.

그래서 효종 2년(1651)에는 통산하여 세 번의 소송에서 일방이 두 번 승소하는 것으로 하고 두 번 패소한 자는 다시는 제소할 수 없는 것으로 단정지었으며, 숙종 37년(1711)에는 단송短訟, 즉 간단한 소송은 경국대전의 뜻대로 연 3차 승소하는 것으로 하였다. 이렇게 해서 민사소송에서는 삼판양승법三板兩勝法이 확립된 것이다.

또한 당시는 심급법審級法도 명확하지 못하였다. 1심은 지방수령이고 여기에 불복하는 자는 수령을 경유하여 감사에게 의송議送[항소]할 수 있었는데 감사는 사실심으로서 자판自判하지 않고 자기 나름대로 사실과 증거에 대한 조사를 지시하거나 판결의 방향을 지시하였으며 수령은 그 지시에 따라 판결하였다. 이 의송에 의한 판결에 불복한 경우에는 형조에 상소할 수 있으며 최종적으로 국왕에게 상언上言[상고]할 수 있었다.

이처럼 일응 심급제도가 있어서 한 사건을 몇 번 다루었는지를 심급에 따라 계산할 수 있게 되어 있으나 그대로 지켜지지 않았다. 즉 수령이 바뀌면 새 수령에게 제소하기도 하고, 감사를 거치지 않고 직접 형조에 직소하거나 사헌부에 제소하기도 하고, 후기에 와서는 한성부가 전국에 걸쳐 제2심의 권한을 사실상 행사하기도 하였다. 사헌부는 일종의 검찰기관이지 재판기관은 아니었으나 판결이 심히 불공정한 경우에는 당해 관리를 규탄하게 되며 그에 따라 국왕의 명령으로 특별히 지정된 관사가 재판하였다. 그러므로 지극히 억울한 자는 사헌부에 호소하는 일이 많았다.

이렇듯 심급에 따른 재판의 확정이라는 제도가 없었기 때문에 수령의 선에서 삼 판양승하는 경우도 있을 수 있었다.

우리나라에 3심제에 따른 심급제와 재판의 확정제도가 마련된 것은 일제의 힘에 의한 융희 원년(1907) 12월 23일 법률 제8호 '재판소구성법裁判所構成法'에 의하여 지 방재판소地方裁判所, 공소원控訴院, 대심원大審院을 두게 된 데서 비롯한다.

12. 재판의 기능과 의식

재판은 지금까지 적은 바와 같은 절차로 진행되었는데 큰 사건일수록 법이 정한 절차대로 되었고, 작은 사건이나 잡송은 그 절차를 생략하는 일도 있었다. 분쟁이 일어나면 대개 당사자간에 또는 유력한 사람의 중재로 해결되었으나 화해되지 않 으면 재판에 이르게 된다. 이때는 벌써 인간관계는 깨어지고, 소장訴狀에서도 치열 하게 인신공격을 하였으며, 노여움과 분에 가득차 헐떡거리며 관청에 오는 일이 많 았다. 그래서 오늘날에도 '척사지 말라', '척사는 일은 하지 말라'라는 말이 있는데, '척隻'은 즉 피고로 된다는 말이고, 피고로 된다는 것은 원수처럼 된다는 오랜 경험 에서 나온 말이며, '척隻'이 원수의 대명사로 된 것이다.

반상班常 간에도 차별없이 소송할 수 있었으므로, 양반이라 할지라도 문벌이나 힘이 약한 경우에는 상민으로부터 능욕凌辱당하는 일이 흔히 있었다. 이 경우에는 상민의 양반능욕죄兩班凌辱罪를 먼저 다스리고 재판하였으며, 오로지 사리事理에 따 라 다루도록 하였다. 그러므로 상민은 양반에 대하여 인신공격을 할 수 없는 것이 상민의 도리로 보았다. 재판의 당사자 중의 한편이 권세가이거나 권세의 배경을 갖 고 있거나 금력이 있는 경우에는 재판이 지연되거나 공정하지 못한 사례도 흔히 있 었다. 그렇다고 해서 재판을 포기하지 않은 억울한 자나 힘없는 자는 그나마도 재판의 힘에 의지하여 권리를 주장하였다.

이렇게 해서 한편에서는 공정하지 못한 재판이 행해지는 일도 있었으나, 억울한 일은 끊임없이 제소되어 그런대로 권리의식은 성장하고 있었다. "송사訟事는 패가망신"이라는 속담이 있는데, 그것은 불공정한 재판이 행해짐과 동시에 시일이 많이 걸리고 비용이 많이 들므로, 승소하더라도 지치며 남는 것이 없다는 경험에서 나온 말이다. 이러한 사례는 오늘날에도 경험하고 있다.

13. 변호사제도의 연혁

중요한 거래행위나 소송은 반드시 모두 문서를 작성해야 하며, 이 문서제도는 고려시대부터 많이 활용되었다. 문서에는 그 법률행위의 종류에 따라 일정한 형식이 있으므로, 그 형식에 따라야 하였다. 특히 소송문서의 대표적인 소지所志, 즉 소장은 유식하다고 해서 아무나 작성할 수 없으며, 형식을 따라야 하고 기술을 요하기 때문에, 적어도 법률이나 소송기술에 조예가 깊은 자만이 작성할 수 있었다. 따라서 무식한 자나 유식하더라도 소송에 조예가 없는 자는 타인에게 의뢰할 수밖에 없었으며, 대개 고로古老·유생·아전에게 의뢰하여 대서代書를 받았다. 그러나 이들은 직업적인 대서인은 아니었다. 문서작성의 지식과 편의를 위하여 약 50여 종의 각종 문서 형식과 용례를 소개한 유서필지儒胥必知라는 책이 전해오는데, 소지의 형식은 매우 복잡하였다. 소송절차는 모두 문서에 의한 방식주의方式主義이고 복잡하기 때문에 당사자는 조언이나 협조를 받지 않고는 성공적으로 진행하기 어려웠다. 따라서 관청 주변에는 타인에게 소송을 교사·유도하는 것을 업으로 하는 자들이 있었는데, 당사자들은 소송에 밝은 이 자들의 협력을 받지 않을 수 없었으므로 이들을 고용하여 대송代訟하는 일이 많았다.

외지부外知部라는 것은 우리나라의 16세기까지 관행상 속칭되었던 변호사에 유사한 직업적 법조인이라고 할 수 있다. 이들은 관사 주변에 서성거리면서 민사적 분쟁사건으로 난처한 사람이나 사송詞訟을 제기하러온 사람들에게 소송기술을 가르쳐주거나 소장을 작성해 주거나 혹은 고용되어 소송대리인으로서 소송을 진행하는 것을 업으로 하는 사람들이었다. 이들은 당시의 실정법과 절차법에 통효通曉할 뿐아니라 소송기술에도 능통하였으므로 승소한 경우에는 약정에 따라 감정료나 변호료를 받았다. 승소하기 위해서는 증거의 위조는 물론 상대방을 곤경에 빠뜨리기 위해서 각종 소송기한을 교묘한 방법으로 연장하거나 절차의 진행을 지연시켜 당국으로서는 매우 골칫거리였던 모양이다. 그리고 이들의 활동무대는 서울에 있는 형조·한성부·장예원이었다. 장예원은 노비에 관한 문서와 소송을 다루는 관청이며 당시에 노비는 토지와 함께 재산의 가장 중요한 부분을 점하였으므로 노비에 관한 분쟁도 그만큼 많았다. 외지부라는 명칭은 장예원을 그전에는 도관지부都官知部라고 칭하였던 연유에서 속칭하게 된 것이다.

당시 중앙이나 지방의 재판관청에서는 폭주하는 소송을 신속히 처결함으로써 체송滯訟의 폐를 없애는 것을 이상으로 하였기 때문에 분쟁당사자 아닌 외지부가 소송을 유도하거나 대송하면 사건의 속결에 방해가 되었다. 그래서 조정에서는 이 외지부업을 근절시키기로 결정하여 성종 9년(1478) 8월부터는 외지부를 붙잡아 장1백에다 전가족을 함경도의 오진五鎭에 보내는 전가사변형에 처할 뿐 아니라 이를 붙잡아 신고한 자에게는 강도를 붙잡은 상례賞例에 따라 1인당 면포 50필을 상급賞給하기로 하는 법령을 공포하였다. 당국에서는 이들을 '무문농법舞文弄法'하여 '변란시비變亂是非'와 같은 '간위奸僞'를 일삼는 '무뢰지도無賴之徒'라고 규정지었으니, 이때부터 외지부업자는 숨어서 영업하거나 차차 자취를 감추게 되었으며 하나의 직업적 법조인의 싹이 끊기게 된 것이다.

지방에도 외지부와 유사한 직업인이 없지 않았을 것이나 서울에서처럼 직업화되어 있지 않기 때문에 거론되지 않은 것으로 보인다. 대개는 고로古老나 유생 또는 이서吏胥에게 의뢰하여 소지를 대서받거나 소송기술에 관해서는 특히 관아의 아전의 조력을 받았는데 송뢰訟賂[소송에 관한 뇌물]를 주어야 하였다. 한편 계약문서나 소송문서 작성의 지식과 편의를 위하여 위의 유서필지라는 법률문례집法律文例集이 많이 이용되었다.

1895년 4월 29일 법부령 제3호 '민형소송에 관한 규정'에 의하여 비로소 변호사의 전신인 '대인代人'제도가 창설되었다. 이 규정은 갑오개혁 법령이며, 재판소의 일반행정기관으로부터의 점차적 분리 및 재판절차의 근대화에의 계기로 된 것이다. 대인은 당사자가 스스로 소송을 진행할 수 없는 경우에 당사자의 위임에 의하여 소송을 진행하며 대인위임에는 재판소의 허가를 받아야 하고 법정위임장을 작성해야 하였다. 또 당사자는 재판소의 허가를 얻어 '보좌인輔佐人'을 동반할 수 있게 하였다. 이 대인제도는 낯선 서구적 소송법제의 도입에 따라서 생긴 것인데 별로 이용되지 않았으며 여전히 전통적 관행 그대로였다. 그래서 1905년 4월에 공포 시행된 형법대전에서는 외지부와 같은 직업의 절대적 금지를 완화하는 규정을 두게 되었다. 즉 소송을 교사한 자와 소장을 대작代作하는 데 있어 정황과 범죄사실을 증감함으로써 타인을 무고誣告하는 결과를 가져온 자는 무고죄로 처벌하되, 다만 당사자가 우매하여 능히 자기주장을 할 수 없는 경우에 사실대로 교도하거나 소장작성에 사실의 고의적인 증감이 없는 자는 처벌하지 않는다고 하였다. 즉 과거처럼 절대로 금지하지 않게 된 것이다. 그리하여 당시 광화문 네거리에는 "소지所志 씁니다"라는 간판을 내걸고 직업적으로 소장을 대서하는 사람들이 있게 되었다.

한편 대인제도 창설 10년 후인 1905년 11월 8일 법률 제5호로 '변호사법' 및 동 17일에 법부령 제3호로 '변호사시험규칙'을 공포하게 되어 비로소 우리나라에 '변호사'라는 명칭과 "민사당사자나 형사피고인의 위임에 의하여 통상재판소에서 대인의 행위와 변호권을 가지는" 변호사제도가 확립되었으니 관습상의 외지부는 300여 년이 지나 비로소 법제화된 것이다.

14. 상피제도

　재판을 공정히 하고, 또 정실이 개입되었다는 혐의를 피하기 위해서 재판관이 당사자와 친족관계가 있는 경우에, 그 재판관이나 당사자가 그 사건을 담당하지 않거나 또는 다른 관청에 옮기는 제도를 상피相避라고 하는데 이것은 고려시대부터 행해졌다. 이 제도는 중국에서 받아들인 것으로, 상피하는 친족의 범위는 중국과는 달랐다. 고려시대는 친가, 즉 부족父族으로는 부父·자子·손孫·형제·백숙부·사촌형제·사위·손녀사위·자매부姉妹夫·종자매부從姉妹夫이고, 외가, 즉 모족母族으로는 외조부모·외삼촌·이모부·외종형제·이종형제이며 처가, 즉 처족妻族으로는 처부모·처남·동서·처삼촌·처고모부·처질妻姪·처질녀서妻姪女壻이었으며 부계·모계는 4촌, 처족은 3촌의 범위였다. 조선시대에서도 유복친의 범위로 하고 있는 대명률을 따르지 않고 고려시대의 범위를 대체로 따르고, 모족·처족은 오히려 고려시대보다 확대되었다. 즉 고모부·처모·처고모부·이질을 제외하고, 동모이부同母異父 형제자매[兄弟姉妹[즉, 씨다른 형제자매]·이모·생질·질녀·질부·처조부·처숙모·사촌처남이 추가되었다.

II 형사재판

고려시대까지의 형사재판절차는 명확하지 않다. 고려시대에는 조선시대와 같은 심리기한이 있었으며, 재판은 백성들이 억울하지 않도록 3인의 형관刑官이 심문하고, 사형에 해당하는 죄는 반드시 왕에게 세 번 상주上奏하여 결정하도록 하는 등 신중한 재판을 기하였다는 것이 고려사에 기록되어 있다. 초기에는 당률이 의용되었을 것이며, 말기에는 원의 의형이람議刑易覽도 적용된 것 같으나, 그 내용은 전해오지 않는다. 따라서 조선시대의 재판절차만을 설명하기로 한다.

1. 심리기한

옥송의 지연을 방지하기 위해 재판의 심리기한을 사건의 경중에 따라서 사형에 해당하는 사건은 30일, 도형·유형에 해당하는 사건은 20일, 태형·장형에 해당하는 사건은 10일내에 처결하도록 하였다. 만약 재판을 고의로 지연시킬 경우에는 처벌하고, 매월 초하루에 판결월일을 형조에 보고하도록 하였다. 이것을 결옥일한決獄日限이라고 하였다. 그러나 실제로는 그대로 엄수되지 못하였으며, 체송滯訟의 폐단은 민사사건이나 형사사건이나 마찬가지였다.

2. 재판절차와 고문

형사재판 절차의 진행은 민사재판처럼 당사자에게만 일임되지 않고 규문주의紏問主義 절차였으며, 오로지 자백을 얻는 데에 주력하였다. 죄인이 장형 이상에 해당하는 경우에는 먼저 수금囚禁하는데, 문무관·내시부·양반의 부녀·승려는 문서로 왕에게 계문啓聞한 뒤에 수금하였다. 다만 사죄死罪를 범한 경우에는 수금한 뒤에 상주하고, 70세 이상 15세 이하는 강도 살인범이 아니면 수금할 수 없었다.

이 밖에도 왕족이나 고관은 수금하지 못하였다. 죄인이 수금되면 일정한 형구를 씌워, 행동의 자유를 박탈하였다. 수금중이라도 병이 중하거나 친상을 당하면 일시 석방하였다(保放). 수금한 뒤에는 죄인의 자백을 얻기 위한 고문拷問이 시작되었는데 이것을 고신拷訊이라고 하였다.

형사절차에 있어서 신문은 구신평문口訊平問[조용히 말로 신문하는 것]해야 하며 장형 이상에 해당하는 자만을 수금해야 되는데 기본적으로는 규문주의이기 때문에 피의자는 처음부터 죄인이라고 불리어 오로지 자백을 얻는 데에 주력하였으며 경중을 따지지 않고 수금하여 고문을 시작하였다. 죄인이 수금되면 행동의 자유를 구속하는 나무칼이나 족쇄 따위의 형구를 씌우는데 이도 고문에 못지않은 고통이었다. 신문은 추문推問, 추고推考, 신추訊推라고 하며, 자백은 자복自服, 승복承服, 승관承款, 자백을 얻는 것을 취복取服, 고문을 고신拷訊, 고략拷掠, 형추刑推라고 하며 궁문취복窮問取服[고문 등으로 엄중히 신문해서 자백을 얻는 것]으로 일관하였다.

고려시대에도 법외고문이 잔인한 방법으로 행해져서 마구 때리고 쑤셔서 거짓 자백하는 일이 많았는데 명백한 증거가 있음에도 불구하고 반드시 세 번 고문하고 설사 자백을 해도 고문을 하는 것이 상례이어서 고문치사하는 예가 많았다. 조선시대에도 마찬가지였다. 법률상의 고문은 신장訊杖을 사용하는데 길이가 3척 3촌이며 손잡이 쪽이 되는 부분은 1척 3촌의 길이에 직경 7푼의 둥근 모양이고, 때리는 쪽은 2척에 너비 8푼, 두께 2푼의 규격이며 마치 조그만 보트의 노櫓와 흡사한 모양이었다. 신장은 버드나무로 만들고 한 번에 30도를 한계로 치며 반드시 편평한 쪽으로 무릎 아래를 때리되 정강이뼈를 때려서는 안 되며 3일 이내의 재신장再訊杖을 금지하였다. 그러나 쉽사리 자백하지 않는 경우에는 도수度數를 지키지 않을 뿐더러 몽둥이인 원장圓杖을 사용하거나 몸 전체를 가리지 않고 마구 때렸다. 이는 서울보다도 외방에서 더 심하여 민원의 대상이었다. 중앙인 형조에도 규격대로 된 법장法杖과 규격보다 크고 무겁게 만든 별장別杖의 두 가지 장을 공공연히 사용하였다.

곤장棍杖은 군문軍門에서 군법위반자나 포도청 따위에서 절도범을 치는 데 사용하는 것인데 길이나 폭, 두께에 따라 중곤重棍, 대곤大棍, 중곤中棍, 소곤小棍이 있고 절도범을 치는 치도곤治盜棍이 있는데 이는 중곤重棍과 규격이 비슷하여 길이 5척 7촌, 폭이 5촌 3푼, 두께가 1촌이며 곤장은 모두 버드나무로 만들고 볼기를 쳤다. 치도곤보다 더 가벼운 형구는 고문권이 없는 행정관청에서 사용하는 가죽으로 된 피편皮鞭이 있었다.

신장제도는 1905년의 형법대전에서 채찍과 혁편제革鞭制로 바뀌었는데 채찍은 태笞의 작은 것이며 볼기를 치며 혁편은 종아리를 치는 것인데 민형사상 신문하는 경우 실토하지 않은 자에게 1차에 30도, 1일 1차 행하도록 되어 있었다. 법률상 고문은 1907년 6월의 '신문형訊問刑에 관한 건件'이라는 법령에 의하여 폐지되었다.

법외고문은 하기에 따라 가지각색의 잔인한 것이었는데 알려진 것은 다음과 같은 것들이다.

①태배笞背는 태로 죄인의 등을 치는 것인데 등은 오장五臟이 있는 곳이어서 이로 인해 많은 인명살상이 있었다. ②난장亂杖은 신장으로 몸을 가리지 않고 마구 때리는 것이다. ③주장당문朱杖撞問은 난장의 변형인데 붉은 색칠을 한 둥근 몽둥이로 여러 사람이 마구 치는 것이다. ④전도주뢰剪刀周牢는 양 다리를 묶고 그 사이에 두 개의 주장을 끼워 가위를 벌리듯이 좌우로 벌리는 것인데 원래 포도청에서 치도용治盜用으로 행하던 것이다. 여기에서 "주리를 튼다"는 말이 나왔다. ⑤압슬壓膝

은 양 다리의 무릎뼈를 둥근 나무막대로 문지르는 것이며 원래는 십악十惡, 강도, 살인과 같은 중죄인에게 하는 것이었다. ⑥포락炮烙은 불로 지지는 것으로 양발을 묶고 양손은 뒤로 묶어 놓고 쇠막대기를 뜨겁게 달구어서 발가락 사이에 넣는 것이며 혹은 굵은 노끈을 발가락 사이에 끼워놓고 노끈을 태우기도 하였다. ⑦곤장의 모서리로 정강이뼈나 발뒤꿈치를 치는 것. ⑧형틀에 묶어 놓고 곤장의 두 끝으로 문질러서 볼기의 가죽을 벗기는 것. ⑨도둑을 다스릴 때에 나무집게로 죄인의 급소를 짚어 누르는 것. ⑩양다리를 묶어 나무 위에 거꾸로 매달리게 하고 잿물을 콧구멍에 부어 넣는 것. ⑪끈으로 두 발의 엄지발가락을 묶어 세 모서리가 있는 막대기를 끼워 거꾸로 매달고 끈을 치는 것. ⑫발목을 씨아[去核機]에 넣고 치는 것. ⑬사각의 말 속에 무릎을 꿇게 하고 양손을 뒤로 묶어놓고 막대기로 때리는 것(무릎뼈가 말의 뒷모서리에 닿으면 체중이 누르므로 아프다). ⑭저고리를 벗기고 양손을 뒤로 묶어 깨진 기왓장 위에 앉히고 등을 치는 것. ⑮단근斷筋질. ⑯대침大針으로 볼기를 찌르는 것. ⑰돌로 입이나 뺨을 치는 것. ⑱보리시랭이를 입에 문지르는 것. ⑲목에 씌운 나무칼을 나무에 매단 채 발에 돌을 달게 하는 것 등등.

이러한 고문은 죄인의 자백을 얻기 위해서였지만 한편 관장官長의 화풀이 방법이기도 하여 더욱 잔인하였다.

법전에는 이러한 남형을 한 관리는 장1백 도3년에 처하고 치사케 한 자는 장1백에 영불서용永不敍用[영구히 등용하지 않는 것]에 처하도록 규정되어 있었으나, 거의 적용된 일이 없었고 법외고문을 금하는 왕의 명령이 수시로 있었으나 역시 지켜지지 못하였다. 일제시대를 거쳐오면서 고문의 형식·방법은 더 잔인하고 지능적이며 다양화되었다.

살인·상해치사 등이 발생한 경우에는 관리가 현장에 나아가 피해자의 시체를 검시해야 하는데, 이를 검험檢驗이라 한다. 검험할 때에는 초검初檢·복검覆檢의 두 번 검시를 하고 그 결과를 문서로 작성해야 하였는데, 의심이 나면 3검을 하고 4검, 5검까지도 하였으며 복검은 타관 수령이 하였다. 검시하는 지침은 백헌총요百憲總要와 무원록無寃錄에 의거하였다. 사죄인死罪人의 심리는 반드시 초복初覆·재복再覆·삼복三覆의 세 번을 심리하여 왕에게 상주하는 것이 원칙이었다.

3. 소원

소원訴寃은 상소절차인데 1심 판결이 억울한 자는 관찰사, 다음에 사헌부에 소원하고, 그래도 억울하면 신문고申聞鼓를 치도록 하여 직접 왕에게 호소할 수 있게 하였다. 신문고는 태종 원년(1401) 7월에 설치되었으나, 별로 실효를 거두지 못하였다. 왕에게 직접 상소하는 것으로는 격쟁擊錚이 있었다. 격쟁은 왕이 거둥할 때나 일정한 장소에 비치된 징을 쳐서 왕의 처결을 바라는 것이다. 형사재판에 있어 재판의 관념·재판기관·정송·상피 등에 관해서는 민사재판의 경우에서 설명한 바와 같다.

신분제도와 법적 능력

I 신분제도

고조선시대 이래로 사회적 신분계급은 혈통 혹은 직업에 따라서 구별되는 귀족·평민(농민)·천민이 있었고, 조선시대부터는 양반(사대부)·중서(중인과 아전)·상민·천민으로 굳어졌으며, 사람은 어떠한 신분계급에 속해 있느냐에 따라서 공적으로나 사적으로 많은 차별을 하였다. 또한 같은 계급 안에서도 여러 가지 계층을 이루었으며, 그 계층 사이에도 미묘한 차이가 있었다.

그러므로 신분계급을 크게 나누어서 사士와 서庶, 양良과 천賤이라 하지만, 그것은 대충의 구별일 따름이다. 천인을 제외하고는 모두가 자유인自由人인데, 부자유인不自由人인 천민과의 사이에는 가장 명확한 신분적인 선이 그어져 인간적인 교통이 단절되어 있었다.

자유인 중에서도 귀족이나 양반은 완전자유인이라 할 수 있고, 일반 서민은 불완전자유인으로 반자유적 요소가 강하나 시대에 따라 그 강약의 도가 달랐다.

천민 중의 대표적인 것이 노비奴婢인데, 노비제도의 기원은 고조선시대까지 소급한다. 물건을 훔치거나 간통죄를 범하거나 전쟁에서 포로가 되거나, 혹은 채무를 갚지 못한 경우에 노비로 되었으며, 생활이 곤란할 때에는 처자를 값을 받고 팔아서 노비로 만들었다. 노비는 고려시대 이래로 공천公賤과 사천私賤으로 구분되었는데, 공천은 관청에 소속되어 관청의 천역賤役을 하는 것이고, 사천은 사인私人에게 종속되어서 천역을 하였다. 모두 신분적 자유가 전혀 인정되지 않았다. 다만, 사노비 중에는 상전과 함께 사는 솔거노비率居奴婢와 상전의 집에서 떨어져 살며 상전의 토지나 재산을 관리하는 외거노비外居奴婢가 있었다. 외거노비는 비교적 자유로워서 그 중에는 상당한 재산을 가지고 있기도 하고 때로는 노비를 부리기까지 하여 반자유인과 같은 신분을 누리는 자도 있었다. 거주 이전의 자유가 없고 상전에게 인격적으로 종속되며 공직에 취임할 수 없고, 특별한 경우에 양인으로 되지 못하는 한, 자자손손 그 신분에 고정되는 점에 노비의 특색이 있었다.

이러한 노비들은, 때로는 신분해방을 위하여 반란을 일으키거나(고려시대의 만적의 난), 경제적으로 해방의 특권을 받기도 하였으나, 양반들의 반대로 그 실효를 거두지 못하였다. 조선시대에는 노비제도의 폐단이 극도에 달하였다. 법률적·형식적으로 노비제도를 폐지한 것은 개국 503년(고종 31년, 1894) 6월 28일의 갑오개혁 법률이며, 노비제도와 함께 신분계급을 타파하였으나, 실질적으로는 일제시대에도 그 잔재가 꽤 깊이 남아 있었다. 오늘날에도 농촌에서는 희미하게나마 의식 속에 남아 있다.

II 신분과 법적 능력

　대체로 신분·계급에 따른 현저한 차별은 공법적公法的인 차별이었다. 대과大科·소과小科의 과거에 응시하고 공직에 취임할 수 있는 것은 원칙적으로 양반계급뿐이고, 중인中人은 대대로 기술직을 세습하며 과거는 기술직 과거인 잡과雜科에만 응시할 수 있었고, 일반 상민은 각자의 생업인 농공상農工商에 종사할 따름이었다.

　그러나 사법적私法的인 면에서는, 법률상 신분·계급에 따른 차별이 전혀 없었다. 혼인을 하지 않는다는 점(사서士庶 불혼·양천良賤 불혼)을 제외하고는 일상적인 의식주를 위한 거래행위·소송행위를 비롯한 모든 사법적인 면에서는 평등하게 대우받도록 되어 있었던 것이다. 신분이 다른 사람 사이에 거래를 한다든가, 소송을 하는 것도 자유였다. 예컨대 상민과 양반 간에 물건을 사고팔고 송사를 하는 것도 아무런 차별을 받지 않았다.

　그런데 문제로 되는 것은 노비의 경우이다. 노비는 근본적으로 물건적인 면을 지니고 있었다. 노비는 토지나 가옥과 같이 재산 중 가장 중요한 물건으로서 매매·상속·전당을 할 수 있었다. 노비의 매매는 토지의 매매만큼 빈번하였고, 자손에게 상속시켜 줄 때에도 노비는 토지에 못지않게 중요시 되었다. 자기 마음대로 거처를 옮기거나 여행하거나 혼인하지 못하고 완전히 상전에게 얽매였으니, 그것은 사람이 아니라 물건이었다. 부리고 있는 노비의 수가 지위와 권세와 부富를 재는 척도로 될 정도였다. 이와 같은 노비의 물건적인 성질은 솔거노비의 경우에는 더욱 뚜렷하였다.

그러나 한편 노비는 사람의 자격으로서의 인격적 성질도 지니고 있었다.

첫째, 노비에게 재산상의 능력이 법률상 인정되어 있었다. 노비도 땅과 집과 기타 재산을 소유할 수 있었다. 땅을 갖는다고 하나 대지주로 될 수 없는 사회체제에서 한 마지기의 땅이라도 땅의 주인이 될 수 있었다. 특히 매우 드문 일이지만, 노비면서도 자기가 부리는 노비를 소유하는 자도 있었다.

둘째로, 상속능력이 있었다. 노비가 소유하고 있던 재산은 그가 사망하면 그 자녀에게 상속되었으며, 자녀(손자녀도 포함)가 없는 경우에는, 공천의 재산은 그가 속하였던 관청으로, 사천의 재산은 그의 상전에게 귀속하였다. 상속을 할 수 있으되 양인良人의 경우는 상속인의 범위가 자녀·형제·자매·숙질·사촌형제자매 등 4촌까지인 데 반해서 노비는 직계인 자녀·손자녀에 국한되었다는 점에 차이가 있었다. 만약 자손이 있음에도 불구하고 관청이나 상전이 침탈하면 관청에 제소할 수 있었다. 그러나 실제로는 자녀가 있는 노비의 재산을 관청이나 상전이 침탈하는 사례가 있었음은 사실이다.

셋째로, 노비는 재산의 처분능력이 있었다. 자기가 소유하는 재산을 필요한 경우에는 사고팔 수 있고 전당할 수 있었다. 이러한 거래행위는 법률상 아무런 차별을 하지 않았고, 계약서의 형식도 양인의 경우와 다르지 않았다. 토지나 가옥을 소유하는 노비가 많지 않았으므로 전해오는 거래문서가 많지 않은 것은 사실이다.

넷째로, 소송능력이 인정되어 있었다. 노비도 소송상 원고로 되고 피고로 될 수 있으며, 신분이 다르더라도 차별없이 제소하고 응소應訴할 수 있었다.

다섯째로, 제한되나마 형사책임능력이 인정되어 있었다. 양인과 마찬가지로 범죄를 저지른 경우에는 상전으로부터 독립해서 형사책임의 주체로 될 수 있고, 독립해서 범죄의 객체로 될 수 있었다. 다만 양인의 경우와는 달리 노비에 대한 범죄는 가볍게 다루었다.

이상과 같이 노비는 물건적인 면을 지니면서도 자기의 의식주에 관계되는 사법적인 면에서는 인격적인 면을 지니고 있었고, 법률상으로는 적어도 인격적인 면이 강하였다고 볼 수 있으며, 그것은 외거노비의 경우는 더욱 뚜렷하였다.

인격적인 면을 입증하는 것으로서는 노비가 상전의 위세를 업고 양반을 구타하거나 묘에 표석標石이나 석인石人을 세우는 자가 있어, 이를 처벌하거나 금지하는 법령도 내린 일이 있었다.

일본의 율령법 시대의 노비나 중국법상의 노비도 우리나라의 노비와 같은 성질을 지니고 있어 노비를 반인반물半人半物이라고 하는데, 우리나라의 노비는 오히려 농노農奴적인 성질의 것이어서 인류물사人六物四 정도라고 할 수 있을 것이다.

호적제도

I 고려시대까지의 호적

　백제 의자왕 20년(660)에 호구戶口를 조사하였고, 통일신라시대에 자연부락인 촌村을 대상으로 한 촌적村籍이 고문서 단편으로 전해오는데, 구체적인 호구조사 내용과 호구문서는 전하지 않으므로 알 수 없다. 그러나 율령체제 하에서는 인구파악과 과세를 위한 호구조사제도가 확립되어 있었던 것으로 추정된다.

　고려에서는 처음에 매년 호구를 조사해서 호적을 만들었는데, 후에는 식년제式年制를 채용하여 3년마다 개편하였다. 호적은, 호주 또는 가장을 중심으로 하는 현실적인 공동생활단체인 호戶[집]를 단위로 편성하는데, 호주가 2통을 작성하여 소관 지방관청에 제출하면, 구호적과 대조하여 바뀐 부분을 수정하여 1통은 관에서 보관하고, 1통은 관인을 날인한 다음 호주에게 돌려주어 보관하게 하였다.

　호적의 기재사항은 시대에 따라 조금씩 달랐으나, 말기의 호적에는 다음과 같은 사항이 기재되었다.

　　①호적작성년월일, ②호(집)의 소재지, ③호주의 관직, 또는 신분·성명·연령(본관, 부·조·증조의 관직 또는 신분·성명·연령, 사망한 때에는 사망의 표시), 모의 성·본관·연령, 외조부의 관직 또는 신분·성명·연령, ④호주의 처의 성·연령·본관, 부·조·증조의 관직, 신분·성명·연령, 모의 성·연령·본관, 외조부의 관직·신분·성명·본관·연령, ⑤호주의 자녀, 기타 동거하는 친족의 호주와의 관계·관직 또는 신분·성명·연령(자녀는 남녀 불문하고 출생순위로 기재), ⑥가족들의 처의 성·연

령·본관, ⑦사위가 동거하고 있을 때에는, 그의 관직 또는 신분·성명·연령·본관, ⑧노비를 소유하고 있을 때에는 그 노비의 전래 계통·어미종의 이름·출생순위, 노비의 이름·연령을 적었다. 또 독립호를 갖고 있는 노비의 호적에는 호주인 노노(奴)의 상전의 신분·성명·연령, 처인 비(婢)의 상전의 신분·성명·연령, 소생 노비의 출생순위·이름·연령 등을 기재하였다.

호적에 조부모·증조부모·외조부모·처부모를 기재한 것을 '사조호구(四祖戶口)'라 하고 이들의 사조까지 기재한 것을 '팔조호구(八祖戶口)'라고 하였다.

호적사무는 중앙에 호부(戶部)[후에 명칭이 바뀌어서 판도사·민조·민부·호조]와 수도의 5부도관, 지방에는 도의 안렴사(안찰사, 관찰사)와 각 읍의 수령이 관장하였다.

호적편성의 목적은 인구수를 파악하여 과세·징병·부역의 기본자료로 하기 위한 것이며, 특히 신분·계급의 확인의 기능도 있었다. 사조 혹은 팔조를 기재하는 것은 후세의 족보(族譜)의 기능과 같다고 할 수 있다. 그러므로 호적을 작성하지 않든가, 호적을 위조하여 신분을 속이는 자나 그에 관계하거나 직무를 소홀히 한 관리는 처벌하였다.

II 조선시대의 호적

　대체로 고려의 호적제도가 그대로 계승되었다. 세계世系의 기재는 처음에 팔조호구를 허가하였다가 사조호구로 통일하고, 외척이나 처척의 기재사항의 내용이 간소화되어서 부계중심으로 되었다. 편제절차는 매 3년마다 각 호에서 호적신고서인 호구단자戶口單子를 수령에게 제출하면, 보관되어 있는 호적대장인 장적帳籍과 대조하여 추가·삭제한 사항을 장적에 기재하고 단자는 제출자에게 보관하게 하였다. 장적은 각 도와 호조 그리고 각 지방관에 하나씩 비치하였다. 한편 호적제도의 기능을 보완하기 위해 인보정장법隣保正長法·오가작통법五家作統法·호패법號牌法이 시행되었다.

　인보정장법은 태종 때에 시행되던 것인데, 10호 혹은 3, 4호를 1인보로 하고, 그 중에서 재산이 있고 신망이 있는 자를 정장正長으로 하여 그 인보 내의 인구·성명·연령·양천良賤 등을 기재한 인보기隣保記를 비치하여 이동사항을 감시하고 보고하도록 한 제도이다.

　오가작통법은 5호를 1통으로 하고 통에 통주統主를 두며 5통을 1리里로 하여 이정里正을 두고, 면에는 권농관勸農官, 한성부에는 방坊마다 관령管領을 두어 호구의 동태와 이동을 파악·보고하게 하고 상부상조하도록 한 제도이다. 중간에 제대로 시행되지 않은 일이 있었으나 숙종 때부터 말기까지 시행되었다.

　호패는 16세 이상의 남자가 항시 휴대하고 다녀야 하는 일종의 신분증 명패인데, 신분·계급에 따라 호패의 재료가 달라 아패牙牌·각패角牌·황양목패黃楊木牌·자작목패 · 잡목패雜木牌로 구별되어 있으며, 성명 · 신분 · 연령 · 주소 등을 새겨 관인 官印을 날인한 것이었다. 호패법은 태조 7년(1398)부터 시행하여 수시로 개폐改廢되 었다가 숙종 때부터 오가작통법과 함께 말기까지 시행되었다.

III 갑오개혁 이후의 호적

　인구조사·과세·부역자료, 봉건적 신분의 확인 등의 목적과 기능을 가진 구시대의 호적은 갑오개혁 직후인 건양 원년(1896)의 호구조사규칙戶口調査規則에 의하여 호수戶數와 인구조사 및 국민의 보호와 이익균점이라는 근대적 목적을 표방하게 되어 매년 1월에 10호 작통의 기준 아래 작성하게 되었으며 호패도 호독戶牘으로 바뀌었다. 새로 거주하는 가옥의 종류와 칸수를 기재하게 되고, 여전히 4조를 기재하는 것이었다. 융희 3년(1909)에 민적법民籍法이 시행되어 대체로 구시대적인 면모가 바뀌어 호적은 가家와 친족적 신분을 공시 또는 증명하기 위한 것으로 되었는데, 그것이 일제시대의 호적제도로 계승되어 오늘에 이르렀다.

　1960년 민법전에서는 가족을 가제도家制度와 호주戶主를 바탕으로 규정하였고, 이는 호적제도의 근간이 되었다. 그 후 호주제도가 몇 차례의 개정을 거쳐 가부장제적 성격은 사라졌으나, 그 골격은 그대로 남아 있었다. 2005년 헌법재판소에서 호주제도의 헌법불합치결정을 선언하고 민법이 개정되어 가제도家制度와 호주戶主가 폐지되었다. 이에 따라 '호적법'이 폐지되고 '가족관계의 등록 등에 관한 법률'로 대체되었다.

종족법

I   가와 택

한국 사람은 부계혈통을 나타내는 성姓을 가지고 있고 이름을 지니고 있는가 하면, 별호別號를 사용하기도 한다. 그런데 이 성명이나 호보다도 더 빈번히 그리고 정답게 사용되는 것이 택호宅號이다.

우리나라에서 하나의 가계공동체로서의 호戸(가구)를 가家라고 하는데 '택宅'이 한국적인 '집'의 성격을 더 명확히 나타내는 현실적 칭호라고 할 수 있다. 관습상 촌락내부에서나 친족 간에서는 남자가 혼인하면 그의 성명보다는 그의 처의 출신지가 호칭으로 사용되어 왔다. 처의 출신지는 출신 리동명里洞名이 사용되는데 행정단위로서의 리동명보다는 옛날부터의 고유한 자연촌락명이 있는 경우가 많으며 이것은 행정단위인 리동명과 일치하는 경우도 있고 혹은 행정단위인 리동의 구성촌락 중의 하나일 수도 있다. 그리고 이 출신명은 그 지역사회 내에서 사회적 명성을 떨치는 반촌명班村名인 것도 있고 민촌명民村名인 것도 있다. 반촌은 동성촌의 격格 여하에 따라 군郡일원, 도道일원, 전국 일원에 걸치는 명성과 격이 사회적으로 승인되어 있었다.

어떻든 이 처의 명이 남편의 성명을 제치고 칭호로 사용되며 남편뿐 아니라 그의 식구의 칭호이기도 하다. 예컨대 갑남甲男이 A군 B면 사동寺洞 출신의 을녀乙女와 혼인하면 갑남의 호칭은 '사동寺洞'으로 되고 갑남의 집은 '사동댁寺洞宅'으로 된다. 물론 '○○댁'이라고 할 때는 일종의 존칭의 뜻도 내포되어 있기는 하다. 친족 간에는 숙질·형제의 서열에 좇아 '사동형', '사동아저씨' 등으로 불리어지고 갑남

뿐 아니라 을녀도 '사동댁'이며 그 식구를 포함한 집의 칭호로 되는 것이다. 이것이 택호宅號이며 처의 출신지명이 처 자신의 호칭임과 동시에 남편과 그 집의 칭호로 되는 데에 우리나라의 집의 특색이 있는 것이다. 그러므로 우리나라의 가족은 혼인마다 고유의 칭호로서의 택호가 가명家名으로 사용되는 것이다.

그런데 혼인한 차남 이하의 중자衆子들은 각자 이 택호를 가명으로 사용하나 장자손은 분가하지 못하며 그의 조부 또는 부가 생존해 있고 동거하고 있는 한 자신의 택호는 있되 단순히 성명 대신 사용되는 칭호임에 그치고 가명으로 사용되지 않는다. 이러한 경우, 즉 혼인한 삼대三代가 동거하는 경우 모두 각자의 택호가 있으며 성명 대신 사용되나 가명으로서의 택호는 부모의 택호만이 사용되며 부모가 사망한 후에 아들 부부의 택호가, 아들 부부가 사망한 후에 비로소 손자 부부의 택호가 사용되는 관습이다. 한편 여자의 택호는 시집에서는 자기의 출신촌명村名이지만 친정에서는 남편의 출신촌명, 즉 시집의 촌명이 사용되므로 여자는 친정과 시집에서 각기 달리 사용되는 두 개의 칭호를 가지고 있는 셈인데, 이 경우 친정에서 부르는 칭호는 택호라기보다는 성명 대신 사용되는 데 지나지 않는 것이다.

이 택호가 가명으로서 사용될 경우에, 즉 '사동댁'이라는 택호는 그 사동댁의 구성원인 가족원 전체와 재산도 포함되는 것이며 따라서 '택宅'에는 가족구성원인 사람과 가택家宅을 포함한 재산을 지칭하는 뜻이 있다.

뿐만 아니라 '택宅'에는 그 가격家格이 표상되어 있다. 관직에 있거나 있었던 경우에는 관직명이 '택호'로 되며 과거에 합격한 경우, 예컨대 '진사'이었다면 그것이 택호로 되어 '진사댁'이 되는 관습이었다. 그리하여 관직명 택호는 영예롭고 자랑스러운 것으로서 가격을 높여주는 것이므로 이 택호는 수대가 지나더라도 그대로 사용되는 것이 관례이었다. 또한 택호는 통혼通婚의 격을 표상하는 것이었다. 택호만에 의하여 어떤 특정인의 처의 성씨가 밝혀지고 그 혼격이 상격혼[앙혼격仰婚格]인지 동격혼인지 혹은 하격혼[下婚格]인지가 밝혀지며 그것은 본인의 사회적 지위 내지 명예와 직접 관련되는 것이었다. 그러므로 예컨대 어떤 반촌에서 5, 6개 내지 10여

개의 택호를 들어보면 그 통혼권通婚圈과 그 촌의 사회적 지위를 추정할 수 있게 되어 있는 것이다.

이렇게 보면 택호는 사람과 재산과 사회적 지위를 포괄하는 개념이며 따라서 '택宅'은 사람들의 현실적 관념적인 기본단위를 뜻하는 개념이라고 해도 좋을 것이다. 동성촌락은 결국 이 '택宅'이 응집한 것이라고 보는 것, 즉 한국에서는 처의 출신촌명이 가명인 택호로서 사용되는 동성동본인 혈족남을 가장家長으로 하는 '택宅'이 응집한 것이라고 할 수 있다. 아울러 우리는 성본姓本을 같이 하는 종족宗族이 종중을 형성하고 있지만 종족이 수개 지역에 분산하여 촌락을 형성하고 있는 경우에 그 촌락이 반촌으로서 사회적 지위와 명예를 사회적으로 승인받고 있는 경우에는 역시 그 촌락명이 본관에 대신해서 사용되는 관습을 가지고 있는 점도 주의할 만하다. 이 경우에는 타성이 호칭할 때는 본관 대신 촌락명을 붙여서 예컨대 '사동김씨寺洞金氏' '원동김씨院洞金氏'와 같이 부르는 것이다. 여기에도 '사동'과 '원동' 간에는 촌락의 차이가 있는 것이다. 개인의 경우 성명이 있지만 '택호'가 사용되며 그렇다고 해서 성명이 무용지물이 아닌 것과 같이 동성촌도 본관명이 있는 동종의 집단이지만 '촌명'이 본관 대신 사용되며 그렇다고 해서 본관명이 무용지물이 아닌 것이다. 농촌의 자연촌락의 경우 위의 연관관계를 이해하는 것이 중요한 것이라고 생각된다.

택호의 사용이 언제부터 비롯되고 왜 그렇게 되었는지는 확실히 알 수 없다. 짐작하건대 남자에 대한 성명호칭의 기휘忌諱에도 연유가 있겠으나 그보다도 오랫동안 처가살이를 하는 혼인풍속에 연유한 때문이 아닌가 한다. 장가가서 처가에서 생활하니 장가든 촌명이 성명 대신 사용되다가 처가촌살이를 마치고 본가촌에로 복귀한 후에도 그대로 관칭된 것일 것이다. 왜냐하면 '택호'는 귀속을 표상하는 것인데 남자가 장가가서 처가살이하는 것을 '남귀여가男歸女家'라고 표현하였고 여자가 시집가서 시집에 사는 것을 '여귀남가女歸男家'라고 표현하였듯이 '귀속칭호'의 유제遺制인 것이다.

II 종족결합

1. 종족결합의 지표

한국에 있어서 종족결합宗族結合은 자연적 가족을 기본단위로 해서 촌수적 계보에 의하여 조직화되어 있다. 즉 세대수의 산정에 의하여 혈연(出自)관계에 원근친 속의 격차를 지어 혈연의 농담후박의 상위를 결정하므로 혈연의 등차화等差化 과정에 있어서 평등한 친족의식을 갖지 않고, 그 일체의식은 촌수가 먼 자보다 가까운 자에게 더 크며, 그 친근관념은 애정의 친소에 대응되고 친족결합의 대소가 이에 따라서 구성된다. 그러므로 종족결합은 그 원근에 따라서 계층적 집단이 형성되며 친족의 원근관계와 공동조상의 범위에 따라서 대소통속大小統屬의 성층이 형성된다. 따라서 작게는 자연적 가족에서부터 크게는 최초의 시조를 공동으로 하는 종족 전체에 이르기까지 무수한 결합형식이 존재하며 일정계층의 종족이 지연공동체로서의 종족촌을 형성하고 있을 경우에 종족결합의 기본적 특징을 나타내고 있다.

원래 한국의 전통적 가족제도 하에서의 친족조직 내지 근친의식은 대체로 4촌을 한도로 하였던 것으로 추정되며 조부를 공동조상으로 하여 출자出自한 4촌 이내의 친족은 그들과 조부 간은 물론 그들 상호 간에서 본질적·생명적 동일성을 자각하고 있으며 관습상 법률상 밀접한 접촉과 권리의무관계를 유지하고 그 범위를 넘으면 오히려 모계혈족 4촌보다도 근친의식이 희박하며 친족적 유대는 종족 5촌 이하보다도 모계근친과 맺고 있었다고 여겨진다. 종족의식 내지 종족결합은 위의 근친의식이 혈연의식으로 됨으로써 친족관계가 혈연관계로 확대 인정된 것이라고 볼 수 있겠는데 한국에서 그 연혁에 관해서는 아직 만족스러울 정도로 구명되어 있지 않다. 다만 짐작할 수 있는 것은 특히 조선시대에 들어와서 종족촌의 형성이 성행하였다는 사실로 미루어 보아 종족결합은 중국의 유교적 종법宗法사상의 영향 때문이라고 볼 수 있다. 종족집단의 지연적 구성은 일시적으로 급속히 된 것이 아니고 가장적 가족생활상태의 확대에 따라서 분가分家가 생기고 분가에서 또 분가가 생겨 오랜 세월을 통하여 자연적으로 형성된 것이다. 그러므로 종족의 집단촌락은 종법사상이 보급·강화된 이후에 생긴 가족일문의 지연공동체라고 하지 않으면 안 될 것이다. 즉, 친족의식이 군거본능의 발동에 의하여 혈연적 동류의식으로 확대되어 가는 과정에서 종법제의 도입보급에 따라 가변적 친족의식이 부계적 동종의식으로 고정되면서 종족촌이 형성되고, 종법이 심화됨에 따라 종족의 전범위에로까지 결합하게 된 것이다.

이와 같이 한국의 종족결합은 친족의식이 전 종족에 확대된 결과이며 중국의 종법제도를 빼고는 이해할 수 없다고 해야 한다. 특히 조선왕조가 중국의 고전적 유교이념과 제도의 실현을 국시로 하였다는 사실은 동족결합을 이해하기 위한 관건이라고 할 수 있다. 그런데 종법제는 양반을 비롯한 지배계층에만 권장 내지 강제되고 상민을 비롯한 피지배계층에는 권장도 강제도 하지 않았다. 따라서 전통적 양반계층은 종법제적 종족결합이고 상민계층은 비종법적 종족결합이라고 할 수 있으며, 따라서 종법을 지표로 할 때에 종족결합은 종법형과 비종법형으로 유형화할 수 있다. 또한 압도적 대다수의 종족결합은 지연적 종족촌으로 나타나며 종족촌이 종족결합의 기본적 형태인 점과 종족촌의 대부분이 양반계층의 종법형인 점을 감안하여 신분계층적 지연적 결합을 지표로 할 때에는 반촌형班村型과 상민들의 것인 민촌형民村型으로 유형화할 수 있다. 즉 종법형宗法型=반촌형과 비종법형非宗法型=민촌형으로 유형화된다.

2. 종법형=반촌형결합

한국에서 종법은 제사상속의 기본법임과 동시에 친족 내지 종족통리統理의 기본법이다. 종宗에는 예종禰宗·조종祖宗·증조종曾祖宗·고조종高祖宗인 소종小宗과 대종大宗을 합하여 다섯 종이 있다. 예종禰宗(父宗)은 부父를 계승하는 소종, 즉 부에서 전하여 자에 이르러 친형제를 통합하는 종이며 여러 아우(弟)는 그 적장형嫡長兄을 세워서 부종이 되므로 종족이 친형제만일 때에는 부종만이 있을 뿐이다. 조종은 조부의 적장손을 세워서 여러 종從형제를 통합하는 소종이며 여러 종형제는 각기의 소종이 있으므로 여러 종형제에게는 동시에 조종과 각자의 부종이 있게 된다. 증조종은 증조부의 적장증손을 세워서 여러 재종再從형제를 통합하는 소종이며 이 경우에는 증조종·조종·부종이 있게 된다. 고조종은 적장현손嫡長玄孫을 세워서 여러 삼종三從형제를 통합하는 소종이며 여러 삼종형제가 있게 되는 경우에는 고조종·증조종·조종 및 부종이 있게 된다. 대종은 최초의 시조의 직계적장손을 세워서 그 시조의 모든 자손을 통속하는 것이므로 대종은 하나밖에 없으며 대종 이외는 세대마다 중자衆子의 수만큼 새로운 소종이 형성된다. 이와 같이 이론상으로는 무한히 확산하는 것이나 가장 기본적이며 종족적 공동체로서의 결합도가 강한 것은 조종과 고조종이며 그 이외는 종족촌을 형성한 조상, 일군一郡 또는 일도一道 내에 안착한 조상, 또는 현관顯官, 학자, 공신, 충효로써 양명처세揚名處世한 조상을 중시조中始祖 또는 파조派祖로 하는 종족이 형성하는 종족단체이며 결합도가 약하다. 따라서 일반적으로 종족공동체는 그 종족의 연혁, 지연적 사회적 조건 여하에 따라서 공동체적 성격의 강약에 차이가 있게 마련이며 하나의 종족촌인 경우에도 단일소종이 있는가 하면 세대의 경과와 분열이 많으면 수개 또는 10여 개의 소종으로 구성되어 있는 것도 있다.

종족집단이 진정한 사회적 경제적 공동체로서의 기능을 영위하여 평가의 대상단위로 되는 것은 종족촌이며, 종법형=반촌형의 지표 또는 본질도 종족촌을 기준으로 해서 고찰하여야 하는데, 사회적 조건, 경제적 조건, 종법적 조건의 세 가지 면에서 규정지을 수 있다.

첫째로 반촌의 사회적 조건은 반격班格, 즉 양반의 신분을 가진 종족이어야 한다. 양반은 문반과 무반의 병칭이며 문반은 대대로 사장詞章·경학經學에 전념하면서 주로 생원·진사의 소과와 대과인 문과의 과거를 통해서 문관직이 주류를 이루어 온 가문이며, 무반은 사장·경학보다는 무과를 통해서 무관직이 주류를 이루어 온 가문인데 관습상으로 무반은 문반보다 격이 낮은 것으로 평가하였다. 양반은 전래의 관습상의 평가에 따르면 국반國班, 도반道班, 향반鄕班, 토반土班으로 구분되고 혼반婚班도 있다. 국반은 국중의 모든 사람이 최고의 반격을 승인할 정도의 가문으로서 문묘文廟(향교)배향 여부가 일응의 평가기준으로 되나 반드시 그렇지 않은 경우도 있다. 도반은 도내에서 지도적 지위와 위세가 있는 것으로 승인되는 가문이며 향반 또는 군반은 군내 또는 인접 군에서 지도적 지위와 위세가 있는 가문으로서 대체로 본래의 격에서 하락한 양반인 경우가 많다. 토반은 특정 군에서 발상하여 대체로 4·5백년간 이주하지 않고 정주하면서 하급양반으로서의 지위와 위세가 있는 가문이며 혼반은 원래는 미약한 양반이나 상격혼을 계속함으로써 반격을 높인 가문이다. 이와 같은 양반신분의 계층성은 매우 다양하며 심지어는 반족班族이라는 명목만 겨우 붙여져 있을 뿐 아무런 사회적 지위나 위세도 없는 이른바 양반이나 중인도 아니고 그렇다고 해서 상민도 아닌 계층도 있다. 또한 서족庶族은 양반이라도 적계가 아닌 서얼庶孽이라 하여 천시하며 '좌족左族', '절름발이 양반'이라고 지칭하며 '낙대落代한 가문'이라고도 한다. 더구나 이상에서 말한 계층적 반격班格의 평가기준은 명확하지 않으며 그 객관성이 애매한 경우가 있고 주관적 자부와 객관적 평가, 그리고 경제적 조건, 종법적 조건과 종합해서 판단될 수밖에 없다. 같은 반격 중에서도 또한 다양한 계층을 이루고 있다. 예컨대 조상에서 보아 동격에 속한 양반이라도 수개의 파로 나뉘어 각기 종족촌을 구성하고 있는 경우에 각 종족촌은 종지宗支에 관계없이 그 나름대로 반격을 가지고 있으며 심지어 근거리에 인접하고 있더라도 그러하다. 그리하여 반촌이라 할지라도 그 촌격村格에 따라 다르며 격의 상격성上格性이 사회적으로 승인되고 있는 경우에는 그 촌의 종족은 '모관모씨某貫某氏'라고 하는 본관을 관칭冠稱하지 않고 촌명을 관칭하여 '모동모씨某洞某氏' '모리모씨某里某氏'라고 자칭타칭하는 것이 관례로 되어 있다. 따라서 일정한 도나 군에 산재해 있는 종족은 모촌某村이냐에 따라 그 사회적 지위나 위세를 짐작할 수 있게 되었다. 그리고 이러한 격은 종파宗派인가 지파支派인가에 따른 영향을 받지 않는다. 각 반촌은 그 반격을 현상유지하거나 격상하기 위해서는 계급적 내혼과 타성족他姓族과의 교제(종유從遊, 상종相從)를 일정한 수준에서 계속 유지하지 않으면 안 된다. 각 반촌은 그 격에 상응한 통혼권을 가지고 있다. 반족으로서 하위계급과 혼인하지 않음은 물론 촌격에 따른 동격혼을 하며, 가능하면 상격혼을 통하여 스스로의 격을 높인다. 종족의 모든 구성원이 촌격에 따른 동격혼을 하는 경우는 당해 종족촌의 구성요소인 각 가家에 격차가 없으며, 하나의 반촌 중에는 특정의 택宅 또는 가문이, 동촌同村의 대부분의 다른 가문보다 상격혼을 함으로써 촌격을 유지하는 경우도 있다. 따라서 반촌 내부에서는 다시 가격家格이 형성되어 있어서 상하의 차등이 있게 마련이며, 촌을 구성하는 개인의 사회적 평가는 일차적으로 개인이 속한 가家의 격에 의하여 결정되며 일단 형성된 격은 특별한 사정이 없는 한 초세대적으로 고정되며 촌격의 성쇠는 그것을 구성하는 택격宅格과 비례한다. 결국 이와 같은 택격의 취합 또는 특정우위택격에 의해서 대표되는 데에 반촌의 특색이 있다고 하겠다.

타성족과의 사회적 교제도 가격 내지 촌격과 밀접한 관련을 갖고 있으며 대응관계에 있다. 이 사교는 관습상 '종유從遊' 또는 '상종相從'이라고 하는데 그 종유하는 범위를 보면 그 격을 짐작할 수 있다. 종유는 대체로 동격 또는 상격의 타족他族과하는 것이 관습이며 바람직스러운 것으로 인식되고 있고 그 범위는 촌격에 따라 결정되기도 한다. 그 종유 범위는 직접적인 인척관계 또는 인격적 학문적 지위를 매개로 하여 형성되는데 매우 폐쇄적이며 서로 종유할 수 있는 사이를 '동제간同儕間'

이라고 일컫는다. 즉 동제간이라 함은 벗이 되고 통혼할 수 있는 관계이며 서로의 반격 내지 촌격이 대등 또는 심한 격차가 없음을 뜻한다. 관습상, 조상대부터 종유해 온 가문 사이를 '세의世誼가 있다'고 말하는 것은 이 동제종유의 사실을 강조하기 위한 것으로서 스스로의 격을 재확인하는 것도 된다. 한국농촌에 있어서 반가班家의 고로古老들이 초대면初對面의 외래객과 인사한 뒤 묻는 것이 '본관', '명조名祖', '출신도', '출자손'의 순서로 되어 있는 것은 위에서 말한 반격을 확인하기 위한 것이다.

요컨대 반촌의 본질인 반격은 ①명조名祖의 유무, ②사장경학詞章經學 등 학문의 계승 여부, ③관직과 과거합격 유무, ④통혼권, ⑤동제종유의 범위를 지표로 해서 결정된다고 볼 수 있다. 그리고 이러한 지표에 의하여 추정된 반격이 바로 종족결합의 본질을 규정짓는 중요한 요소이다.

둘째로 종족촌의 경제적 조건은 반격과 직접적 관련이 없으며 각 택간宅間의 경제적 생활공동도 없다. 조상봉사라는 특정목적에 바쳐진 종산위토宗山位土를 제외하고는 공동체적 토지소유는 원칙적으로 흔하지 않으며, 있다 하더라도 각 구성원의 전 생활영역을 파악하는 성질의 것이 아니며 각 택宅(家)은 각각 독립된 경제주체이므로 종족촌의 종족결합은 각 택宅의 경제적 조건과는 직접적 대응관계가 없다. 따라서 반촌은 자작촌自作村일 수도 있고 소작촌小作村일 수도 있으나 일반적으로는 자소작촌이라고 할 수 있다. 그 지주·소작인관계는 동족 또는 본가-분가관계의 영향을 받지 않으며, 경우에 따라서는 종가나 본가가 지가나 분가의 소작인일 수 있으며 따라서 촌민상호 간의 지배복종관계는 종족간의 종지宗支·존비尊卑·장유長幼와 같은 종법적 친족적 위계질서와 관계없이 오로지 각자의 현재의 경제적·사회적 지위 여하에 의해서 좌우된다. 종법형 종족이 종법적 계층에 의한 지배복종과 관계없이 독립된 경제주체로서의 각 택宅을 기반으로 하고 있다는 것은 상술한 바와 같이 개별적 사적私的 토지소유제도와 균분상속제도 및 중자衆子의 분가관습에 연유하는 것이다.

셋째로 종법적 조건으로서는 종법적 유교적 규범에 따른 숭조목족崇祖睦族의 종족생활을 하는 것이다. 종족의 결합원리는 철저하게 예외없이 조상을 공동으로 하는 동성동본의 혈족이라는 혈연관계에 있는데 이것이 종족결합의 기본적 계기로 되어 있으며, 그것은 남계원리에 입각해 있다. 자녀는 모두 동종불혼同宗不婚의 원칙에 의해서 출생하여야 하며 조상을 봉사하고 가계를 계승할 남자가 없는 경우의 양자입양은 이성불양異姓不養의 원칙에 따라야 한다. 따라서 비종非宗인 자는 절대로 이족집단의 구성원이 될 수 없는 혈연적 봉쇄성이 종족결합의 특징으로 되어 있다. 그러나 동종의식·동종관계는 만고불변의 고정적인 것은 아니다. 시초의 시조에서 출발한 동종은 사성賜姓에 의하여 성을 달리하는 경우나 본을 달리하는 경우가 있으나, 이 동본이성이나 이성동본도 혈족인 한 시조를 중심으로 생각할 때에는 동종으로 의식하며 서로 혼인하지 않는다. 그러나 동종일지라도 본을 달리하고 그것이 오래된 경우, 예컨대 나말여초羅末麗初에 분파한 경우에는 동종의식이 없는 경우가 많으며 김金·이李·박朴과 같은 대성인 경우에 현저하다. 따라서 비록 시조에 소급하여 동종일지라도 이성동본이나 동성이본인 경우는 불혼의 경우를 제외하고는 동종의식이 매우 박약하며 실제로는 동종일 수 없고 이들이 혼합되어 촌락을 형성하더라도 종족촌이라고 할 수 없다. 그러므로 동종 또는 동족이라고 할 때에는 동성동본인 혈족에 국한시키는 것이 타당하다.

동성(동종)의식의 폐쇄성·강렬성은 개성금지改姓禁止에도 나타난다. 부성父姓을 알고 있는 한 타인에게 입양되더라도 개성하는 것이 금지되고, 처음에는 부성父姓을 몰랐다가 후에 알게 되면 복성復姓하여야 하며, 본래의 성을 알면서도 타성他姓을 칭하는 것은 윤범죄인倫犯罪人으로 생각하였다. 따라서 성을 바꾼다는 것은 천지음양이 전도되는 것으로 관념하였고, 그것은 일상생활에 있어서 자기의 명예를 걸고 어떤 사실의 진실성을 다짐할 경우에 진실이 아니고 거짓이라면 "성을 바꾼다", "나의 아버지 자식이 아니다"고 하거나 거짓인 경우에는 "성을 갈 놈"이라고 할 정도이다. 그것은 혼인하더라도 처의 성을 바꾸지 않을 정도로 철저하다.

한국의 종족 결합원리의 또 다른 특색은 세대주의가 주이며 다음에 장유유서를 중시하는 점이다. 동종간에는 족보를 가지고 있는데 이 족보는 세대에 따른 배항輩行에 의하여 종원宗員이 수록되어 있으며 파派가 같은 종족간에는 세대를 구별하는 항렬行列輩行자字가 정해져 있다. 항렬은 일반적으로 오행五行, 일一·이二·삼三……의 숫자, 천간天干인 갑甲·을乙·병丙……이 3종을 사용하는데, 이름 중의 한 자는 이 항렬자를 구성요소로 하고 있으며 오행의 경우는 5대, 숫자의 경우는 10대, 갑을병의 경우도 10대가 지나 다시 처음부터 시작하더라도 전대와 같은 항렬자를 사용하지 않는 것이 원칙이다. 동파동종의 종족질서는 이 항렬자에 의하여 시조로부터의 대수가 명료하므로 종족 간에는 항렬에 따라서 형제·숙질·조손의 서열관계가 밝혀진다. 그리하여 원칙적으로 항렬이 상위이면 연령이 수하手下일지라도 존대하며 동항렬 간에는 장유의 순서에 의한다. 이 항렬질서와 장유질서는 촌수가 가까울수록 엄격하고 멀수록 평등에 가까운 것이 원칙이며, 종족에 따라 다르지만 원족遠族인 경우 항렬이 존중되지 않는 것은 아니지만 오히려 연령이 중요시된다고 보아야 한다.

동종의식 또는 동종일체의식은 조상숭배신앙에 의하여 밑받침되어 있으며 조상숭배는 조상봉사의 계속으로 나타난다. 이 조상숭배 내지 조상봉사는 문계, 종계, 문중, 화수회, 종회, 종친회 등으로 불리는 종족단체, 즉 조상의 묘소(종산宗山)의 수호와 관리 및 조상봉사비용 등에 바쳐진 위토 등의 관리를 목적으로 조직 운영되는 종족단체에 의하여 운영되며, 이들 종산·위토는 그 목적에 바쳐진 종산宗産이며 종산의 유무에 의하여 종족결합의 강약도가 다르다. 또한 특수한 양반인 종족은 사당祠堂, 서원書院, 또는 영당影堂을 건립하여 향사享祀를 지내며 향사를 위한 재산(토지)을 공동소유하고 있는데 이 경우의 결합도는 매우 강하다. 또한 종지宗支관계를 명확히 하고 문벌을 중시하며 종족의 단결을 공고히 하기 위해서 대동보大同譜, 파보派譜, 가승보家乘譜와 같은 족보를 가지고 있다. 그리하여 위와 같은 종중조직, 종산·위토 등의 종산宗産, 사당, 영당影堂, 제각祭閣 등 사우祠宇와 서원 및 족보의 구비·유지계승은 종법형 종족촌의 사회적 지위와 위세를 결정하는 결정적 요소이며 반격평가의 기준으로 되어 있다.

종법적인 종족결합은 명문우족名門右族의 경우에는 대개 문서화된 규약에 의하여 엄격히 행하였다.

3. 비종법형=민촌형결합

비종법형·민촌형 종족결합에 관해서는 아직 본격적으로 연구되어 있지 못하다. 다만 종법형·반촌형과 대비하여 다음과 같이 가정할 수 있겠다.

첫째로, 가족관계에는 분가관습, 가족형태에는 종법형과 큰 차이가 없을 것이다.

둘째로, 가족제도는 마찬가지로 가부장제 가족제도일 것이며 본가와 분가의 관계도 반촌과 차가 없을 것이다.

셋째로, 전통적 사회적 신분이 빈천하므로 가격家格이나 촌격村格이 거론될 여지가 없다.

넷째로, 전통적으로 조상이나 가문을 거론할 여지가 없으며, 종법적 종족결합원리가 강제되지 않고 오히려 금지된 것과 같은 상태 하에서 생활해 왔기 때문에 종족결합은 종족촌 내에 한하며 그 안에서도 종법적 계층의 형태, 예컨대 종지宗支의 구분, 종가, 종손, 문장門長[족장], 엄격한 존비관계가 결여되어 있고 종족결합을 강화시키는 종중과 같은 조직도 없으므로 그 종족적 유대가 매우 미약한 혈연집단일 것이다. 따라서 종족 간의 비교적 강한 결합성은 대체로 4촌내의 형제숙질관계에서 찾을 수 있고 그 범위 밖은 한국일반의 관습에 따른 혈연적 친근감을 가지고 있을 것이다.

다섯째로, 일반적으로 민촌은 경제적으로도 열악한 기초 위에 있으며 종족촌 내부에서는 오로지 경제적 지위나 지도능력에 의하여 계층관계가 형성될 수 있으나 반촌의 경우와 달리 가격이 형성될 수 없으므로 보다 평등한 상호관계를 유지하고 있었을 것으로 추정된다.

III 묘산과 위토

묘산墓山은 조상의 분묘가 있는 임야로서 종산宗山이라고도 하며, 대체로 묘산의 공지空地에는 그 자손을 계장繼葬하는 일이 있어 묘산의 설정자 또는 관리자가 소유자이냐 혹은 계장된 자의 자손 내지 그 종중원 전체의 공동소유이냐의 문제가 발생할 수 있다. 위토位土는 조상의 제사를 위한 비용에 충당하기 위해서 설정된 것이며 역시 종손의 소유이냐 혹은 당해 조상의 모든 자손의 공동소유이냐가 문제로 된다. 위토는 다시 제전祭田과 묘전墓田으로 구별되는데 제전은 고조 이하의 사제祠祭를 위해 설정된 토지이며, 묘전은 5대조 이상으로 친진조천親盡祧遷된 신주神主의 묘제를 위한 위토인데 제전이 묘전화되는 경우와 묘제를 위해 특히 설정된 경우가 있다.

고려말 이래의 재산상속법에 의하면 부모가 자녀에게 유산을 분배하는 경우에 각자의 균등한 상속분의 2할 가량을 따로 봉사조奉祀條로서 설정하였는데, 경국대전의 규정에 의하면 장자에게 이 봉사조를 '가급加給'하는 것으로 되어 있다. 따라서 분재자分財者인 부모 본인 또는 그 부모를 위해 설정된 위토는 일응 장자장손에 의하여 관리되고 계승되면서 제사비용에 충당되는 것이라고 볼 수 있다. 그런데 조선조 후기로 내려오면서 자녀균분상속제가 무너지는 추세와 함께 봉사조가 매우 과다하게 책정되는 경향이 있었다. 그것은 종법제도의 심화와 종자종손宗子宗孫의 지위를 강화함으로써 가부장적 가족제도의 실현을 기하려는 데 그 목적이 있었던 것이다. 따라서 재산이 많은 명문세가일수록 이러한 현상이 두드러졌다. 결국 이렇게 해서 종자종손의 정신적·경제적 지위가 강화되었으며 종자종손은 이 봉사조를 자기의 소유물로서 의식하고 타자손들도 그것을 승인하였던 것이나 그 처분에는 많은 제약이 가해졌다. 즉, 원래 봉사조로서 계승되는 위토는 다른 재산과는 달리 임의로 처분할 수 없는 것이며 만부득이하여 처분할 경우에는 다른 자손 또는 종중의 동의를 얻지 않으면 안 되는 것이 일반관습이었다. 토지의 사유제도 아래서 위토는 관습상 공동체적 제약 하에 있었다고 할 수 있다. 오늘날 전해 오는 많은 문기文記를 보면 위토는 환매특약부로 매도하거나[權賣] 다른 자손 또는 종중의 동의를 얻어서 처분하는 것이 일반관습이었으며, 매수인측에서도 매매목적물이 위토인 경우에는 환매하지 않겠다는 뜻의 공증서를 요구하였다. 말하자면 제위토는 종손의 소유이지만 종원 또는 종중의 처분동의권의 제약 하에 있는 특별재산이었다고 보는 것이 옳을 것이다. 그러나 예외로 그러한 제약을 받지 않고 임의로 처분하는 사례도 없지 않았는데 종손과 피제자被祭者의 대수가 멀지 않은 부모나 조부모의 위토인 경우이며 그것은 오로지 각 가문의 관행 여하와 종손의 지위 여하에 달려 있는 문제이었다.

제위토가 묘위토로 된 경우도 제전의 경우와 대체로 같았다. 원래 주자가례에 의하면 조천祧遷된 신주를 위한 묘전은 장방長房이 관장하는 것이므로 그것은 소유권이 종중에게로 이전하는 것으로 보는 것이 옳은데, 실제로는 종손이 종전대로 소유하는 사례가 많았다. 다만 자손들이 공동출연하여 설정된 묘전은 명백히 종중의 재산, 즉 종원宗員의 공동재산이었다.

묘산인 임야도 위토의 경우와 다를 바 없었다. 당해 가문의 관행과 종손의 실력적 지위 여하에 달려 있는 것이며 종손의 지위나 세력이 미미한 경우에는 종중의 공동재산으로 되었고 그렇지 않은 경우에는 종손, 즉 종가가 독점적으로 소유·관리하였다.

IV 가장권

　가장家長은 가족단체의 통솔자이요 지도자이며 대표자이다. 한 집에 한 사람이며, 원칙적으로 남자로서 최연장자이어야 한다. 그러므로 부부로 구성되는 집에서는 남편, 부모 자녀로 구성되는 집에서는 부, 형제 기타의 방계친족들로 구성되는 집에서는 항렬行列이 가장 높은 최연장자가 가장이다. 우리나라의 전통적 가족제도에 있어서 '가장'이라는 개념은 법률상으로나, 실제에서나 큰 의미가 없었으며 대내적으로는 오직 자녀에 대한 부권父權, 처첩에 대한 부권夫權이 있을 뿐이고, 대외적으로도 법률상 가호를 대표하는 최연장으로서의 의미밖에 부여되지 않았으며, 그 외에는 노비에 대한 상전, 머슴(雇工)에 대한 고용주를 가장이라고 일컬었다. 따라서 부父 또는 부夫로서의 자격 이외에 따로 특별히 가장으로서의 권리를 인정한다든가 취임할 직위로서의 가장제도는 없었으며, 가족이기 전에 자기 존재의 원천인 부父에게 항상 최고의 권위와 존경이 부여되었다. 결국 가장이라 함은 부父·부夫·형兄·백숙부伯叔父 등 특정적으로 지칭할 수 없는 경우에 일상적 가무家務에 있어서의 가족에 대한 지휘통솔자 내지 가족의 대외대표자를 말하는 '집안의 어른'이라는 뜻이었다. 다만 부父나 부夫가 가장과 일치할 때에는 부권父權·부권夫權을 통일적으로 표현하는 일상용어로서의 가장권을 상정할 수 있으며, '일 안하는 가장'이라는 속담에서 사용된 가장도 원칙적으로 부父 또는 부夫를 지칭하는 것이며 한정된 개념이라고 보는 것이 옳을 것이다.

　조선후기에 호적편성에 관한 어떤 수령의 지침에 의하면 "무릇 호戶에 있어서

부父가 있으면 부父가 주主이며, 부父가 늙으면 왕왕 자子를 주로 하는 일이 있는데 이는 매우 온당하지 못한 일이다. 늙어서 비록 자子에게 가무家務를 전장傳掌하였더라도 가장은 부父이다. 부인婦人이란 전제專制할 수 없는 것이므로 모母가 있더라도 자子가 주로 된다. 잘 알아서 바로잡을 것"이라고 하였는데, 이는 호구단자의 호수인戶首人을 적는 요령을 밝힌 것임과 동시에 가호의 위계체통질서를 바로잡기 위한 것이다.

전통적 가족제도에서의 가장권의 이념형은 세 가지로 요약될 수 있다. 첫째로는 가족에 대해서 절대적 지배권을 가지고 있다. 남자인 부父·부夫는 하늘에, 여자인 모母·처妻는 땅에 비유되고 여자에게는 삼종지도三從之道와 정절이 강제되는 반면 남자는 일부다처·중혼·축첩은 물론 심하게는 매처賣妻·질처質妻·대처貸妻의 특권도 누렸다. 이혼도 가부장적 가족제도의 유지를 위하여 처만이 일방적으로 축출되는 칠거七去가 법률상 보장되었다. 또한 가족 내에서의 위계체통 조직을 확립하기 위하여 존비·장유의 질서를 강조하여 자녀는 부모에게 아우는 형에게 공순복종하는 효제孝悌가 강조되었다. 중요한 부동산의 처분권도 가장권의 제약을 받으며 혼인을 비롯한 친족적 신분행위는 가장의 명령에 의해서 결정되며 이혼도 당사자의 원願·불원不願간에 부모의 의사에 따라야 한다. 부모에게 잘못이 있어 이를 간諫할 경우 부모가 노해서 매질하여 피가 흐르더라도 원망하지 말고 일층 공경하고 효도를 다하는 절대복종이 강요된다. 둘째로 가장은 조상대대로 상속되어 온 재산과 자기가 취득한 재산에 대해서 독점배타적 사용·수익·처분권을 가진다. 또한 상속법상의 자녀균분원칙도 수정할 재량권이 없으며 처나 자녀의 소유물을 임의로 처분할 수 없다고 하더라도 사용·수익·관리권을 가지고 있어서 가장권 존립의 경제적 기반을 굳힐 수 있었다. 셋째로는 가장은 가계계승자로서 가문의 영속성을 실현할 권리와 책임이 있다. 가부장제 가족은 조상숭배를 성립시킬 중요한 사회적 기반이며 조상숭배=제사의 계속=가의 계속은 가족생활의 원리이며 이에는 적장자손 상속주의가 관철되고 아들이 없는 경우에는 동종의 소목昭穆에 합당한 자를 입양함으로써 가계의 영속성을 도모해야 하였다.

가족생활의 법

I 친족의 범위와 상복제도

1. 친족의 칭호

원래 친족은 법률로 창설되는 것이 아니라, 혼인이나 혈연에 의해서 자연히 이루어져 사회적으로 존재하는 것이다. 그러나 법률상 친족은 일정한 범위에 한정되므로, 사회적인 친족과 법률상의 친족이 반드시 같지는 않다. 중국에서는 친족을 친속親屬이라고 하였는데, 그것은 같은 남계 혈족인 종속宗屬과 달리 혈연주의에 따르므로, 남계·여계를 가리지 않는 쌍계주의雙系主義의 관계이며, 자기의 혈족과 준혈족 및 처와 처의 혈족을 포함시키고 있다. 이것을 분류하면 성 또는 혈통을 그 표준으로 해서 본족·본종과 같은 내친內親, 혹은 부족父族 또는 부당父黨과 모족母族 또는 모당母黨과 같은 외친外親으로 나눈다. 또 혼인에 의해서 생기는 신분을 표준으로 해서 혼족婚族과 인족姻族, 혹은 부족夫族과 처족妻族 또는 처당妻黨으로 구분하며, 상복喪服을 입느냐의 여부에 따라 유복친有服親과 무복친無服親으로 나눈다. 또한 친소에 따라 지친至親 또는 근친近親과 원친遠親, 혹은 정친正親과 여친餘親으로 구별하였다. 우리나라에서도 중국의 친족제도가 들어온 후부터 대체로 이와 같이 구별하였으나, 고려시대 이전에는 어떠하였는지 알 수가 없다.

이렇듯 가까운 근친과 씨족을 양극으로 하여 양계주의적兩系主義的으로 극히 좁은 범위를 친족으로 여겼을 것으로 생각된다. 이러한 범위내의 관계를 오늘날에도 친척親戚이라고 부르는데, 동성同姓이면 내척內戚, 성이 다르면 외척外戚이라 하고, 혹은 동성을 족族, 이성을 척戚이라 하였다. 그리고 혈족 이외의 친족을 인척姻戚이라고 하는데, 고유한 우리말의 친족호칭은 부모·자녀·부부·형제 자매·조손·숙질까지이고, 나머지는 촌으로 표시하였다.

2. 촌수

우리나라가 수천년 동안 중국문화의 영향을 받아 여러 가지 제도를 본받아 왔으나 그런대로 우리의 토착적이고 고유한 제도를 간직해 오고 있는데, 그중에서도 하나도 변함없이 꾸준히 우리의 것 그대로 이어내려온 것 중의 하나가 친족 간의 친등親等의 원근을 측정하여 표시하는 촌수寸數제도이다. 중국에서는 부계냐 모계냐, 남자냐 여자냐, 존속이냐 비속이냐, 직계친直系親이냐 방계친傍系親이냐에 따라 등급을 정하는데 친족의 상복喪服을 정한 오복제도五服制度가 대표적이다. 부계父系 직계존속친에는 부, 모, 조부모, 증조부모, 고조부모의 순서로 직계비속친에서는 자와 적출손嫡出孫, 중손衆孫, 증손曾孫의 순서로 차별을 두고, 방계친은 자기와 동렬상의 친족은 형제, 종형제, 재종형제, 삼종형제의 순서로, 그리고 세대가 다른 방계친은 세대수의 원근이나 자연적 혈연의 원근에 불구하고 공동조상에 이르기까지의 세대수가 긴 쪽에 따라 분류되어 있다. 그러므로 우리의 촌수라도 원근의 차가 있다. 그래서 중국의 제도를 등친제等親制라고 한다.

우리의 촌수제는 부모, 조부모, 자손 등 직계친은 한 세대마다 1촌으로 계산하므로 부·자는 1촌, 조부모·자손은 2촌, 증조부모·증손은 3촌과 같이 계산하고 방계친의 경우에는 자기와 상대방의 최근 공동조상에 이르는 각 세대수를 합하여 촌수로 한다. 형제간의 공동조상은 부모이고 각자 부모에 이르는 촌수가 1촌이므로 1+1=2촌이 되고, 백숙부와의 공동조상은 조부이므로 2+1=3촌이 되며, 종형제간은 2+2=4촌이 되는 식이다. 그리하여 방계친 간의 촌수는 형제항렬은 2 4 6 8 10……,

숙질항렬은 3 5 7 9 11……, 조손항렬은 4 6 8 10……과 같이 되어 숙질항렬만이 홀수이고 나머지는 모두 짝수이며 예외가 없다. 따라서 나와 상대방이 20대조에서 갈린 경우에는 서로 40촌의 형제항렬이 되는 셈이다.

이와 같은 친등제를 창안한 민족은 서양에서는 로마사람이고 동양에서는 한국사람뿐이다. 그런데 우리의 촌수제가 언제부터 시작되었는지 확실히 알 수 없으며 기록상으로는 12세기의 고려시대까지밖에 소급할 수 없고, 왜 '촌'이라고 하였는지에 관해서도 확실한 것을 알 수 없다. 다만 '촌'은 척도법의 한자이며 우리말로는 '마디'이므로, 예컨대 대의 마디를 의미한 것이 친등을 표시하는 데에 전용되었을 것이라고 이해되고 있는 정도이다.

그런데 직계친간과 형제간에는 굳이 따지면 촌수가 있긴 하지만 사용되지 않으며, 백숙부로부터 사종숙四從叔(11촌), 사종손四從孫(10촌)경까지는 촌수가 그대로 친족호칭으로 사용되고 있다. 즉 숙부를 3촌, 당숙·당질을 5촌, 백숙부의 자를 4촌, 당숙의 자를 6촌 등과 같이 호칭하고 있다. 조선시대까지는 법령이나 문서에는 중국식 칭호를 별로 사용하지 않고 숙을 동성삼촌숙, 당숙을 동성오촌숙, 종형제를 동성사촌형제, 질을 동성삼촌질과 같이 하고 외가의 경우는 이성삼촌숙, 이성사촌형제와 같이 표시하고, 또 종조從祖는 동성사촌대부同姓四寸大父, 재종조再從祖는 동성육촌대부同姓六寸大父라고 하였다. 그러나 당내堂內(8촌) 내지 사종숙질四從叔姪(11촌), 사종형제四從兄弟(10촌), 사종조四從祖(10촌)가 넘으면 촌수로 칭하지 않고 족숙질族叔姪, 족조손族祖孫, 족형제族兄弟라고 하였다.

한편 이러한 촌수제도가 있었으나 여말선초로 거슬러 올라가면 촌수를 칭하는 것도 넓어야 5촌 정도이고, 따라서 우리네의 근친의식은 그 정도에 그쳤다는 것을 뜻한다. 또한 고유한 친족명칭도 매우 좁은 범위에만 한정될 뿐 아니라 부계와 모계의 구별도 없었다. 예컨대 조선 태조 4년(1395)에 중국의 형법전인 대명률을 이두로 직해한 이른바 대명률직해大明律直解가 있는데 그것은 어려운 중국법전을 이두로 토를 달고 우리의 고유어로 번역한 것인데, 여기에 나타난 친족호칭을 보면 위의 사정을 짐작할 수 있다. 질[조캐]은 삼촌소위자三寸少爲子, 숙[아저씨]은 삼촌소위부三寸少爲父, 외숙은 이성삼촌소위부異姓三寸少爲父, 고모는 동성삼촌소위모同姓三寸少爲母, 이모는 이성삼촌소위모異姓三寸少爲母, 종조부는 동성사촌대부同姓四寸大父, 종대고모從大姑母는 동성사촌대모同姓四寸大母라고 직해하였는데, 숙은 친숙이건 외숙이건 소위부少爲父(이두이며 아찬 아비), 질은 소위자少爲子(아찬 아들), 고모나 이모는 모두 소위모少爲母(아찬 어미)에 동성 여부와 촌수만을 붙인 것이다. 종조부는 사촌할아버지이고 종대고모는 사촌할머니이다. 따라서 친족호칭은 아버지, 어머니, 할아버지, 할머니를 기준으로 해서 부모계를 망라하고 방계친은 촌수만을 붙였음을 알 수 있다. 물론 백숙부는 아자비, 백숙모는 아자미라고 하였는데 병용하였는지는 알 수 없다. 결국 촌수 아닌 고유의 친족호칭은 3촌까지에 국한되었다고 할 수 있다.

촌수와 관련해서 친분은 조금만 멀어도 크게 다르다는 뜻에서 '한 치 걸러 두 치', '한 다리가 천리'라 하고 아무런 관계 없는 남을 '사돈의 팔촌'이라 하는 속담도 전해 온다. 가장 가까운 것은 부부인데, 우리 촌수제는 부부는 무촌=0촌으로서 한 몸임을 뜻해 주고 있다.

3. 상복제도

중국의 상복제도喪服制度는 어떤 사람이 사망하였을 때, 복을 입는 범위를 정한 것이다. 이것은 가부장권의 근간을 이루는 남계男系혈족을 중심으로 하여 여계女系를 포함하며, 양계주의적으로 세친世親·친소親疏·존비·남녀의 관계에 의하여 복상의 경중을 정한다. 그런데 모족과 처족은 그 범위가 매우 제한되어 있다. 상복제도는 5등으로 분류된 것인데, 첫째는 참최斬衰로서 3년 동안을 복상하며 가장 무거운 복이다. 둘째는 자최齊衰로서 복상기간은 3년·장기杖朞·부장기不杖朞·5개월·3개월의 5등급으로 세분된다. 셋째로는 대공大功으로서 복상기간은 9개월이다. 넷째는 소공小功으로서 복상기간은 5개월이며, 끝으로 시마緦麻로서 복상기간은 3개월이다.

이렇듯 일정한 친족을 오복의 범위 안에서 차례로 배열한 것이다. 상복제는 신라의 지증왕 5년(504) 4월에 시행하였다고 하나, 그 내용은 알 수 없다. 또 고려 성종 4년(985)에는 당나라의 상복제를 모방하여 시행하였으며, 조선시대에서는 경국대전에 규정하고 있는데, 그 내용은 중국의 그것과 반드시 같지는 않았다. 고려 초의 상복제는 부계혈족 7촌, 모계혈족 5촌, 처족은 처부모이며, 공양왕 3년(1391)부터는 대명률의 오복제를 따랐는데, 대명률에서는 부계혈족 8촌, 모계혈족 4촌이었다. 경국대전은 대체로 대명률과 같은데, 대명률에 없는 외숙모·외손부·생질부·외종자매·이종자매·내종자매를 시마친으로 하였다.

원래 상복을 무겁게 하느냐 가볍게 하느냐 하는 것은 어디까지나 친소관계와 서로의 정의情誼에 따라서 정하는 것이다. 그런데 고려시대와 조선 초의 경국대전이 제정되기 전까지는 혼인풍속이 처가살이이기 때문에 처가와 외가근친에 대한 복이 무거웠고, 중국보다도 그 범위를 넓게 하여 우리나라의 특수성을 되도록이면 반영하였다. 그것이 경국대전에 이르러 주자가례朱子家禮와 같게 하고, 다만 주자가례에 없는 외숙모복을 시마복으로 하였을 뿐이었다. 이와 같은 상복제는 조선시대 초기까지에도 엄격히 지켜지지 않았으며, 3년상을 행하는 자는 만에 하나나 있을까 하는 정도였다.

16세기 중엽에 이준경李浚慶이 그의 형인 윤경潤慶을 위해 복을 입은 후부터 차차 양반계급에 조부모·형제·백숙부모를 위하여 복을 입는 사람이 생기게 되었다. 그 당시만 해도 부모상만 지키고, 그 이외의 경우에는 장사葬事 이튿날부터 복을 벗고 음악을 들으며 연음宴飮을 하여도 이를 이상하게 생각하지 않았으며, 대체로 17세기부터 유현儒賢들이 상례를 강조하면서부터 행해지게 되었다.

원래 이 상복제도는 오로지 상복을 입는 것을 목적으로 한 것인데, 그것은 일정한 근친에 국한된 것이므로, 자연히 일반적인 친족의 범위로 보게 된 것이다. 그리하여 형법대전에서는 이 유복친의 범위를 그대로 친족의 범위로 책정하고 62조에 규정하였는데, 친족의 범위로서 규정된 것은 이것이 처음이다. 형법대전에서는 친족의 범위에 종래의 유복친 외에 무복친으로서 본종, 즉 부계혈족 10촌까지와 모계혈족으로 외증조부모·외재종형제자매·종이모의 자·이종질·내종질·외증손을 포함시켜 5촌까지로 하고, 처족인척은 처조부모·처외조부모·처백숙부모·처고모·처남·처남의 처·처조카·처자매 등의 3촌까지 포함시키고, 또 고모부와 자매부를 포함시켰다.

1) 경국대전經國大典 예전禮典 오복조五服條

期年, 給假三十日, 大功九月, 二十日, 小功五月, 十五日, 緦麻三月, 七日〈起復員人出依牒後謝恩·赴京, 竝用吉服, 一應朝會勿參, 唯行出官參謁, 用玉色服, 在家衰服, 三年內勿與宴樂娶妻·妾〉

【本宗】〈王世子於期以下親無服 ○王世子嬪爲其父母服十三月而除, 當喪朝謁兩殿則權着玉色服 ○爲人後者, 爲所後父母及內·外親並如親子, 其報服亦同, 爲所生父母服期, 解官, 心喪三年, 爲本宗諸親並降一等, 其報服亦同 ○爲出嫁女降本服一等, 姑·姊·妹·女·孫女·嫁反者, 同未嫁〉 父, 斬衰三年〈軍士及庶人, 服百日, 母同, 軍士, 願行三年者, 聽〉 母, 齊衰三年〈父在則十一月而練, 十三月而祥, 十五月而禫, 解官心喪三年〉 祖父母, 齊衰不杖期〈繼祖母同, 父卒則嫡孫服斬衰三年, 祖在, 爲祖母止服杖期〉 曾祖父母, 齊衰五月 〈繼曾祖母同, 父卒則嫡孫, 服斬衰三年〉 高祖父母, 齊衰三月〈繼高祖母同, 父卒則嫡孫, 服斬衰三年〉 子, 期年〈女同, 孫女·曾孫女·玄孫女倣此〉 長子妻, 期年, 衆子妻, 大功, 嫡孫, 期年, 嫡孫妻, 小功, 衆孫, 大功, 衆孫妻, 緦麻, 曾孫, 緦麻, 玄孫, 緦麻, 兄弟, 期年, 姊妹, 期年, 兄弟妻, 小功, 伯·叔父母〈三寸叔及妻〉 期年, 姑〈父之姊妹〉 期年, 姪及姪女, 期年, 姪妻, 大功, 堂兄弟〈四寸兄弟〉 大功, 堂姊妹〈四寸姊妹〉 大功, 堂兄弟妻, 緦麻, 伯·叔祖父母

〈四寸大父及妻〉小功, 從祖祖姑〈四寸大母〉小功, 姪孫〈四寸孫〉小功, 姪孫女〈四寸孫女〉小功, 姪孫妻, 緦麻, 堂伯‧叔父母〈五寸叔及妻〉小功, 堂姑〈五寸叔母〉小功, 族曾祖父母〈五寸大父及妻〉緦麻, 族曾祖姑〈五寸大母〉緦麻, 堂姪〈五寸姪〉小功, 堂姪女〈五寸姪女〉小功, 堂姪妻, 緦麻, 曾姪孫〈五寸孫〉緦麻, 曾姪孫女〈五寸孫女〉緦麻, 再從兄弟〈六寸兄弟〉小功, 再從姉妹〈六寸姉妹〉小功, 族伯‧叔祖父母〈六寸大父及妻〉緦麻, 族祖姑〈六寸大母〉緦麻, 族伯‧叔父母〈七寸叔及妻〉緦麻, 族姑〈七寸叔母〉緦麻, 再從姪〈七寸姪〉緦麻, 再從姪女〈七寸姪女〉緦麻, 堂姪孫〈六寸孫〉緦麻, 堂姪孫女〈六寸孫女〉緦麻, 族兄弟〈八寸兄弟〉緦麻, 族姉妹〈八寸姉妹〉緦麻, 同居繼父無子, 而己無伯‧叔兄‧弟則期年, 有子孫而己有伯‧叔‧兄‧弟則齊衰三月, 今不同居繼父, 齊衰三月, 嫡母, 齊衰三年, 繼母, 齊衰三年〈父死, 嫁而己從者, 齊衰杖期, 繼母報服, 不杖期〉養父〈三歲前, 收而養育者〉齊衰三年〈己之父母在則降服期, 解官, 心喪三年, 若父歿長子則期而除, 養母同, 士大夫若於賤人緦麻〉養母, 齊衰三年, 慈母〈庶子所生之母死, 父命別妾撫育者〉齊衰三年, 嫁母〈親母, 父死再嫁他人者〉齊衰杖期〈心喪三年〉出母〈親母, 被父出者〉齊衰杖期〈心喪三年〉庶母〈父有子妾〉齊衰杖期, 乳母, 緦麻

【外親】外祖父母, 小功〈加給假十五日〉同母異父兄弟, 小功, 同母異父姉妹妹, 小功, 內舅, 小功〈妻緦麻〉從母〈母之姉妹〉小功, 甥姪及甥姪女, 小功, 甥姪妻, 緦麻, 內‧外兄弟〈舅之子姑之子〉緦麻, 內‧外姉妹, 緦麻

【妻親】妻, 期年, 妻父‧母, 緦麻〈加給假二十三日〉女壻, 緦麻, 外孫及女, 緦麻, 外孫妻, 緦麻

【夫族】〈爲出嫁女降服, 同本宗〉夫, 斬衰三年, 舅, 斬衰三年, 姑, 齊衰三年, 祖父母, 大功, 曾祖父母, 緦麻, 高祖父母, 緦麻, 子, 期年, 長子妻, 期年, 衆子妻, 大功, 嫡孫, 大功, 嫡孫妻, 緦麻, 衆孫, 大功, 衆孫妻, 緦麻, 曾孫, 緦麻, 玄孫, 緦麻, 兄弟, 小功, 姉妹, 小功, 兄弟妻, 小功, 伯‧叔父母〈三寸叔及妻〉大功, 舅之姉妹, 小功, 姪及姪女, 期年, 姪妻, 大功, 堂兄弟〈四寸兄弟〉緦麻, 堂姉妹〈四寸姉妹〉

緦麻, 堂兄弟妻, 緦麻, 伯・叔祖父母〈四寸大父及妻〉 緦麻, 從祖祖姑〈四寸大母〉
緦麻, 姪孫〈四寸孫〉 小功, 姪孫女〈四寸孫女〉 小功, 姪孫妻, 緦麻, 堂伯・叔父母
〈五寸叔及妻〉 緦麻, 堂姑〈五寸叔母〉 緦麻, 堂姪〈五寸姪〉 小功, 堂姪女〈五寸姪
女〉 小功, 堂姪妻, 緦麻, 曾姪孫〈五寸孫〉 緦麻, 曾姪孫女〈五寸孫女〉 緦麻, 再從
姪〈七寸姪〉 緦麻, 再從姪女〈七寸姪女〉 緦麻, 堂姪孫〈六寸孫〉 緦麻, 堂姪孫女
〈六寸孫女〉 緦麻

【妾爲家長】夫, 斬衰三年, 父, 期年, 母, 期年, 女君, 期年, 子, 期年〈所生子同〉

【三殤】〈自十六歲至十九歲爲長殤, 十二歲至十五歲爲中殤, 八歲至十一歲爲下
殤, 皆同姓 ○男子已娶及受職, 女子嫁者, 並從本服〉 子長殤大功, 中殤小功, 下殤
緦麻, 嫡孫長殤大功, 中殤小功, 下殤緦麻, 衆孫長殤小功, 中殤緦麻, 曾孫長殤緦麻,
中殤同, 玄孫長殤緦麻, 中殤同, 兄弟長殤大功, 中殤小功, 下殤緦麻, 姉妹長殤大
功, 中殤小功, 下殤緦麻, 伯・叔父〈三寸叔〉長殤大功, 中殤小功, 下殤緦麻, 姑〈父
之姉妹〉 長殤大功, 中殤小功, 下殤緦麻, 姪及甥女長殤大功, 中殤小功, 下殤緦麻
出嫁姑服則三殤並緦麻 堂兄弟〈四寸兄弟〉 長殤緦麻, 堂姉妹〈四寸姉妹〉 長殤緦
麻, 堂伯・叔父〈五寸叔〉 長殤緦麻, 堂姑〈五寸叔母〉 長殤緦麻

【出嫁女爲本宗】父母, 期年, 祖父母, 期年, 曾祖父母, 齊衰五月, 高祖父母, 齊衰
三月, 兄弟, 大功〈若夫亡無子則不杖期〉姉妹, 大功〈若夫亡無子則不杖期〉伯・叔
父母〈三寸叔及妻〉 大功, 姑〈父之姉妹〉 大功, 姪及姪女, 大功〈若夫亡無子則爲姪
不杖期〉堂兄弟〈四寸兄弟〉小功, 堂姉妹〈四寸姉妹〉小功〈出嫁則緦麻〉伯・叔祖
父〈四寸大父〉 緦麻, 從祖祖姑〈四寸大母〉 緦麻〈出嫁則無服〉堂伯・叔父〈五寸叔〉
緦麻, 堂姑〈五寸叔母〉 緦麻〈出嫁則無服〉堂姪〈五寸姪〉 緦麻, 堂姪女〈五寸姪女〉
緦麻

2) 형법대전刑法大全의 친족親族

第六十二條 親屬이라 稱흠은 本宗과 異姓의 有服과 祖免親을 謂흠이니 左開와 如흠이라.

一. 斬衰齊衰니 斬衰三年에 父와 長子와 妻妾이 夫에게와 夫의 父와 齊衰三年에 母와 嫡母와 繼母와 收養父母와 慈母와 妻妾이 夫의 母와 齊衰杖期에 嫁母와 出母와 妻와 齊衰不杖期에 祖父母와 齊衰五月에 曾祖父母와 齊衰三月에 高祖父母를 謂흠이오 嫡孫이 祖父母의 承重된 時는 子의 例와 同흠이라.

二. 朞親이니 衆子와 女와 長子妻와 長孫과 長曾孫과 長玄孫과 兄弟와 姉妹와 伯叔父母와 姑와 姪과 姪女와 夫의 姪과 妾이 夫의 妻와 子와 己子를 謂흠이라.

三. 大功親이니 夫의 祖父母와 伯叔父母와 夫의 姪婦와 衆子妻와 衆孫과 姪婦와 從兄弟와 從姉妹를 謂흠이라.

四. 小功親이니 長孫妻와 長曾孫妻와 長玄孫妻와 兄弟妻와 從祖父母와 大姑와 從孫從孫女와 從伯叔父母와 從姑와 從姪從姪女와 再從兄弟와 再從姉妹와 外祖父母와 外叔과 姨母와 甥姪甥姪女와 同母異父兄弟姉妹와 夫의 姑와 夫의 兄弟 및 兄弟妻와 夫의 姉妹와 夫의 從姪 및 從姪女와 夫의 從孫從孫女와 夫의 長孫妻와 長曾孫妻와 長玄孫妻를 謂흠이라.

五. 緦麻親이니 衆孫妻와 衆曾孫과 衆玄孫과 從兄弟妻와 從孫妻와 從曾祖父母와 曾大姑와 從姪妻와 從曾孫과 從曾孫女와 再從祖父母와 再從大姑와 再從叔父母와 再從姑와 再從姪과 再從姪女와 再從孫과 再從孫女와 三從兄弟姉妹와 外叔母와 甥姪妻와 內外從兄弟姉妹와 妻父母와 女壻와 外孫과 外孫女와 外孫妻와 姨從兄弟姉妹와 庶母와 乳母와 夫의 高曾祖父母와 夫의 從祖父母와 夫의 大姑와 夫의 從伯叔父母와 夫의 從姑와 夫의 從兄弟從兄弟妻와 夫의 從姪婦와 夫의 再從姪再從姪女와 夫의 再從孫과 夫의 從孫婦와 夫의 衆孫婦와 夫의 再從孫女와 夫의 衆玄孫을 謂흠

이라.

六. 無服親이니 本宗同五世服袒免親과 異姓의 外曾祖父母와 外從兄弟姉妹와 從姨
母의 子와 外從姪과 姨從姪과 內從姪과 妻祖父母와 妻外祖父母와 妻伯叔父母와 妻
姑와 妻兄弟와 妻兄弟의 妻와 妻姪과 妻姉妹와 外曾孫과 姑婦와 姉妹夫를 謂홈이라.

七. 同居繼父가 子孫이 無ᄒ고 己의 大功親이 無흔 境遇에ᄂᆞᆫ 朞年이며 子孫이나
大功親이 兩有흔 境遇에ᄂᆞᆫ 齊衰三月홈이라.

八. 今不同居繼父ᄂᆞᆫ 齊衰三月홈이라.

4. 친족의 범위

유복친이란 것은 일반적으로 포괄적인 친족의 범위로서의 기준은 되었으나, 실
제로 구체적인 경우에 친족의 범위는 반드시 유복친의 범위와 같지는 않고 훨씬 좁
았다.

첫째, 소송의 장에서 설명한 바와 같이 상피相避제도에서 서로 상피해야 할 친족
의 범위는 고려시대에 본종 4촌·외족 4촌·처족 3촌까지이고, 조선시대에는 외족
에 동모이부형제자매同母異父兄弟姉妹·이모·생질·질녀·질부를 포함시켰고 처족
에는 처조부·처숙모·4촌처남을 포함시켜 4촌까지 확대하였으니, 거의 일률적으
로 4촌으로 되었다.

둘째로, 관리등용에 있어서 정실을 방지하기 위하여 고관의 집에 출입하는 것을
금지하는 분경금령奔競禁令이 있었는데, 근친에 한해서 출입을 허용하였으며 그 근
친을 동성 8촌·모족·처족 6촌으로 하였다.

셋째로, 재산상속인의 범위는 무한히 확대한 것이 아니라 4촌까지로, 4촌 이내의
근친이 없으면 그 재산은 국가에 귀속하도록 하였다. 여기에는 외손자녀도 포함되
었다. 우리 속담에 "사촌이 논을 사면 배가 아프다."는 말이 있는데, 재산상속인의

범위가 4촌인 점과 관련시켜서 생각할 때에 4촌 형제자매는 근친의 최후순위이며 동기同氣인 형제자매나 유부유자猶父猶子인 숙질간과는 조금 달리 의식하였던 것이다.

넷째로, 소송에서는 원고와 피고가 서로 승소하기 위해 모든 수단을 동원하는데, 인신공격도 서슴지 않았다. 그런데 근친 간에 소송을 제기하여 서로 다투는 것은 바람직하지 못한 것으로 여겼는데, 이유 없이 소송을 제기하거나 변론할 때에 장유유서長幼有序의 풍교風敎를 문란하게 하면 먼저 그 죄를 다스린 후에야 본안소송을 심리하였으며, 그 근친을 4촌 이내로 하였다.

다섯째, 본인이 직접 송정訟廷에 나아갈 수 없거나, 당사자의 한쪽이 부녀자인 경우에는 대리인으로 하여금 대리로 소송할 수 있었는데, 대리인이 될 수 있는 사람은 자子·서壻·제弟·질姪 그리고 노비이었다.

이상의 사실로 미루어 보면, 유복친의 범위 외에 개별적·구체적인 경우에 특정한 이해관계가 개재하는 경우의 근친은 혈족이나 인척을 불문하고 대체로 4촌까지로 보았음을 알 수가 있다. 그런데 일반적인 친족의 범위는 일제시대에 유복친을 친족으로 보고 오늘날 민법에서도 대체로 유복친과 같이 하고 있다(1990년 개정 전 민법 제777조). 다만, 형법상 형의 가중경감에 관해서는 대명률을 의용하였는데, 그것은 유복친의 범위이었다.

II 혼인

1. 혼인의 형태

부여夫餘에서는 형이 죽으면 아우가 형수를 처로 맞이하는 혼인婚姻 풍속이 있었는데, 이것은 흉노Hun족의 풍속과 비슷한 것이었다. 부여는 부계사회이며, 가계계승을 중요시하였기 때문에, 앞으로 가장이 될 예정이었던 형의 처를 가장이 될 아우가 맞이하는 것이었다. 부여족이 부인이 질투나 간음을 한 경우에 모두 죽였다는 것을 미루어 보면, 일단 처로 정해진 자는 영구적으로 남편의 집에 예속되었던 것을 알 수 있다. 따라서 남편이 사망하더라도 개가할 수 없었던 것이 아닌가 여겨진다. 동옥저족東沃沮族은 여자가 10세가 되면 혼인할 것을 약정하고 사위집에서 미리 맞이하여 오래 기른 후에 결혼하게 하였다. 그런데 성인이 된 뒤에 여자는 일단 자기 집으로 돌아오며, 여자 집에서는 남자 집에 대하여 금전을 청구하여 금전을 받으면 다시 여자를 남자 집으로 돌려보내는 혼인 풍속이 있었다. 이것은 후세에도 있었던 예부預婦[민며느리] 혼속과 같은 것인데, 이것이 매매혼인인지 아닌지 단정할 수는 없으나 여자의 부족에서 나온 것이 아닌가도 여겨진다.

읍루족挹婁族은 남자가 결혼하고자 할 때에는 먼저 원하는 여자의 머리에 우모羽毛를 꽂아준다. 그러면 여자가 그것을 받아들여 가지고 가면 후에 아내로 맞이하게 되는 혼속이 있었다. 발해족은 양가에서 서로 혼인하기로 약정하면 남자가 여자를 훔쳐온 뒤에 여자 집에 우마를 보내는 거란契丹족의 혼속과 거의 같았다고 한다.

이상과 같은 혼인 풍속은 각기 부족에 따라 특유한 것이 있었는데, 공통점은 남녀가 자유롭게 교제하며 혼인을 정하지만 혼인하기로 결정되면 일정한 요식행위, 즉 의식을 밟았다는 사실이다. 여자를 미리 데려다 기르고 금전을 주고받는 것, 여자의 머리에다 새털을 꽂아주는 것, 여자를 훔쳐오는 것 등은 각기 그 부족에서 전부터 내려오는 고래의 유속遺俗이라고 볼 수 있다. 그리고 그러한 의식儀式은 매매나 약탈이라는 것에 대한 뚜렷한 의식 없이 행해졌던 것으로 보는 것이 옳으며, 그러한 사실을 두고 매매혼이다 또는 약탈혼이다 하고 성급하게 단정할 것은 못 된다고 하겠다.

후세에까지 뿌리깊게 그리고 광범위하게 전해져 내려오는 혼속으로는 고구려의 솔서혼속率壻婚俗을 들 수 있다. 즉 혼인하기로 약정이 되면, 여자 집에서는 몸채 뒤에 작은 집을 지었다. 이것을 서옥壻屋이라 하는데, 사위는 날이 어두워지면 여자 집 문밖에 와서 자기 이름을 대며 무릎을 꿇고 엎드려, 여자와 함께 자게 해줄 것을 재삼 간청한다. 그러면 여자의 아버지가 이를 들어주어 서옥에서 자게 하는데, 방 안에는 돈과 패물이 있으며 자식을 낳아 장성하면 비로소 처를 데리고 본집으로 돌아간다는 것이다. 이와 같이 혼인식과 혼인 생활을 오랜 기간 동안 여자 집에서 하는 풍속은 16, 17세기경까지 보편적인 습속으로서 행해졌으며, 오늘날까지도 그 유풍이 남아 있다. 이에 관하여서는 따로 자세히 설명하기로 한다.

이상과 같은 여러 가지 혼인 풍속은, 솔서혼속을 제외하고는 후세로 내려오면서 일부 지방이나 계층에서 부분적으로 행해졌을 뿐이다.

2. 솔서率壻혼속의 변천과정

우리나라의 가족제도를 특징짓는 가장 중대한 요소는 솔서혼속과 유산의 자녀균분 상속제도였다.

처가에서 혼례식을 거행하고 그대로 처가에 눌러 살면서 자녀를 낳고, 자녀가 성장하면 본가로 돌아오는 이런 혼인 풍속을, 조선시대에는 남귀여가男歸女家 또는 서류귀가壻留歸家라고 표현하였다. 그런데 유교를 국시로 하는 조선시대에서는 친영親迎에 반한다는 이유로 건국 초기부터 이의 개혁을 주장하였다. 즉 의관문물衣冠文物이 모두 중국의 제도를 따르고 있는데, 오직 혼례만이 구습舊習대로이므로 중국인에게 웃음거리가 된다는 것이었다. 그러나 친영을 하기 어려운 이유로서는 나이 어린 처녀를 사위집으로 보내게 되기 때문이라고 하고, 혹은 그 풍속이 오래 된 때문이라는 등, 거의가 반대하였다. 세종 초에도 개혁론이 대두되었는데, 세종은 오랜 역사를 가진 습속은 쉽게 개혁할 수 없으므로 우선 왕실에서 솔선수범하기로 하였다. 그러나 왕족에서도 두 번 친영하였을 뿐이고, 잘 지켜지지 않았다. 개혁론은 한때 잠잠하였으나 중종 때에 이르러 본격적으로 거론되기 시작하였다. 개혁론자들은 이 혼속은 오랑캐의 풍속이니 친영을 입법으로 강행하자고 주장하였다. 가장 핵심을 찌른 개혁론으로는 다음과 같은 것이 있다.

남편이 아내에게 기대어 사는 것은 마치 부자집에 고용되어 입에 풀칠하는 것과 같다. 여자는 시집갈 때에, 부모가 "너의 시집에 가서 시부모와 남편을 잘 섬기라."고 이르는데, 이러한 혼인 풍속에서는 아무 소용이 없는 말이다. 며느리는 시부모를 섬길 줄 모르게 되며 업신여기는 마음이 생기고 남편은 아내와 집을 다스릴 수 없으므로 부부의 도가 어그러진다. 따라서 존비의 질서가 서지 않아 음양의 이치가 어긋나며, 하늘과 땅이 뒤집히는 일이다.
陽이 陰을 따라 남자가 여자 집에 가서 자손을 낳아 외가에서 장성하니 본가의 중함을 모르게 된다.

이 당시의 혼인 생활은 사위가 처가를 자기 집으로 알고 처부모를 아버지·어머니라고 부르면서 항상 부모로서 섬기어 친부모처럼 생각하였고, 처부모도 사위를 친자식과 다름없이 생각하여 이것을 강상綱常이라고 보았다.

자녀들도 외가에서 낳아 성장하여 교육을 받으며 어려서부터 성장할 때까지 이성異姓형제자매가 한 집에서 생활하고, 친족호칭도 본종의 경우와 다르지 않고 은의恩義와 정의情誼가 본종과 다름이 없었다. 딸은 친정살이를 하며 자식을 낳은 뒤에 시부모에게로 가니, 손자녀들도 자란 뒤에 비로소 친조부모와 대면하게 된다. 처가살이를 하면서 처가의 경제적 원조를 비롯한 여러 가지 혜택을 받게 되면, 여비女卑의 의식이 철저할 수 없으며 부권夫權도 강력해지지 못하는 것은 고금을 막론하고 수긍이 갈 수 있는 일이다. 따라서 음양과 천지가 뒤집힌다고 규탄한 것은 가부장적 가족제도의 이상에서 보아 너무도 당연한 주장인 것이다.

그러나 개혁반대론도 그에 못지않게 강력하였다. 논거는 다음과 같다.

> 백 리가 떨어지면 바람이 다르고, 천 리가 떨어지면 풍속이 같지 않다. 선왕들은, 제례制禮가 인정에 합치되고 토속土俗에 적합하게 된 후에라야 행하였다. 아마 친영을 행해서는 안 될 것이다.
>
> 우리나라는 중국에서 멀리 떨어져 있어 토지가 다르며 풍기風氣가 같지 않으므로, 삼강오륜은 중국과 다름이 없더라도 그간의 제도문물은 중국과 다르지 않을 수 없다. 그러므로 사족士族의 제도는 중국에는 없지만 우리나라에는 있으며, 노비의 법도 중국에는 없지만 우리나라에는 있다. 그렇다면 사족의 제도도 폐지해야 되고, 노비의 법도 없어야 하는가? 아내가 남편 집으로 시집가는 것이 순례順禮인데, 우리나라는 남편이 아내의 집으로 간다. 부모의 묘를 지키며 여묘廬墓하는 것은 중국의 고례古禮에는 없는 것인데, 우리나라에는 여묘삼년의 습속이 있다. 그렇다면 친영은 살려야 하고 여묘는 폐지해야 되는가? 이러한 일은 획일적으로 결정할 수 없는데, 어찌하여 한결같이 중국의 제도를 따를 수 있겠는가?

선조 초에도 친영론이 있었으나, 선조는 혼례는 입향순속入鄕循俗하는 것이니 즐겨 새 제도를 만들 필요가 없다고 하여 반대하였다.

　이와 같이 친영론의 강력한 주장에도 불구하고, 솔서혼속은 꾸준히 이어져 내려왔으며, 중기 이후부터는 삼일우귀三日于歸하는 소위 반친영半親迎이 일반적으로 행해졌는데, 이것은 일종의 절충방식이었다. 즉 혼인식은 그대로 처가에서 거행하고 삼일만에 시집으로 와서 구고례舅姑禮를 올린 뒤 바로 친정으로 돌아가는 것으로 이 삼일우귀는 전통적 농촌에서는 아직도 행하여지고 있다. 어떻든 솔서혼속은 후기로 내려오면서 처가 체류의 기간이 차차 짧아져 1, 2년 혹은 길면 3, 4년으로 되었다.

3. 혼인의 성립

　고려시대까지의 법률상 또는 관습상 혼인 성립의 실질적인 요건이 어떠하였는지는 알 수가 없다. 그러므로 조선시대를 기준으로 하여 설명을 하기로 한다.

　①혼인적령은 경국대전에서는 남자 15세, 여자 14세로 되어 있는데 중국에서도 대체로 남자는 15, 6세 이상, 여자는 13, 4세 이상이었다. 그러나 이 혼인적령은 하나의 기준은 되었으나 실제로는 일반적으로 조혼을 해왔다. 따라서 경국대전의 규정은 조혼관습도 고려해서 넣은 것이며, 적어도 그 이하의 연령에서는 혼인하지 못하게 하는 목적이 있었다. 또 경국대전에는 양가 부모 가운데 한 사람이 오랫동안 병석에 누워 있거나 50세가 넘었을 경우에는, 자녀가 12세만 넘으면 관청에 신고하고 혼인할 수 있다고 규정하고 있다. 그런데 이것은 부모의 생존 중에 혹은 늙기 전에 며느리를 맞이하여 효도를 받고 손자를 볼 수 있도록 하기 위한 규정이었다. 그러나 이것이 그대로는 지켜지지 않았으며 심하게는 남자 7, 8세, 여자 12, 3세에 혼인하는 예도 흔하였다. 이와 같은 조혼은 혼인하는 당사자를 위한 것이 아니라, 오로지 부모를 위하고 조상 또는 가家를 위한 것이었다.

이러한 조혼의 폐단은 조선시대 말에도 적지 않아서, 개국 503년(1894, 고종 31년) 7월에는 남자 20세, 여자 16세로 정하였으며, 다시 융희 원년(1907) 8월에는 남자는 만17세, 여자는 만15세 이상으로 정한 일도 있다.

②성이 같고 본(본관本貫 또는 관향貫鄕·향관鄕貫이라고도 함)이 같은 남녀 사이, 즉 동일한 남계시조의 혈통을 이어 받은 자간은 촌수의 제한없이 통혼을 하지 않았다. 성은 남계혈통이 계속되는 한 아무리 자손이 많아지더라도 영구히 변치 않은 성질의 것이며 본은 시조始祖 또는 중시조中始祖의 발상지를 표시하는 것으로 동조同祖를 표상하는 것이다. 일반적으로 동성이라는 형식과 동조라는 실질 사이는 일치하지만 공신에 대한 사성賜姓이나 개성改姓, 개본改本이 행해졌으므로 성이나 본을 문제로 삼기는 하나 반드시 동성동본만을 따지지 않고 족보나 구전 등에 의하여 동조임이 확인되거나 그렇다고 믿는 경우, 예컨대 이성동본이나 동성이본 혹은 이성이본이더라도 시조가 같으면 혼인을 하지 않고 동성동본이더라도 시조가 다르면 서로 혼인하였으니 동성동본불혼은 정확히 말하면 동종불혼同宗不婚이라고 해야 할 것이다. 종宗 또는 종족은 공동 조상에서 나온 남계혈통을 총괄하는 것으로서 여계女系나 다른 종과 같은 이중성을 허용하지 않은 배타적인 관계이며, 각기의 종이 자타를 구별하기 위한 명칭이 성이니 관습상 혹은 법제상 동종불혼이라 하지 않고 동성불혼이라고 관칭慣稱하기도 한다. 이 동성불혼은 특히 조선왕조시대 이래로 한국의 유교적 종법적 가족제도에 있어서 이성불양異姓不養과 함께 2대 철칙이었으며 오늘날의 관습에서는 물론 민법에서도 1997년 이전까지 지켜지고 강제되고 있었으며 우리나라만이 동성혼금지의 유일한 입법례에 속하였다.

삼국지三國志 위서魏書 동이전東夷傳 예전濊傳에 의하면 예족은 동성불혼한다고 기록되어 있는 것이 우리 민족 최초의 기록이라고 볼 수 있는데 이는 같은 씨족끼리 혼인하지 않았다는 뜻이며 그 이유는 확실히 알 수 없다. 이것은 예족 특유의 습속일 뿐이고 후세에 신라나 고려시대에는 동성근친혼이 성행하였던 것인데 고려 말 조선 초에 동성불혼의 원칙이 확립된 것은 오로지 중국의 영향 때문이니 동성불혼의 근원과 근본원인은 중국에서 유래한다고 보아야 한다.

중국에서의 동성불혼은 적어도 주대周代 이래 현대에 이르기까지 유지되어 온 규범이었다. 원래 이러한 규범이 성립하고 유지된 근본원인은, 첫째 동성 간에 혼인하면 불번不蕃 또는 불식不殖이라 하여 부인이 불임하거나 임신율이 낮으며 그 결과 자손의 단절을 가져오는 데 대한 두려움 때문이었다고 한다. 즉 동성의 남녀는 원래 동일물인데 교배交配로부터서는 새로운 것이 생기지 않고 이류異類의 남녀교배에 의해서 비로소 새로운 것이 생긴다고 하는 극히 소박한 관념 때문이며, 가정 내의 일상생활에서 남자들과 여자들의 접촉을 극력 제한하려는 '남녀유별'이라는 윤리규율도 또한 동성의 남녀가 서로 사랑하는 관계에 빠져 통혼의 금지를 범하는 기회를 미연에 끊는 데 그 목적이 있는 것이다. 둘째로는 동성혼에 내포되어 있는 동성남녀의 육체적 결합 자체가 금기되어야 한다고 보았기 때문이다. 그래서 첩으로 하기 위해 여자를 사거나 후궁을 둘 경우에도 동성인 여자를 피해야 하고 성이 의심스러울 경우에는 점복占卜을 해서라도 피한 것이다. 단순히 색정을 만족하기 위해서도 동성인 여자에게 가까이 해서는 안 된다는 이유는 자손단절에 대한 두려움 때문만이 아니다. 그것은 동성교합은 병이 발생한다든가 어떤 재난이 닥칠 것이라는 두려움이나 불길감이 작용하였다고도 볼 수 있다. 고대인의 마음속에 있는 불길감은 가시적可視的 세계世界를 중히 여기고 초자연을 멀리한 유교의 합리주의 발달에 따라 도덕적 불륜감의 요소를 강하게 덧붙이게 된 것이다. "동성을 취하지 않음은 인륜을 중히 여기고 음일淫佚을 막아 금수와 같게 됨을 부끄럽게 여기는 것이다"(백호통 가취白虎通嫁娶)라는 표현이나 예기禮記의 "娶妻不取同姓 以厚別也"라는 말도 인륜을 중시한 의식의 표현인 것이다. 더욱이 촌수의 제한없이 동조동성인 모든 사람 사이에 이러한 금기가 존재한 것은 동성이면 동류同類라는 사고관념 때문이며, 모두 근친으로 의식하는 것은 사람은 피를 부父로부터서만 받기 때문에 따라서 부자관계가 쌓여서 형성되는 핏줄은 아무리 갈라지더라도 전체로서 동일성을 잃지 않는다는 사상에서 나온 것이다. 어떻든 유가儒家가 인륜의 유지를 강화한 것을 계기로 법률에서도 먼저 위魏의 고조高祖는 동성혼을 '부도不道'로 규정짓고 당률唐律 이래의 중국의 모든 형법은 율律에서 동성혼을 한 자를 도徒2년年에 처하며[당률唐律과 송형통宋刑統], 혼인당사자나 주혼자主婚者는 장杖60에 처하고 이혼하게 한 것이다[명률明律과 청률淸律의 호율戶律]. 이와 같은 중국의 동성불혼의 제도와 이유는 그대로 우리나라에 받아들여지게 되었다.

고구려나 백제에서는 확실하지는 않으나 동성혼이 전혀 행해지지 않은 것은 아니고 주로 이성 혹은 다른 씨족간의 혼인이 일반적이었다고 추정된다. 그러나 신라시대는 동성혼이 성행하였음은 물론 질녀姪女나 내內·외外·이종姨從과 같은 근친 사이에도 혼인하였고 특히 신라왕실이나 귀족 간에서는 동성근친혼이 많았는데 이것은 골품의 특권을 보존하기 위한 계급적階級的 내혼제內婚制이었다. 그러나 일반 서민의 관습이 어떠하였는지는 확실히 알 수 없으며 다만 동성혼 내지 동성근친혼을 금기하지는 않았을 것으로 추정된다. 고려시대에도 왕실이나 귀족 간에도 동성근친혼이 성행하였고 일반서민들도 이에 따랐다고 하며, 경종景宗 초에 문무양반의 혼인법제를 제정하였다고 하나 그 내용은 전하지 않으므로 알 수 없다. 고려가 동성근친혼을 금지하기 시작한 것은 문종文宗 12년(1058)에 4촌간의 혼인에서 출생한 자에 대한 금고령禁錮令[관리의 등용을 금하는 것]인데, 문종 35년(1081) 6월에 이부상서吏部尙書 최석崔奭은 진사進士인 노준魯準이 이 법령에 위반하여 출생한 자라는 이유로 금고종신禁錮終身에 처할 것을 주청奏請한 일이 있다. 이 근친혼 소생자의 금고법은 고려말기에 이르기까지 수시로 내려졌었는데 선종宣宗 2년(1085) 4월에는 동부이모 자매同父異母姊妹와의 혼인에서 출생한 자에 대한 금고령이 있었고 숙종肅宗 원년(1096) 2월에는 6촌간의 소생자에 금고령이 내려졌다. 그런데 이때까지의 금지령은 직접적인 금지가 아니라 혼인 그 자체는 유효하되 출생자의 관리등용을 금하는 간접적인 금지에 그쳤다. 그런데 숙종 원년 6월에는 비로소 6촌간의 혼인을 직접 금지한 일이 있다. 그러나 이 법령은 실효성이 없었으며 숙종 6년(1101) 10월에는 금고법을 해제한 일이 있고 예종睿宗 11년(1116) 8월과 인종仁宗 16년(1134) 12월과 의

종의宗 원년(1147) 12월에 금고령이 있었는데 이러한 법령에도 불구하고 실제로는 4촌간의 혼인을 금하는 것이지 5, 6촌간은 금하지 않았던 것이다. 고려 말인 충선왕忠宣王 즉위년(1309) 11월에 이르러서야 비로소 문무양반의 동성동본금혼령이 내려졌다. 따라서 고려시대의 문무양반들인 귀족계급에서는 동성근친혼이 도덕적·윤리적으로 비난받을 정도의 것이 아니었으며 금고령은 근친혼의 금지보다도 관료들의 귀족적 척벌戚閥조성을 방지하려는 데 그 목적이 있었다고 할 수 있다. 말엽에 이르러서 본격적으로 동성혼을 금지하게 된 것은 새로운 체계의 유교철학인 성리학의 도입과 교육이라는 새로운 시대적 기운과 상응할 것이다.

조선조에 들어서는 왕실을 비롯하여 양반, 서민에 이르기까지 동성동본불혼은 이성불양과 함께 하나의 철칙으로서 지켜졌다. 국초부터 명률을 일반적인 우리의 법률로서 적용하게 되어 명률의 동성불혼의 규정이 적용되었다는 형식적 면도 있기니와 그보다도 유교를 국시로 하는 종법적 원리의 강행과 지배계층의 솔선수범에 말미암은 것이며 따라서 법률 이전에 확고한 관습법으로서 자리잡게 된 것이다. 그것은 중국의 경우와 조금도 다름없는 동종불혼이며 중국에 못지않게 철저히 지켜졌다.

따라서 조상이 같은 동성동본인 남계혈족뿐만 아니라 조상이 같은 동성이본, 이성동본, 이성이본 사이에도 혼인하지 않으며 동성동본이라도 조상이 다르거나 동성이본이라도 조상이 다르면 종족이 아니므로 혼인하였다. 그리하여 예컨대 안동 김씨, 안동 권씨, 예천 권씨는 그 시조가 신라의 종성宗姓인 김씨이므로 혼인하지 않으며, 김수로왕의 후손인 김해 김씨, 김해 허씨, 양천 허씨 사이, 기자箕子의 후손이라는 청주 한씨, 행주 기씨, 태원 선우씨 사이, 고려 태조의 공신인 유차달柳車達의 후손인 문화 류씨와 연안 차씨 사이는 서로 혼인하지 않는다. 이와 같은 동종불혼의 원칙에 대해 조선시대의 일부 학자는 중국의 '동성' 불혼에 대한 문구상의 뜻에 구애되어 성만 같아도 혼인해서는 안 되는 것으로 생각하는 경향도 없지 않아, 현종顯宗 10년(1669) 정월에 송시열宋時烈은 성이 같으면 본이 다르더라도, 즉 동종이 아니더라도 혼인하지 못하게 할 것을 건의하여 이것이 법령으로 공포되고 후에 속 대전에 규정되었으나 전혀 지켜지지 못하고 동종불혼의 원칙만이 고수되었다.

③동성불혼뿐만 아니라 이성異姓이라도 근친인 경우에는 혼인하지 않았다. 이 경우도 고려시대를 거쳐서 조선시대 초기까지는 이성근친혼이 성행하였다. 신라시대에도 이종형제자매끼리 혼인하였으며, 고려시대에도 모계혈족이나 처족인척의 가까운 사이에 혼인하였었다. 고려 말에 이르러 충렬왕 34년(1308)에 외가 4촌간의 혼인을 금하자는 의견이 있었는데, 충선왕 즉위년(1309)에 비로소 금하였으며, 공민왕 16년(1367)에는 처가 사망한 후 처제와의 혼인을 금하자는 의견이 있었다.

조선시대에 들어와서도 외가근친혼이 행해졌는데 성종 2년(1471)에 이르러서는 외가 6촌내의 혼인을 금하게 되었다. 그리하여 동성불혼의 관습이 뿌리박게 됨에 따라 외가도 7, 8촌, 넓게는 9, 10촌까지 혼인하지 않게 되었다. 처족과의 혼인은 직접 금하는 일이 없었으며 처의 사망 후 처제와 혼인하는 예도 흔히 있었다.

④혼인은 신분계급에 의한 제한이 있었다. 역사적으로 볼 때, 신분이 다른 사람 사이의 혼인을 법으로 직접 금하지는 않았으나 삼국시대부터 귀족계급 사이에는 비교적 엄격히 지켜져 왔다. 조선시대에 이르러서는 사서불혼士庶不婚 또는 양천불혼良賤不婚의 관습이 확립되어 매우 엄격히 지켜졌으며 때로는 이에 위반하면 처벌되는 일도 있었다. 이것은 계급적 내혼제로서, 같은 계급끼리 혼인하는 것으로 양반은 양반끼리, 중인이나 아전은 자기네들끼리, 상민은 상민끼리, 천민은 천민끼리 혼인하며, 계급이 다르면 인척관계를 맺지 않았던 것이다. 계급이 다르면 생활 풍습이 다르고 언어나 예의범절 또는 의복과 음식에 이르기까지 달라, 계급이 같아야 같은 동제同儕[무리]로서 상종하며, 다르면 서로 배타적이고 폐쇄적이었다.

양반의 경우만 보더라도, 그 계층이 다양하여 사회적 지위나 문벌·권력·금력 등이 비등해야 지체가 같다고 보았으며, 지체가 다른 사람 사이에서 혼인하는 경우에는 높은 사람은 하혼下婚하였다고 하고, 낮은 자는 상혼上婚 혹은 앙혼仰婚하였다고 표현하였다. 뿐만 아니라 적서嫡庶 간에도 혼인하기를 꺼렸다. 서족庶族은 좌족左

族 또는 절름발이 양반이라 하여 멸시하는 풍습이 있었다. 다른 계급 사이에 혼인하는 것은 높은 계급에서는 문벌·사회적 지위가 자칫하면 떨어질 위험성을 지니고 있었다. '문당門當이 호대戶對'라는 속담은 이 계급적 내혼제를 두고 한 말이다. 이 밖에도 당파가 다르면 혼인하지 않았으며, 역적의 자녀와도 혼인을 금하였다.

⑤부모가 돌아간 경우에는, 탈상脫喪할 때까지 혼인할 수 없었다. 부모 상중에 혼인하는 것은 십악十惡 중의 불효의 죄에 해당하였다. 또한 속대전에서는 납폐納幣한 후 양가 부모상을 당한 때에도 3년을 기다려야 하며, 이에 위반하면 가장家長을 장杖 1백으로 벌하도록 규정하고 있었다.

⑥사대부는 처가 사망한 경우에는 3년이 지나야 다시 결혼할 수 있으나, 3년 안에라도 부모가 결혼하도록 명령하거나 혹은 본인의 나이가 40세가 넘고 아들이 없는 경우에는 1년 후에 결혼할 수 있었다.

⑦여자, 특히 양반의 부녀는 조선시대부터 재가再嫁, 또는 삼가三嫁할 수 없었다. 고려시대까지는 여자의 개가改嫁를 금지하지 않았으므로, 개가하더라도 달리 생각하지를 않았다. 더욱이 남편이 사망하여 탈상脫喪하기도 전에 개가하는 경우도 흔히 있었다. 그리하여 공양왕 원년(1389)에는 산기散騎 이상인 사람의 처는 남편이 사망한 후 탈상하기 전에는 개가하는 것을 금지하였다. 특히 6품 이상인 사람의 처나 첩이, 남편이 사망한 후 개가하지 않고 수절하기를 원하는 경우에는 높이 포상하도록 하였는데, 이것은 3년의 복상기간만 지나면 양반의 부녀들은 자유롭게 개가할 수 있었다는 것을 뜻한다.

그런데 조선시대에 들어와서 유교사상의 영향을 받게 되자 부녀의 삼종三從의 도를 강조하게 되어 차차 개가를 윤리적으로 비난하게 되었으며, 만약 개가한다면 짐승과 다름이 없다고 하기에 이르렀다. 개가를 허용할 것인가 금지할 것인가에 대해서는 많은 논란이 있었는데 결국 경국대전에서는 개가한 여자에게서 출생한 자식은 문과文科, 생원진사生員進士시험에 응시하지 못하도록 하고 관직에도 등용하지 않게 하였다. 이것을 재가녀자손금고법再嫁女子孫禁錮法이라고 한다. 이 금고법이 실시된 후로도 여러 번 그 가부에 대하여 논란이 있었으나 양반계급에서는 차차 개가를 죄악시하고 개가하지 않는 것이 일반 관습으로 굳어졌다. 유학자들은 이것이 우리나라의 아름다운 풍속이라고 자랑하기까지 하였다. 다만 엄격히 지켜진 것은 양반계급에서였고 상민이나 천민계급에서는 철저히 지켜지지 않았으나, 무시하지 못할 영향을 미쳤다는 것은 부인할 수 없는 사실이다.

개국 503년(1894) 7월의 갑오개혁에 의하여 귀천을 물론하고 과부의 개가를 자유롭게 하는 법령이 공포되었는데, 그럼에도 불구하고 수백 년을 내려오는 개가금지 의식은 그 후에까지도 쉽게 사라지지 않았다.

⑧처가 있는 자가 다시 처를 맞이하는 것이 중혼重婚인데, 고려시대에 이르기까지의 왕실이나 귀족 그리고 부호들 사회에서는 다처의 습속이 성행하였으며 동시에 축첩하는 관습도 성행하였다. 그러므로 정식의 처를 몇 사람씩 두고 게다가 첩까지 두는 등 일부다처주의가 행하여졌다. 그런데 조선시대에 들어와서, 태종 13년 (1413)에 중혼을 금지하는 법이 확립되어 여러 사람의 정처正妻를 두지 못하게 하였다. 따라서 제일 먼저 맞이한 처를 적처嫡妻라 하고, 그 이후의 처는 모두 첩으로 하도록 하였다. 그러므로 이때부터 법률상 중혼을 금지하게 된 것이다. 그러나 첩 제도는 여전히 공인되어 그 점에서는 일부다처제였으며, 특권계급에게 공인되었던 첩제도는 서민에 이르기까지 번져갔다. 그리하여 커다란 사회문제를 일으키게 되었고 많은 폐단을 낳아 오늘날까지도 무시하지 못할 사회문제의 하나로 남아 있다.

첩은 그 신분이 양인인가 천인인가에 따라서 양첩良妾과 천첩賤妾 또는 비첩婢妾·기첩妓妾 등으로 나누고, 그 소생자도 양첩자손과 천첩자손으로 차별되었다. 그리하여 그 차별에 따라 관직에 등용되는 한계도 지어져 있으며 문과와 소과에의 응시도 마음대로 하지 못하게 하였으니, 이들은 갖은 천대와 멸시 속에서 사회의 밑바닥에 묻혀 버리게 되었다.

⑨혼인이 성립되기 위해서는 주혼자主婚者인 부모나 조부모의 동의가 필요하였다. 이것은 당시의 혼인이 하나의 국가적·사회적·윤리적 제도로서 확립되고 가

족제도 존립의 기초이기 때문에, 당사자들이 임의로 맺을 수 없었던 것이다.

⑩혼인은 위에서 말한 조건을 갖추고 나면 일정한 의식을 밟아야 성립되었다. 우리나라 고대사회의 혼인이 자유로웠음은 물론이나, 아무런 의식도 없이 야합野合하였다고는 볼 수 없다. 그것은 중국의 유교적 혼례의 절차와 달랐을 뿐이며, 혼인은 남녀의 배타적 결합으로서 그것을 씨족이나 이웃에 대하여 공시하기 위한 간략한 의식절차를 밟았다고 보인다.

중국의 가례가 우리나라에 들어오게 된 고려 말, 특히 조선시대에 들어와서는 혼인은 유교적 가례에 따라서 일정한 의식을 밟도록 되어 있었다. 그래서 흔히 의식화된 혼인은 "육례六禮를 갖춘다"고 말하였다. 육례는 혼인을 야합 따위의 단순한 남녀의 결합과 구별하기 위한 혼인성립의 형식적 요건이었다. 육례라 함은 남자 집에서 중매인을 세워서 여자 집에 대하여 혼인을 신청할 때, 첫째 납채納采라 하여 혼인을 신청하는 것으로서 여자 집에 예물을 보내었고, 둘째 문명問名이라 하여 여자의 생년월일을 물었으며, 셋째 납길納吉이라 하여 생년월일을 점쳐서 길조가 나타나면 이를 여자 집에 알리며, 넷째 납징納徵 또는 납폐納幣라 하여 청혼의 징표로 남자 집에서 빙재聘財를 여자 집에 보내며, 다섯째 청기請期라 하여 남자 집에서 혼인날짜를 정하여 여자 집에 지장이 있는지 없는지를 물었으며, 여섯째 친영親迎이라 하여 혼례식 당일에 남자가 여자 집에 가서 여자를 맞이하여 남자 집으로 데리고 와서 의식을 거행하는 것이다. 그런데 우리나라에는 주자가례가 들어와 반드시 육례를 지내지 않고 주자가례의 의혼議婚・납채納采・납폐納幣・친영親迎의 사례四禮를 따랐다.

의혼은 문자 그대로 혼인할 것을 의논하는 단계인데, 보통 중매쟁이 혹은 매파媒婆로 하여금 양가를 내왕하면서 혼인을 의논하며 간선看善을 하여 양가로 하여금 혼인할 뜻을 합치시키도록 하는 절차이다. 의혼이 되면 다음에는 납채의 절차를 밟았다. 이것은 남자 집에서 신랑의 생년월일과 시를 적은 사주단자四柱單子 혹은 사성단자四星單子를 붉은 보자기에 싸서 여자 집으로 보내면 여자 집에서는 신랑의 사주에 의하여 궁합과 길흉을 점치며, 궁합이 합당하면 택일을 하여 이것을 쓴 택일단자擇日單子 혹은 연길단자涓吉單子를 붉은 보자기에 싸서 남자 집으로 보낸다. 이와 같이 사주단자가 교환되면 약혼이 성립되는데 이것을 정혼定婚이라고 하였다. 납폐는 보통 전안奠雁 전날에 행해지는데, 납폐문 혹은 혼서婚書와 청홍青紅 채단綵緞·폐물 등을 함에 넣어 신부 집에 보내는 의식이다. 경국대전에는 혼서를 받은 뒤에 다른 사람과 혼인하게 한 경우에는 주혼자를 처벌하며 이혼하게 한다고 규정하고 있는데, 납폐의 절차를 밟으면 그 결합은 움직일 수 없는 구속력을 갖게 되는 것이었다. 끝으로 친영의 절차는 부권적 가족제도에 있어서 혼례의 가장 중추적인 절차로서, 신부를 신랑 집으로 맞이하면서 식을 올리는 것이다. 우리나라에는 솔서혼속이 뿌리깊이 박혀 있어서 그대로 지켜지지 않았으며 이른바 반친영 혹은 삼일신행三日新行이 행하여졌음은 위에서 설명하였다.

4. 혼인의 효과

1) 신분적 효과

먼저 혼인의 신분적 효과로서는, 일정기간 동안 처가살이를 하였으므로 남편이 처가의 호적에 입적하였다. 당시의 호적은 신분관계를 창설하는 효과가 있는 것이 아니라 현실적인 동거가족을 기록하는 것뿐이었다. 그러므로 처가집의 울안에서 살 경우에는 처가의 호적에 들어가고, 독립가옥에서 살 경우에는 남편을 호주로 하는 호적을 편성하였다. 남편이 후에 본가로 돌아온 때에는 본가의 호적에, 독립세대를 이룰 때에는 남편의 호적에 처가 입적하였다.

혼인을 하더라도 처의 성은 변하지 않으며, 이 성姓불변의 원칙은 오늘날까지도 변함이 없다. 성은 본과 합하여 자기의 고유한 부계혈통을 나타내는 것인데 결혼한다 하더라도 혈통은 바꿀 수 없는 것이기 때문이다.

2) 부부재산제

부부의 재산관계는, 처의 재산을 주로 남편이 관리하는 별산제別産制였다고 할 수 있다. 처는 친정에서 상속이나 증여로 받은 재산을 자기의 명의 또는 자기의 재산으로서, 즉 특유재산으로서 소유하였다. 시부모로부터 토지나 노비를 증여받는 경우도 있었는데, 그것도 자기명의의 재산으로 되었다. 그 재산의 관리는 주로 남편이 맡아서 하며 수익도 누구의 것인지 가리지 않고 가족 전체의 생활비로 충당하였다. 처의 재산을 처분할 경우에는 처와 상의하여 처리하며, 남편이 독단적으로 처분하는 일은 사기 또는 문서위조를 하지 않고서는 불가능한 제도였다. 왜냐하면 토지를 처분할 경우에는 계약서에 소유권의 유래를 밝히고 소유자의 이름을 쓴 다음 서명하며 권리문서도 일체 매수인에게 인도하여야 하기 때문이다. 그래서 처의 재산을 처분할 경우에는 반드시 처가 매도인으로서 계약을 체결하였다.

"부부가 한 집에 살면서 고락을 같이 하니 처의 물건이 남편의 물건이요 남편의 물건이 처의 물건이므로 각자 재산이 있건 없건 간에 공동으로 사용하여 피차간에 간격이 없어야 할 것이며, 살아서도 이와 같을진대 한편이 죽더라도 다르지 않다. 한편이 죽은 후에도 남편이 처의 물건을 마음대로 할 수 없으며 처가 남편의 물건을 마음대로 할 수 없다는 것은 이치에 맞지 않는다."라든가, 또는 "부부는 일체이니 죽은 처의 물건은 남편이 지배할 수 있고 죽은 남편의 물건도 또한 처가 지배할 수 있다."고 한 것은 조선 초기의 말인데, 부부재산의 소유관계와 관리관계를 매우 적절하게 나타낸 말이라 하겠다.

부부에게 자녀가 있든가 없더라도 입양하여 계후자繼後子 또는 수양자收養子나 시양자侍養子가 있는 경우에는 유산은 이들 자녀에게 상속되게 마련이지만, 전혀 자녀가 없는 경우에는 생존배우자의 관리·처분권 유무에 문제가 있을 수 있다. 우리나라는 적어도 고려시대부터 자손 없이 부부의 일방이 사망한 경우에 부夫가 처의 유산을 상속하고 처는 개가하지 않을 것을 조건으로 夫의 유산을 상속하는데 그것은 각자의 생존 중에 한하며 이들이 사망하면 각자의 유산은 각자의 본족本族에게로 복귀하며 다만 생시에 그와 다른 유언이 있었을 경우에는 예외인 것이 법이요 관습이었고, 이것은 조선왕조에도 기본적으로 계승되었다. 요컨대 자녀 없는 부부의 유산은 그 일방이 종신 동안 상속하고, 사후에는 부의 유산은 부의 혈족에게, 처의 유산은 처의 혈족에게 돌아가는 것이다. 또한 종신 동안 상속하되 그 관리하는 유산을 망배우자의 혈족에게만 증여할 수 있고 달리 타인에게 매도하거나 증여할 수 없었다.

이렇듯 부의 재산과 처의 재산은 소유명의대로 각자의 소유재산이기 때문에 자녀가 있는 경우에도 부부의 사망시기가 다르므로 그 관리에 관하여 일응 별산의 원칙이 적용되었다. 즉 처가 사망한 경우에는 망처의 유산을 자녀가 상속하되 관리권은 부夫에게 있고, 부가 사망한 경우에는 부의 유산은 자녀가 상속하되 처가 관리하는 것이 대원칙으로 되어 있었다. 실제로는 유산은 필요에 따라 생존 중에 분재分財하는 경우가 많으며 그것도 노쇠·질병으로 사망이 임박한 경우에 하였는데 분재할 경우에는 생존하고 있는 부 또는 처의 유산도 함께 분재대상으로 하였던 것이다. 따라서 관념상으로는 망배우자의 유산을 관리하는 것으로 되지만 실제로는 자녀에게 상속되고 다만 자녀에게 상속된 후에도 부父 또는 모母, 특히 유처인 모母가 관리권·처분권을 발동하는 사례가 적지 않았다. 더욱이 후처인 계모가 망부의 유산을 전처 자녀에게 주지 않고 망부가 자기나 타인에게 증여 또는 매도하였다고 거짓말을 한 후 그 유산을 자기 소생자녀에게 돌아가도록 획책하는가 하면, 부가 후처의 자녀를 편애하여 자녀 있는 전처의 유산을 전처 소생자녀를 제쳐놓고 후처 소생자녀에게 주는 일이 있으므로 법률로 금하였다.

부부의 유산은 그 취득권원 여하에 따라서도 그 종국적 귀속을 달리하였다. 즉 처가 부夫나 시부모로부터 증여받은 재산은 처의 재산으로 되고, 부의 사후 개가하지 않고 수절守節하다가 사망한 때에는 자녀가 없으면 처의 혈족이 상속하지만 처가 개가한 때에는 부夫나 시부모로부터 증여받은 재산과 부夫의 유산은 부의 혈족에게 귀속하며, 또한 자녀 없이 부가 사망한 뒤 시부모가 사망한 경우에는 수절하고 있는 며느리인 과부는 시부모의 유산을 부에 대습해서 상속하여 개가하지 않을 것을 조건으로 종신 동안 사용수익하며, 양자를 들일 경우에는 양자가 그것을 상속하나 양자도 없는 경우에는 역시 처의 혈족에게로 귀속하였다. 실제로 이러한 재산이 처(즉, 며느리)의 혈족에게 돌아가는 일은 양자제도가 있기 때문에 거의 있을 수 없었으나 그중에는 부夫의 혈족을 양자로 하지 않고 친정조카를 양자로 들여 시부모의 유산을 물려주는 일이 있어 시끄러운 분쟁거리가 되기도 하였다.

부가 처로부터 증여받은 재산도 전처前妻의 사후에 재혼한 경우에는 전처前妻의 유산은 부의 사후 전처前妻의 혈족에게로 귀속하되, 다만 후처 소생자녀가 전모前母의 유산의 일부를 상속할 수 있었다. 또한 치의 경우와는 달리 부夫는 재혼하지 않더라도 처의 부모의 유산에 대하여 망처에 대습하여 상속할 수 없었고 다만 전처자녀가 있으면 이들이 대습상속을 하였다. 이상과 같이 부부의 재산의 귀속에 있어서 특히 자녀가 없는 경우의 재산에 관하여 상세한 규정을 둔 것은 적어도 경국대전이 성립하는 조선전기까지는 사대부층에서도 자녀를 낳지 못한 경우에 구태여 입양을 하지 않는 예가 많았음을 시사해 주고 있다. 그리하여 이러한 경우에는 재산은 친·외손간의 혈족에게 상속되어야 한다는 본래의 목적을 달성할 수 없는 것이 되므로 본래의 족산族産으로 환속還屬되어 그 본족本族에게 승계하도록 한 것이다. "피가 흐르는 곳에 재산이 승계된다."는 원칙이 법률상 보장되었고 그것은 양자제도에 의하여 거의 예외없이 지켜졌지만 그럼에도 불구하고 우리 한국 사람에게는 족산관념族産觀念이 뿌리깊이 박혀 있다.

III 이혼

1. 천정배필天定配匹

하나의 사회제도로서의 이혼제도는 그 시대 그 사회가 혼인을 어떻게 생각하고 어떻게 규율하느냐에 따라서 결정된다. 기독교 이전의 서구사회에서 가부장제 가족제도가 확립된 후로는 이혼은 가장家長 또는 남편이 전권적專權的으로 하며 처의 이혼청구는 일반적으로 인정되지 않았다. 이러한 남자 전권적인 혼인과 이혼에 대하여 커다란 영향을 미친 것은 기독교이다. 그리하여 기독교사상에 의하여 비로소 부부관계는 그 자체의 독립한 가치와 목적이 부여되고 처의 예속적 지위를 개선하였다.

기독교사상에 의하여 혼인에 의해서 이루어진 부부는 한 사람의 남자와 한 사람의 여자가 서로를 주는 일체가 되기 때문에, 일부일처와의 혼인은 해소할 수 없다는 사상이 밀접불가분의 관계로 된 것이다.

동양에서도 중국에서는 예부터 부부의 결합을 천합天合이라고 하였는데, 이는 기독교적 신합神合 원칙과는 달리 남자의 전권이혼을 제약한 것이 아니다. 고대의 사상가는 남자와 여자를 천지에 비유하여 남편은 하늘이고 처는 땅이라고 하였다. 그래서 하늘인 남편은 마음대로 처를 버리거나 내쫓을 수가 있지만 땅인 처는 하늘인 남편이 악덕하더라도 버려서는 안 된다고 보았다. 그러므로 '천합天合'이라 하더라도 그것은 결국 남편을 구속하는 것이 아니라 처만을 제약하는 뜻으로 받아들여졌다. 그래서 이혼을 버린다(棄)·내보낸다(出)·내쫓는다(逐)·또는 거去라 하고 법률상으로는 이이離異라고 하였다.

우리나라에서도 부부는 하늘이 정해 준 배필이라고 하는데, 이 '천정天定'이란 말도 천합과 같으니, 결국은 남자의 이혼권을 부정하지 않는 뜻으로 쓰이고 있다. 미개시대의 이혼제도가 어떠하였는지 자세히 알 수는 없으나, 혼인이라는 남녀의 결합이 비교적 안정되었고 이혼이 있었더라도 그다지 보편적이 아니며, 자녀가 출생하면 혼인 생활은 보다 안정성을 지니고 있었다고 추측할 수 있다. 상고시대에는 처가 간통하거나 음탕하면 죽이거나 종으로 만들었다는 기록이 있는데, 이것은 가부장권이 확립되어 처의 지위가 예속적이었다는 것을 증명하는 것이다. 그러므로 처가 간음은 물론 중대한 범죄를 범하면 가장이나 남편의 일방적 의사에 의하여 이혼하는 일이 있었을 것으로 추측된다.

삼국시대에 들어오면 중국문화의 영향으로 귀족계급에 있어서는 부부의 도道가 확립되었다. 그래서 일부다처주의가 보편화됨에 따라 조강지처糟糠之妻를 함부로 버려서는 안 된다는 가치관이 확립되었다고 볼 수 있다. 고려시대에도 삼국시대와 거의 다름이 없으며 서민층에서는 남녀가 쉽게 결합하고 쉽게 헤어지며, 예법에 따르지 않는다고 중국 사람의 눈에 비치었는데, 이혼을 특별히 법으로 규제하지 않았음이 틀림없다. 다만 부모와 의논하지 않고 이유없이 처를 버리는 자는 관직에서 추방하는 법이 있었다. 이로 미루어 본다면 이혼에 대하여 부모가 큰 힘을 가지고 있었고 이혼하는 데는 어떻든 버려야 할 이유가 있어야 하였음을 알 수 있다(有因離婚).

조선시대에는 따로 이혼에 관한 법을 제정하지 않았다. 그래서 대명률에 의한 중국의 이혼법이 형식상 적용되었으나, 이러한 이혼규정이 있다기보다는 오히려 이혼법이 없는 것으로 알고 있었다. 그러나 대명률의 이혼규정과 대체로 같은 관습규범이 행해졌으며, 그것은 법으로서보다도 유교적 도덕규범으로 보았다. 정책적으로는 이혼을 엄격하게 제한하여, 고려시대와 마찬가지로 이유 없이 처를 버리지 못하게 하였다. 그리고 축첩이 공인되어 있어서 일반적으로 이혼을 하지 않는 관습이었다. 말하자면 천정배필의식 또는 조강지처의식이 매우 뿌리깊이 박혀 있었다고 할 수 있다.

2. 이혼원인

중국법에서는 칠출삼불거七出三不去가 있어 일곱 가지 이혼사유에 해당하면 남편이 일방적으로 처를 버리는 것이 허용되었다. 유교적 가족제도 하에서는 혼인을 부모(祖上)위주, 가문위주, 부夫위주로 보기 때문에 일방적으로 처를 버리는[棄] 특권을 부 또는 그 부모에게 누리게 하였다. '칠출삼불거七出三不去'라는 것은 예제禮制의 범주에서 기론되었던 것인데 당대唐代부터는 법률에 규정되고, 우리나라에도 예·법의 면에서 영향을 미치기 시작하여 조선에서는 대명률을 의용함에 따라 형식상으로도 적용받게 되었다.

처에게만 강제되는 이른바 칠거지악은 무자無子(아들을 낳지 못하는 자), 불사구고不事舅姑(不孝), 음일淫佚(不貞), 투기妬忌, 악질惡疾, 구설口舌(多言), 도절盜竊인데 이러한 사유가 있을 때는 처를 버릴 수 있으며, 버릴 것인지 여부는 부夫 또는 그 부모의 마음 여하에 달려 있었다. 그러나 칠출의 원인이 있더라도 삼불거의 사유가 있는 때에는 의절義絶을 범하거나 음일, 악질이 없는 한 버리지 못하게 하였다. '삼불거'는 경지구고지상經持舅姑之喪(與共更三年喪), 취시천후귀娶時賤後貴(前貧賤後富貴), 유소취무소귀有所娶無所歸이며 이유 없이 버리거나 버려서는 안 됨에도 버리면, 처벌하고 결합시키도록 규정되어 있었다.

아들을 낳지 못하면 대가 끊어지며 조상에 대한 불효가 된다. 그러나 양자제도와 축첩의 공인으로 말미암아 절실한 기처이유는 아니었고 유처취처有妻娶妻도 관습상 행해졌다. 시부모를 섬기는 것은 효이며 희생적으로 받들어야 하였다. 여자가 시집갈 때에 시부모를 정성껏 섬기고 시동기媤同氣 간에 우애있게 지내라고 타이르는 관습이 있으며 시집살이가 성공하느냐 여부는 특히 시어머니, 시누이의 마음에 드느냐에 달려 있었다. 어떠한 경우에도 언동이 공순하고 교계教戒에 복종하며 개화에 노력해야 하였다. 여자, 특히 처의 정숙함은 족族의 질서유지와 순화를 위한 것이고 따라서 엄격한 내외법이 요구되었으니, "여자는 마실 돌면 버리고 그릇은 남에게 빌려주면 깨진다."는 속담도 있다. 반드시 간음에만 국한되지 않고 남에게 애교스럽게 보이는 것이나 간사스러움도 흠이 될 수 있었다. 여자는 남매간이라 할지라도 방안에서 단둘이 이야기해서는 안 되며 부득이 그렇게 해야 할 경우에는 문을 열어놓고 이야기해야 하고 장모도 사위와 단둘이 방안에서 담소하는 것을 경계하였다.

　질투는 대가족생활을 유지하는 데 해로우며 축첩제도의 긍정과 표리하는 것이었다. 속담에 "먹지 않는 종과 투기 없는 아내"라 하고 부인의 아름다움은 질투 안하는 데 있으며 부인불투婦人不妬는 온갖 결점을 족히 덮을 수 있는 것이라고 가르쳤다. 중국의 고사에 아내의 투기가 너무 심하여 축첩을 할 수 없으므로, 버리는 이유로서 이 여자를 버리지 않으면 집안이 편안하지 않고 맑지 않고 복이 깃들지 않으며 모든 일이 뜻대로 되지 않는다고 하였다. 악질도 부부생활을 주안으로 한 것이 아니라 악질이 있으면 조상제사를 위한 음식을 바칠 수 없는 것으로 보았으며, 광란이나 나병이 악질의 본보기였다. 구설은 말 많고 수다스러움을 말하는데 대가족생활을 하는 데는 여자의 말이 적어야 형제친척간에 이간 없이 화목하게 지낼 수 있기 때문이었다. "여자 셋이 모이면 나무접시가 엎어졌다 뒤집어졌다 한다."든가, "소더러 한 말은 안 나도, 처더러 한 말은 난다."고 하고, "처자의 말은 오뉴월 서리가 내린다."고 하여 다언을 경계하였다. 중국의 명초明初에 정렴鄭濂은 3천명과 동거하였는데 천자天子가 어떻게 그 많은 식구들이 말썽없이 화목하게 지낼 수 있느냐고 물으니 조상의 유훈에 따라 지어미가 하는 말을 듣지 않기 때문이라고 하였다 한다. 절도竊盜는 의義에 반하며 가족생활의 순화에 반한다고 보았다.

이러한 이혼법은 남자의 전권적 사회에서는 모두 공통적인 원인이라고 볼 수 있 겠는데, 실제로 이러한 이유를 들어 이혼하고자 하는 사례가 있었으나 이혼제한주 의정책으로 말미암아 그대로 적용되거나 실천되지는 않았다. 특히 사대부층에서는 이혼사건이 일어날 때마다 구체적으로 이혼의 가부를 논의하였으나, 한편에서는 이유 없이 이혼하는 사례도 있었다. 일반적으로 말해서 칠출사유가 있음에도 불구 하고 이혼이 제한된 사회였다고 하겠다.

칠출삼불거는 형법대전刑法大全에서는 질투를 빼고 유자有子를 불거사유에 넣어 오출사불거五出四不去로 하였는데, 융희 2년(1908)에는 형법대전을 개정하여 이혼조 문을 없앴다.

3. 협의이혼

이와 같이 이혼권은 남자측에만 인정되어, 여자는 복종과 예속만을 강요당하였 다. 즉 어려서는 부모에게 복종하고, 시집가면 남편에게 복종하며, 남편이 사망하 면 자식에게 복종하여야 하는, 이른바 삼종지도三從之道에 따라야 하였던 것이다. 그래서 여자편에서 자발적으로 이혼을 요구하거나, 협의에 의해 이혼한다는 것은 생각할 수도 없을 정도였다. 그러나 서민층에서는 사정파의事情罷義라는 관습에 의 해 협의이혼協議離婚이 행해졌다. 즉 부득이한 사정이 있을 때에는 부부가 생활을 계속할 수 없다는 사정을 서로 이야기하고 합의하여 이혼하는 것이다.

이러한 경우에 저고리의 깃을 잘라 그 한 조각을 상대방에게 주어 이혼의 징표 로 하는데 이것을 할급휴서割給休書라고 하였다.

4. 특수한 이혼사유

처의 친정가족, 특히 가장이 큰 죄를 범하여 처벌된 경우 그 화가 미칠 것을 두려워하여 처와 이혼하는 일이 있었는데, 이것을 이이離弛라고 하였다. 직접 또는 간접적인 연좌의 책임을 면함과 아울러 가문의 명예를 생각하였기 때문인데, 속대전續大典에서는 처의 친정가족이 반역죄를 범하였더라도 이혼하지 못하도록 규정하였다.

IV 부모와 자녀

1. 삼부팔모三父八母

한자인 '부父'자는 양손에 매를 들고 있는 상형象形이며 아비는 매를 휘둘러 가족을 편달하고 가르치는 가장이며 지존至尊한 존재라는 뜻이다. 그러므로 아비는 하늘天에 비유되어 아비가 죽으면 그 슬픔을 하늘이 무너지는 것[天崩]과 같다고 하였다.

'모母'자는 여자가 자식을 안고 있는 상형이라고도 하고 또는 두 개의 점이 유방을 나타내며 젖을 먹이는 뜻이라고 하는데, 결국 어미는 자식을 낳아서 기른다는 사상이 그 중심을 이루고 있어서 여자가 자식을 낳지 못하면 칠거지악에 해당되어 남편으로부터 내쫓긴다는 것으로서 자식이 없는 여자는 지어미로서의 자격이 인정되지 않았다고 볼 수 있다.

어미에게는 아비의 경우처럼 무서운 권위가 있을 수 없고 따라서 아비보다 낮은 것으로 보아 어미는 땅(地)에 비유되어 어미가 죽으면 그 슬픔은 땅이 터지는 것[地坼]과 같다고 하였다.

그런데 중국에서는 예부터 나를 낳은 부모 외에 많은 종류의 부모를 인정하였다. 이른바 삼부팔모三父八母, 사부육모四父六母, 육부십이모六父十二母가 그것이며 삼부팔모는 우리의 경국대전이나 사례편람四禮便覽에서도 이 제도를 채택하였는데 사례편람에 의하면 '삼부'는 동거계부同居繼父, 부동거계부不同居繼父, 원부동거계부元不同居繼父이고 '팔모'는 적모嫡母, 계모繼母, 양모養母, 자모慈母, 가모嫁母, 출모出母, 서모庶母,

유모乳母이다.

동거계부는 개가하는 모를 따라가서 함께 살면서 부양받은 의붓아비, 부동거계부는 처음에는 동거하였는데 그 후에 그리고 현재 동거하지 않는 의붓아비, 원부동거계부는 처음부터 동거하지 않은 의붓아비이다.

의붓아비와 함께 산다는 것은 일반적으로 무척 고통스럽고 눈치 속에 살아야 하는 경우가 많으며 우리 속담에서도 "의붓아비 아비라 하랴"라고 한다. 적모는 서자庶子의 부父의 정처正妻이고 계모는 친모가 사망하거나 이혼당한 후 아비의 정식 후처로 들어온 어미, 양모는 가계계승을 위하여 동종자를 입양한 경우 및 3세전의 유기아가 수양된 경우의 양모이다. 전자의 경우는 엄격히 말하면 계후자의 소후모所後母이다.

자모는 서자의 생모가 사망한 후 아비가 그의 다른 첩으로 하여금 기르게 한 경우의 부의 첩을 말한다. 가모는 아비의 사후 개가한 친모, 출모는 아비로부터 버림받은(내어쫓긴, 이혼당한) 친모, 서모는 부의 첩인데 첩에는 양인의 신분을 가진 양첩과 기생·비와 같이 천한 신분의 천첩이 있으므로 서모도 두 가지 종류가 있다고 보아도 좋으며 양첩인 경우가 어머니의 성격이 더 짙다고 할 수 있다. 유모는 젖을 먹여준 어미이며 흔히 볼 수 있다.

삼부三父에다가 친부親父와 양부養父가 포함되면 오부五父가 되고 양부를 다시 소후부所後父와 양부養父로 나누면 육부六父가 된다. 또한 팔모八母에다가 친모·양모를 넣으면 십모十母로 되고 양모를 다시 소후모와 양모로 나누면 십일모十一母로 된다.

또 옛날 우리나라 이성양자제도에 있어서 양자를 3세전에 수양한 경우와 3세후에 수양한 경우를 나누어 전자를 수양收養, 후자를 시양侍養이라고 하므로 실은 양부모도 수양부모, 시양부모가 있게 되는데 이렇듯이 나눈다면 칠부십이모七父十二母로 된다.

위에 든 여러 종류의 부모들은 그 친소親疎·정의情誼·은의恩義 등에 따라 상복관계가 맺어지는데 양부모, 적모, 계모, 자모는 친부·친모와 같이 3년상을 입어야 하며 형법상에서도 친부모와 같은 존속이며 사법상으로도 친권자이며 법률상 부양의무를 지고 있었다.

계부 중에도 원부동거계부는 무복無服이며 조그마한 부자의 의를 인정하지 않은 셈이다. 이렇듯 많은 종류의 부모가 있지만 가부장적 가족제도의 정신에 입각하여 정의情誼는 없으나 부를 위하여 어머니로 해야 하는 적모·계모를 제외한다면 처음에 부모를 글자풀이 하였듯이 자기를 위하여 조금이라도 도움과 은의恩義를 준 자에게 부모의 이름을 붙여준 셈이다.

조선시대 전까지는 부모와 자녀 사이에서 법률상 권리·의무가 생기는 것은 친부모와 양부모에 국한되었다. 따라서 적모나 계모·서모는 극히 제한된 범위이었고 계부자관계는 인정하지 않았다. 조선시대 때부터 유교적 가족제도를 근본으로 하게 되어 부모의 범위가 확장되었는데, 그것은 먼저 상복제에서 비롯되었다.

중국에서는 법률상 친권자가 되고 부양의무를 지는 자는 주로 친부모와 양부모·적모·계모·자모이었다.

경국대전에 의하면 부父·소후부所後父·동거계부同居繼父·금부동거계부今不同居繼父·양부養父, 즉 3세전의 수양자를 입양한 경우의 양부 등 5부와 모母·소후모所後母·적모嫡母·계모繼母·양모養母·자모慈母, 즉 서자의 생모가 사망하고 아버지의 명령에 의하여 특별히 양육해 준 아버지의 첩·가모嫁母, 즉 아버지의 사망 후 개가한 생모·출모出母, 즉 이혼당한 생모·서모庶母, 즉 아버지의 첩으로서 아들이 있는 첩·유모乳母 등 10모母로 되어 있다.

원래 중국의 삼부팔모는 친부모와 양부모, 즉 소후부모를 제외한 것으로, 주자가례의 삼부팔모와 경국대전의 것과는 조금 다르다. 어떻든 삼부팔모는 복제 상의 부모인데, 이 가운데서 법률상 관계가 생기는 것은 중국의 경우와 같았다고 볼 수 있다. 특히 경국대전이 제정되기 전에는 계모의 복을 친모의 복과 같이 하는데 대해 논란이 많았다.

2. 친자녀의 종류

자기의 소생을 자식이라고 하는데, 형식적으로는 아들을 자子, 딸을 녀女라고 하여 반드시 구별해서 표현하였다. 그러므로 자子라고 할 때에는 아들딸을 포함하는 뜻이 아니라, 아들만을 뜻하였다. 그리하여 친자식을 친생자녀親生子女라 하고, 아버지의 자식이지만 사망 후에 출생한 자식을 유복자녀遺腹子女라고 하였다. 친생자녀도 적법한 혼인에서 출생한 자를 적출자녀嫡出子女라 하고, 혼인 외의 첩에서 출생한 자를 서자녀庶子女라고 하였다. 그런데 서자녀 중에서도 그 생모의 신분이 양인良人이냐 천인賤人이냐에 따라 양첩자녀良妾子女와 천첩자녀賤妾子女로 구별하였고, 천첩자녀도 어머니가 기생이면 기첩자녀妓妾子女, 종이면 비첩자녀婢妾子女라고 불렀다. 또 재가再嫁나 삼가三嫁해서 낳은 자녀도 서자녀와 같이 처우하였다.

이러한 적서의 차별은 조선시대의 가장 큰 폐단의 하나이었다. 서자녀는 그 아버지와 적모와의 사이, 그리고 적출자녀와의 사이에 완전한 친족관계가 생기지 않으며, 상속을 비롯하여 과거나 관직등용에 심한 차별을 당하였다. 더욱이 양첩자녀와 천첩자녀 사이에도 심한 차별을 두어, 천첩자녀는 거의 자녀로서의 처우를 받지 못하였다. 계모와 전처소생의 자녀 사이에도 재산상속에 있어서는 법률상 완전한 모자관계가 인정되지 않았으며, 전처소생의 자녀는 피가 통하지 않고 의義로 맺어진 것이라 하여 의자녀義子女라 하였다.

3. 합혈법과 적혈법

부자관계가 있는지 없는지 의심스러울 때에는 합혈법合血法에 의해서 판정하였다. 그것은 무원록無冤錄[증수무원록]이라는 법의학 책 가운데 마지막 장의 적혈조滴血條에 실려 있다. 즉 서로 생존하고 있는 부모자녀 간, 형제자매 간이 진실한 사이인

가에 관해서는 다음과 같은 합혈법에 의한다. "친자식이나 형제가 혹은 어려서부터 떨어져서 서로 알고자 하여도 그 진위를 판단하기 어려운 경우에는 각자 피를 뽑아 한 그릇 안에 떨어뜨리어 보면, 참이면 하나로 어리고 아니면 어리지 아니한다. 다만 생혈生血은 소금이나 초醋와 닿으면 어리는 것이니 먼저 시험할 그릇을 관인官人의 입증 하에 깨끗이 씻거나 특히 새 그릇을 가져다가 시험해야 한다. 또한 피 한 방울을 물에 넣어서 만약 그릇이 크고 물이 많아 핏방울이 서로 가는 거리가 멀면 즉시 합하지 못하며 혹 핏방울을 떨어뜨릴 때에 조금이라도 전후(시간차)가 있으면 피에 차고 더운 차이가 생기기 때문에 또한 합해지지 않는다."

조선 영조 초(18세기 초)에 전라도 영광의 이범李範이란 사람은 적처에게는 아들이 없고 첩에게서는 유기有機라는 아들을 두었다. 이범의 처는 35세에 단산을 하였다가 50세에 딸을 낳았다. 그런데 아들을 갖고 싶은 욕심에서 52세에 남편과 공모하여 종이 낳은 아들을 몰래 가져다가 자기가 낳은 것이라고 하였다. 유기는 적모가 낳은 아들이 아니라 종의 자식이라고 고소하였으므로 군수가 유기를 신문하니 적모가 몰래 여자종의 아들을 가져오는 것을 실지로 눈으로 보았다고 답변하였다. 그런데 이 사건이 오래도록 해결을 보지 못하자 왕명에 의해서 대신에게 의논하게 하였다. 당시 판중추부사判中樞府事인 민진원閔鎭遠이 말하기를 이범의 적처가 17년간 단산한 후 50세에 딸을 낳고 52세에 또 아들을 낳았다고 하는데 황제소문黃帝素問(황제와 명의인 기백岐伯과의 문답을 적은 최고最古의 의서醫書임)에 의하면 여자는 칠칠七七에 월경이 끝나고 음도陰道가 통하지 않기 때문에 자식을 못 낳는다고 하였는데 칠칠은 49세이므로 세상의 부녀자가 49세에 수태하여 50세에 아이를 낳는 사람은 간혹 있지만 50세 이후에 아이를 낳는 사람은 절대로 있을 수 없으며 더구나 50세가 지난 후에 해마다 자식을 낳되 그것도 17년간이나 단산한 후에 낳았다 하니 있을 수 없는 일이라고 하고, 이범이 합혈법에 따라 피를 합쳐 볼 것을 요구하였으므로 전라감사의 복심시覆審時에 합혈을 하니 모자母子뿐만 아니라 다른 사람의 피와도 합혈하니 합혈법에 의하여 판결할 수도 없는 것이라는 의견을 말하였다. 그리하여 황

제소문을 근거로 대면서 문초하니 이범은 드디어 사실을 자백하였다.

만약 부모가 사망한 뒤에 진부를 확인해야 할 경우에는 다음과 같은 적혈법滴血法(또는 적골법滴骨法)을 사용하였다. "신체발부는 부모에게서 받은 것이다. 자식은 부의 유체이고 낳은 자는 모이므로 자식의 몸을 찔러 한두 방울의 피를 부모의 해골 위에 떨어뜨려 보면 친생간이면 그 핏방울이 뼈 속에 스며들고, 아니면 스며들지 아니한다.", "적골법은 조손祖孫간에도 시험할 수 있거니와 부부는 각각 부모가 달라서 한 곳에서 나온 것이 아니므로 적골해도 피를 받지 않는 것이다. 피를 받을 것으로 생각되는 경우로는 남의 첫 자식에게 자기 젖을 먹이면 이 자식의 후천지질後天之質이 유모乳母의 기혈氣血의 도움을 받아 자라기 때문에 피를 받은 것 같으나 아마 그렇지는 않을 것이다."라고 되어 있다. 이 적혈법은 실제로 친자 판정에 사용되었고 상식으로도 전습되어 왔다.

옛날에는 축첩이 성행하여 양첩자나 천첩자가 많았으며 명색이 첩에서 낳은 자식은 당연히 자기 자식으로 알고 특별히 인지認知의 절차를 밟지 않았다. 부처관계가 아닌 사이, 예컨대 처녀나 수절하는 과녀寡女가 낳은 자식은 난륜亂倫의 자식이라 하여 세상에 알려지기를 꺼렸으므로 죽이든가 버렸다. 기아로 되었더라도 대개 수양하는 사람이 있어 친자식처럼 길러 수양부모의 성을 따르므로 구태여 친부모를 찾지 않았다. 또 그러한 난륜자亂倫子라도 어미가 아이의 아비를 지정하면 아비는 그대로 인지하는 관습이었다.

4. 효에 대한 법적 강제

자녀의 부모에 대한 효는 원래 무제한한 것인데 구체적으로 법률로 강제하였다. '부父'자는 양손에 태笞[매]를 들고 있는 형상이어서 자식은 아버지의 교령敎令에 절대 복종해야 하며 잘못이 있으면 언제든지 매를 달게 맞아야 한다는 것을 알 수 있다. '효孝'자는 원래 '자子'자 위에 '로老'자가 올려져 있는 형상인데 자식은 노인 '부모'를 항상 받들라는 뜻이므로 여기에서 부모를 공경하고 잘 봉양하라는 뜻으로 새길 수 있다.

중국의 율律[형법]에는 십악十惡이라는 범죄를 규정하고 있는데 10종의 나쁜 죄는 국사범죄와 도덕풍교, 즉 가족도덕에 관한 것이며, 형량도 사형에서부터 장형杖刑에 이르기까지 경중이 다양하며 십악의 죄를 범하면 원칙적으로 감면의 특전을 받을 수 없게 되어 있다. 불효는 십악 중의 일곱째이며 불효의 사례가 구체적으로 열거되어 있는데 다음과 같다.

① 조부모·부모의 죄를 관에 고소하거나 밀고하거나 조부모·부모에 대해 소송을 제기하거나 욕설을 하는 것.

② 조부모·부모가 생존해 있는데 분재·분가하는 것. 이것은 가족제도의 유지를 위한 것인데, 당률唐律에서는 어떠한 경우에도 허용되지 않으며 부모가 분가시킨 경우에는 자손은 벌하지 않고 부조父祖를 처벌하였으며, 명률明律에 이르러서는 부조의 고소가 있어야 논죄함과 동시에 부조가 분가시킨 경우에는 처벌하지 않게 되었으며, 청률淸律에서는 부모의 동의로 분가할 수 있고 유언이 있으면 부모 상중에도 분가할 수 있게 하였다. 우리나라는 부모의 명령이나 동의로 분가할 수 있었으며 분재·분가하는 것이 법이며 관습이므로 이 대목은 그대로 적용되지 않았다.

③ 자식으로서 부모를 충분히 봉양하지 않는 것. 부모를 봉양할 자력이 있음에도 불구하고 음식을 잘 받들지 않은 것을 말한다. 예기禮記에 보면 부모가 늙으면 식욕이 감퇴해지므로 될 수 있는 대로 감퇴되지 않도록 해야 하며 60세가 되면 혈기가 쇠퇴하므로 언제든지 육물을 준비해 두어 받들어야 하며(六十宿肉), 70세가 되면 반찬상을 두 개를 차려서 어느 쪽이든지 좋아하는 쪽을 들도록 해야 하며(七十貳膳), 80세가 되면 언제나 진기하고 별미인 것만을 바쳐야 한다(八十常珍)고 하였다. 결국 항상 음식봉양에 추호도 소홀함이 있어서는 안 된다는 뜻이다.

④ 부모상父母喪 중에 혼인하는 것.

⑤ 부모상 중에는 스스로 악기를 연주하거나 노래부르거나 악사로 하여금 연주하게 하거나 우연히 들어서도 안 된다.

⑥ 부모상 중에 상복을 벗고 평상복이나 좋은 옷을 입거나 상복을 입고 연회에 참석하는 것. 바둑, 장기를 비롯한 노름을 하는 것.

⑦ 조부모·부모가 돌아갔는데도 이를 감추고 애곡哀哭하지 않는 것. 상을 당하면 소리를 내어 이웃에 들리도록 눈물을 흘리며 울어야 한다. 슬프지 않아서 울지 않은 경우도 있겠으나, 모처럼 감투를 썼는데 부모상을 당하면 사직하고 3년간 복상해야 하므로 모처럼의 감투를 놓치기 싫어서 감추는 경우도 있었다.

⑧ 조부모·부모가 돌아갔다고 사칭하는 것.

위와 같이 효의 기준은 대체로 우리나라에서도 특히 고려시대 이래로 형식적으로 적용되고 강제되었다.

V 양자

1. 양자제도의 발전과정

양자제도는, 부권적 대가족제도가 이루어진 후 조상봉사를 중심으로 하는 가계家系의 계승과 가산家産의 상속을 위해서 혈연의 자식이 없는 경우에 다른 사람의 자식을 인위적으로 자기 자식으로 삼은 데에서 비롯된 것이다. 그 변천과정은, 조상이나 가家를 위한 양자로부터 양부모를 위한 양자에로, 그리고 오늘날에는 양자를 위한 양자제도로 발전해 왔다.

우리나라에서의 양자제도의 기원은 확실히 알 수 없으나, 삼국시대에까지 거슬러 올라가 볼 수 있다. 그런데 고려시대에는 처음부터 법률적으로 규제하여 유교적인 동종양자同宗養子와 전통적 관습인 이성양자異姓養子를 인정하였다. 즉 아들이 없는 사람은 형제의 자, 즉 조카를 양자로 하고 조카도 없는 경우에는 타인의 3세 전의 기아棄兒를 양자로 삼아 양부의 성을 따르고 그 호적에 입적시키도록 하였다. 그러나 실제로는 자손이나 조카가 있음에도 불구하고 이성인異姓人을 양자로 하는 관습이 있어서, 문종 22년(1068)에 이를 금지한 일이 있다. 아들이 없는 경우에는 조카를 양자로 하게 하는 것은 중국의 종법적 양자제도의 영향이며, 자손이 있음에도 불구하고 이성인을 양자로 하는 것은 고래로부터의 관습인데 이 이성양자는 주로 외손外孫이었으며 외손봉사습속은 후세에까지 이어진 것이다.

이성양자 중에서 특히 3세전에 입양한 자를 수양자收養子라고 하였는데, 고려시대의 양자제도의 특색은 동종양자이건 이성양자이건 구별하지 않고 다같이 가계계승의 자격이 인정되었던 점이다. 그것은 아직 중국의 종법이 보급되지 못한 까닭이었으며, 혈통본위와 함께 인재人材본위의 양자제도가 행하여진 때문이다.

이와 같은 고려시대의 양자제도는 유교를 국시로 하는 조선시대에 이르러 철저한 종법적 양자제도로 바뀌었다. 따라서 가계계승을 위한 이성양자를 금지하게 됨에 따라서 양자의 명칭도 바뀌어 가계계승을 위한 동종양자를 계후자繼後子, 양부모를 소후부모所後父母라 하였고, 양자로 들어가는 것을 출계出繼 또는 계후繼後라고 하였다. 이에 반하여 가계를 계승할 자격이 없는 이성입양의 경우에는 양자녀養子女, 양부모養父母라고 구별하여 불렀으며, 이성양자는 다시 수양자녀收養子女와 시양자녀侍養子女로 명확히 구별하게 되었다. 처음 태조 때에는 종래와 같이 수양자에게 계사자격繼嗣資格이 부여되었으나 경국대전에 이르러서는 3세 이전에 수양된 자를 수양자, 3세 이후에 수양된 자를 시양자로 구별하고 따라서 수양자는 이성양자로, 시양자는 동성·이성을 묻지 않으며 재산상속에서도 차별을 하게 되었다. 수양자의 경우는 양부모의 친생자녀가 있으면 상속분에 심한 차별을 하였으나 수양자만이 있을 경우에는 전유산을 단독상속할 수 있게 하였다. 그래서 수양자는 '동기자同己子'라고 하여 친생자와 같이 보았다. 한편 동성동본으로서 질항姪行에 해당하는 자를 계후자로 하여 봉사奉祀와 가계를 계승하게 하는 종법양자宗法養子제도가 강행되고 주로 양반계급에서 이를 준행하게 됨에 따라 이성양자제도는 비판을 받게 되고 주로 서민층에서 행해지게 되었다.

한편으로는 유기아遺棄兒를 머슴이나 종으로 만들기 위한 수양이 성행하였다. 즉 흉년이나 전란이 있는 경우에는 헤아릴 수 없이 많은 기아가 길을 헤매고 굶어죽는 자가 많게 되자 국가에서 수양을 장려하고 수양한 자에게는 식료와 의류를 지급하였으나 수양에 호응하지 않으므로 3년 내에 친부모가 추심推尋하지 않은 경우에는 영구히 머슴 또는 종으로 할 수 있게 한 것이다. 그리하여 유기아양자제도는 한편으로는 노비증식의 수단으로 이용되어 권세 있는 자들은 협박하면서까지 수양하는 사례가 있었다.

그러나 그 가운데서도 서민층에서 자식이 없는 자는 수양자나 시양자를 맞아 후사로 삼았으며 친자식과 다름없이 대우하였는데, 특기할 것은 거의 예외없이 아들이 없는 자가 이 제도를 이용한 것이었다. 당시 계후자를 들일 경우에는 최종적으로 예조의 입양허가(입안立案 또는 예사禮斜)를 받아야 하였는데 수양자와 시양자의 경우도 마찬가지로 예조의 허가를 받았으며 그 신청이 있을 경우에 당국에서도 '계후자繼後子'로서의 입양을 허가해 주었으며 그것에 관한 예조의 기록이 규장각도서로 전해 온다.

따라서 이성양자는 주로 서민층에서 종법양자와 마찬가지로 계후자로서의 법률상 지위를 인정받았으며 비록 그 수는 많지 않았으나 떳떳한 양자이었던 것이다. 그런데 이러한 양자제도는 일체침략 후 법률상 금지하게 되었다. 즉, 1909년에는 수양자의 상속인자격을 박탈하고 1915년에는 수양자는 관습에 반한다고 하여 입양신고의 수리를 금하게 되었으며 나아가 수양자는 양자가 아니므로 재판상 확인의 이익이 없다고 하였다.

2. 계후자 입양

계후자입양繼後子入養의 요건으로서는 양친(소후부)에 관한 요건과 양자에 관한 요건으로 구별할 수 있으며 법률상 매우 엄격하였다. 먼저 양친에 관한 요건은 다음과 같다.

첫째로, 기혼 남자이어야 하였다. 양자를 들이는 것은 입사立嗣, 즉 봉사를 위한 것이며, 그것은 남계혈통을 유지하고 계승하게 하기 위한 것이기 때문에 여자는 혈통의 주체자나 중계자가 될 수 없으며, 따라서 입양의 당사자가 될 수 없었다. 사후양자를 유처遺妻가 선정하는 경우에도, 그것은 입양의 당사자가 될 수 없었다. 사후양자를 유처가 선정하는 경우에도, 그것은 입양의 당사자로서 하는 것이 아니라, 단지 망부亡夫와 양자 사이에 양친자관계가 발생하는 부수적 효과로서 양모라는 지위에서 하는 것뿐이었다. 또한 종법상 기혼자라야 사후死後에 세대世代로 계산되며, 미혼남자는 승중承重한 후에라도 사후死後에 세대로 계산되지 않았다. 그래서 처음부터 계사자가 아니었던 것으로 되며, 기혼인 차자次子가 봉사자로 되거나(兄亡弟及), 만약 아들이 없는 경우에는 선대先代를 위하여 양자를 하였다. 기혼자이면 연령에 상관없이 양자를 할 수 있었다.

둘째, 아들이 없어야 하였다. 이것은 여자가 제사계승자격이 없었기 때문이다. 그러나 남자로서 적출자가 없고 서자만 있을 경우에는, 서자를 천시하기 때문에 서자를 제쳐놓고 양자를 하는 관습이 있었다. 원래 경국대전에는 적장자嫡長子가 무후無後하면 중자衆子가, 중자가 무후하면 첩자妾子가 봉사하며, 적처嫡妻와 첩에게 모두 아들이 없을 때에만 양자를 할 수 있도록 규정되어 있다.

이러한 법전의 규정을 둘러싸고 심한 논쟁이 있었는데 서자천시의 풍조 때문에 결국 서자가 있을 때에는 동생의 자, 즉 친조카가 아니면 양자로 할 수 없고, 남편이 사망한 후에는 사후양자를 하지 못하게 하였다. 그러나 그것도 지켜지지 않았으며, 양반층에서는 친조카가 없으면 당질이나 재당질 또는 원족遠族을 양자로 삼는 일이 성행하여, 으레 사후양자를 하는 관습이 굳어졌다.

셋째로, 부夫가 아들 없이 사망한 경우에는 유처가 제1차로 망부를 위해서 양자를 입양하였는데, 이것을 사후양자死後養子라고 한다. 양부모가 될 사람이나 양자가 될 사람의 부모 가운데 한편 또는 양편이 사망한 경우에는, 원칙적으로 입양을 허가하지 않았으나, 예외로 입양할 수도 있었다.

그리고 양자에 관한 요건은 다음과 같다.

첫째로, 양부와 같은 남계혈족이어야 하였다. 남계혈통인 종宗을 계승하기 위한 필연적 요청이며, 따라서 고려시대와 같이 가계계승을 위한 이성양자는 조선시대에서는 절대로 허용되지 않았다. 다만 환관가宦官家와 승려에 대해서는 그들의 생리적 또는 신분적 특이성 때문에 계후적 이성양자가 허용되었다.

둘째로, 양자는 남자이어야 하였다. 양친이 남자이어야 하는 것과 같은 이유이다. 따라서 여자는 양자로 될 수 없었으나, 다만 고래로 부인들이 제사를 주재(主祭)하는 습속이 있었기 때문에 딸만 있어도 양자를 하지 않고 유처나 딸이 그대로 제사를 주재하거나 외손으로 하여금 봉사奉祀하게 하는 일이 있었는데, 조선 중기 이후에는 거의 없어졌다. 이것은 재산이 다른 사람에게 귀속되는 것을 두려워한 데에서 생긴 것으로 여겨진다. 여자가 제사를 주재하는 경우에는 그것은 예법禮法상 향화香火를 받드는 것으로 보았다.

셋째로, 양자는 소목지서昭穆之序에 합당해야 하였다. 소목지서라 함은 부자의 질서를 뜻하는데, 양자는 양부의 아들의 서열에 해당해야 되는 것이다. 고려시대부터 조선시대 초기까지는 반드시 친조카에 국한하였는데, 후에는 가까운 조카(同宗近屬)로 완화되었다. 따라서 항렬이 같거나 위이거나 손자항렬인 자는 양자로 할 수 없었다. 이 항렬은 족보나 호적에 의해서 확인되며 보통은 항렬에 따라 질서정연하게 작명하기 때문에, 그 확인은 어렵지 않았다. 그러나 원족遠族인 경우에는 착오로 입양하는 경우가 많았으며 후에 착오임이 밝혀지면 파양하였다. 그런데 이 소목지서는 반드시 엄수되지는 않았으며, 소목지서에 해당하는 자가 없거나, 있더라도 양자로 삼기에 적합하지 않을 경우에는, 손자항렬에 있는 자를 입양하는 일도 있었다. 그리고 이 엄격한 소목지서를 탈법하기 위해 차양자次養子나 백골양자白骨養子와 같은 관습이 행해지기도 하였다.

차양자제도는 형제항렬에 있는 자를 양자로 할 수가 없기 때문에 생긴 변칙적 양자이다. 장자가 아들 없이 사망하면 생존하고 있는 망장자의 부父는 죽은 장자를 위하여 자기의 손자항렬에 있는 자를 양자로 들이기 위하여 일단 자기의 아들항렬에 있는 자를 양자로 삼아 제사와 재산을 상속시킨다. 그 다음 그 차양자가 아들을 낳으면, 그 아들을 망장자의 계후자로 삼고 종통을 계승하게 되며, 차양자는 물러나와 별종別宗을 이루게 하는 제도이다. 이 제도는 조선시대의 숙종 때부터 비롯된 것이다. 백골양자도 변칙적 제도인데, 손자항렬에 있는 자를 양자로 하고자 하는 경우에 양부와 양손 사이에 아들항렬에 해당하는 소목이 비게 되는 것을 채운다는 구실로 일단 죽은 자(즉, 현재 양손養孫으로 되려는 자의 부)를 계후자로 의제하는 것이며, 일명 신주양자神主養子라고도 하였다.

넷째로, 양자가 될 자는 생가의 장자 또는 독자가 아니어야 하였다. 장자나 독자는 자기 가계를 계승해야 할 자이기 때문에, 다른 집안의 계승을 위하여 자기 종宗을 떠날 수 없기 때문이다. 이 요건을 법전에서는 지자支子라고 하였다. 그러나 일반 관습에서는 대종大宗과 지종支宗의 분수를 중히 여긴 결과 종가가 무후하면 지가에 아들이 많더라도 장자를 입양하고, 또 독자도 입양하였다. 이것은 법률상 절대로 허용되지 않았는데 호적을 위조해서까지 입양시켰다.

다섯째로, 양자는 한 사람에 국한하였다. 제사상속이 적장자 단독상속주의이기 때문에, 계후자도 한 사람에 한해서 인정되었다.

이상과 같은 실질적 요건이 갖추어진 경우에는 형식적 요건으로서 양가兩家의 부父의 동의를 얻은 다음, 예조의 입안을 받아야 하였다. 이 예조의 입안을 계후입안繼後立案 또는 예사禮斜라고 하였다. 부가 사망하면 모가 입안을 신청하였는데, 그 절차는 양자의 호적단자戶籍單子를 첨부하고 문장門長의 보증을 받아 한성부에서는 직접, 외방에서는 관찰사를 거쳐 신청하였다. 숙종 때에는 수수료로서 작목作木을 납부해야 하였는데, 정목正木 5필 혹은 동전 5냥이었다. 양자는 입양한 때부터 양부모의 친생자와 같은 신분과 권리·의무를 가지게 된다.

3. 파양罷養

입양을 해소하는 것을 파계罷繼(또는 파계罷系) 또는 파계귀종罷繼歸宗이라고 하였다. 입양은 조상의 봉사와 가계의 계승을 목적으로 하건 혹은 양육을 목적으로 하건 남의 자식을 자기의 자식으로 삼는 것이어서, 그로써 부모자녀간이라는 대의大義가 고정된다는 안정성의 법의식이 강하기 때문에, 일시의 경솔한 판단으로 쉽게 파양하는 것은 옳지 못한 것으로 보는 것이 우리나라를 비롯한 동서고금의 원칙이다. 그것은 마치 혼인을 천합天合이라고 하여 이혼을 바람직스럽지 못한 것으로 생각하는 것과 같으나 또한 혼인을 해소할 수 있는 것과 같이 입양도 천륜대의天倫大義에 어긋나면 파양할 수 있다고 본 것이다. 파양의 법·관습은 조선왕조 이래로 명확히 알 수 있는데 파양하는 사유로서는, 첫째로 양자(계후자)의 생가가 무후하게 되면 파양하였는데 이것을 특히 파계귀종罷繼歸宗이라 하여 생가의 종통宗統을 중히 여기는 사상에서 나온 것으로서 명종明宗 9년(1554) 2월 14일의 수교受敎로써 허용된 것이다. 둘째로 계후자의 성품이 광패狂悖하거나 악질惡疾이 있어 봉사에 적합하지 않은 경우(춘관지春官志 계후繼後 및 육전조례六典條例 예전禮典 계후繼後), 셋째로 계후자가 반역죄를 비롯한 범죄로 처벌된 경우, 넷째는 소목지서昭穆之序에 반한 것임이 밝혀진 경우, 다섯째는 양부모에게 불효하거나 가산을 탕진하거나 봉제사奉祭祀에 불성실한 경우, 여섯째로 한쪽 부모의 단독의사에 의하여 강제로 입양한 경우, 일곱째로 사기에 의하여 입양한 경우, 여덟째로 계후자가 양부모보다 연장자인 경우, 아홉째로 기타 입양이 위법한 경우 등이다.

또한 입양한 뒤에 양모가 아들을 낳은 경우 파양할 수 있는지에 관하여는 관습과 의논이 분분하였는데 명종 8년(1553) 4월 23일의 수교로서 친자식이 봉사를 해야 하며 계후자는 중자衆子로 하게 함으로써 파계하지 못하도록 하였는데, 후에 속대전에서는 반대로 계후자가 봉사하고 친자식을 제2자로 하게 하였다. 그러나 실제로는 생양가문生養家門 및 양가 안에서의 분쟁을 없애기 위하여 파양하고 정의情誼의 표시로서 전답이나 노비를 증여하는 것이 일반 관습이었다.

파양의 방식·절차에 관해서는 입양의 요건절차가 엄격함과 마찬가지로 법률상 국왕의 윤허가 있어야 하였다. 즉 반드시 양가兩家 부모가 합의한 뒤 양가兩家의 문장門長이 파계를 위한 단자單子를 올려 계문啓聞하여야 하였다(육전조례六典條例 예전禮

典 계후繼後). 조선 중기까지에는 입양할 경우에 예사禮斜[繼後立案]를 받는 것이 관례이었는데 후기에 이르러는 예사를 받지 않는 사실상의 양자도 많이 행해짐으로 해서 파양의 법적 절차도 준행되지 않았다. 보통 사당에 고한 뒤 계후자가 사실상 생가에 복귀하는 데 그쳤으며 이를 양가와 문중에서 인정하고 족보에 등재함으로써 공시되었던 것이다. 일제시대에는 처음에 호적신고를 요하는 협의파양이 인정되었다가 1923년 7월부터는 판례에 의하여 재판상 파양이 인정되었으며 1939년부터는 일본민법 제866조를 의용하게 됨으로써 제도로서의 재판상 파양제도가 시행되었다.

VI 가계계승과 제사상속

1. 고대의 영혼불멸사상

비교사적으로 보면 고대 희랍이나 로마는 물론 어느 민족이나 고대에는 계세사상繼世思想과 조상숭배신앙이 있었으며 우리나라의 경우도 마찬가지이다. 조상숭배는 조상을 외경畏敬하고 영혼을 숭배·제사하는 신앙형태인데 그것은, 첫째로 영혼불멸의 관념과, 둘째로 영혼은 내세에서도 현세에서와 마찬가지로 생활하여 그 생활필수품의 충족을 살아 있는 자손에게 의뢰하며 이 영혼에 대한 공양을 태만하면 자손에게 불행이나 위해危害로 복수하고 반대로 성의껏 충분히 공양하면 행복과 수호를 주는 것으로 믿는 종교적 관념에서 나온 것이다. 이러한 관념에서 특히 '죽음'이라는 사실이 영혼불멸관이나 조상숭배를 낳는 심리적 조건이 되는데 죽음은 살아남은 자손의 마음속에 한없는 적막감, 고독감, 무력감을 낳게 하므로 그들 자신이나 생활공동체(씨족, 가족)로서는 중대한 위협으로 되며 따라서 영혼의 현세에의 복귀나 현세에 대한 수호를 강렬하게 희구하였던 것이다.

부여夫餘에서는 여름에 사람이 죽으면 시체의 부패를 막기 위해서 얼음을 사용하였으며 고구려에서는 시체를 옥내에 두어 길일吉日을 택하여 매장하며 부모나 남편의 상喪에는 모두 3년을 복상服喪하고 형제의 경우는 3월이며 초종初終에는 곡哭하며 장사를 지낼 때에는 북치고 춤추며 매장이 끝나면 사자死者가 생시에 입고 사용하였던 옷과 우마牛馬를 묘 옆에 놓아두는데, 모인 사람들이 다투어 가져갔다 한다.

또 널을 사용하여 후장厚葬을 하며 금전이나 재물을 들여 돌을 쌓아 봉封을 만들고 송백松柏을 심었으며 집의 좌측에 큰 집을 지어 귀신을 봉사하고 영성靈星과 사직社稷을 받들었다. 백제의 습속도 상제喪制는 고구려와 같으며 부모나 남편은 3년상이고 다른 친족은 장사지내면 제복除服하였다. 신라도 관棺을 사용하여 염장殮葬하며 분릉墳陵을 만들고 왕이나 부모처자를 위하여 1년을 복상하였다. 사자死者를 매장할 때에는 생전에 사용하였던 장신구를 찬 채로 매장하였고 무기, 일상용품, 토기土器, 금은보석과 같은 장신구를 부장副葬하였으며 사자死者의 시종侍從을 순장殉葬하는 습속도 부여를 비롯하여 고구려는 동천왕東川王때 당시까지 신라는 지증왕智證王 2년(501)경까지 행해졌으며 가야伽倻시대에도 행해졌다.

조상숭배관념도 일반적으로 강하여 고구려나 백제시대에도 시조묘始祖廟를 세웠으며 고구려의 신대왕新大王 때에 국상國相이 죽자 7일간 파조罷朝하고 후장厚葬하여 수묘守墓할 20가를 두었으며, 신라에서도 남해왕南解王때에 시조묘를 세웠고 소지왕炤知王때에 수묘이십가守墓二十家를 증치增置하고 지증왕智證王때에 상복법喪服法을 반포하고 혜공왕惠恭王 때에 오묘제五廟制를 세웠다. 이러한 사묘祠廟제도는 중국의 유교의 영향을 받은 것으로 왕이나 귀족들 간에 행해졌던 형식이지만 일반 평민도 마찬가지였다. 다분히 가부장적인 가족제도 하에서 조상의 제사는 자기의 혈통을 이은 자손에 의하여 이루어져야 한다고 생각하여 부녀의 정조貞操를 절대시하고 제사를 계승할 아들을 낳지 못하면 축첩蓄妾하거나 산천에 빌어서 아들을 낳았으며 그것도 안 될 때에는 양자를 들여서라도 입사봉사立嗣奉祀를 하였다. 유교의 종법宗法 수용과는 관계없이 우리 고대인들은 고유의 신앙으로서 계세사상과 조상숭배신앙을 갖고 있었으며 유교가 수용됨에 따라 왕이나 귀족층에서 형식을 조금씩 갖추기 시작하였다. 그러나 동시에 불교의 영향으로 인하여 유교적 의식은 뿌리를 내릴 수 없었다. 이 고대로부터의 사상·신앙은 그 후대에 계승되어 오늘날까지 이어오고 있으며 한국가족제도의 한 특징을 규정짓고 있다.

2. 고려시대의 입사立嗣

조상숭배의 관념과 습속이 형식화된 예제禮制에 의하여 상제喪祭를 행하는 것을 중국의 유교의 수용·보급에 따라 유교의 형식을 취하게 되는데, 고려시대에는 당唐의 여러 제도를 본받았으므로 상제에 관하여도 당제唐制를 수용하였을 것으로 짐작된다. 처음에 태조太祖 때에는 사친四親을 추존追尊하였으나 대묘大廟를 세우지 않았으며 성종成宗 11년(992)에 비로소 오묘五廟를 정하여 대묘를 세웠으나 불교가 융성함에 따라 모두 불교식으로 상제를 행하였으므로 유교식의 상제는 극히 일부에서만 행해졌다. 따라서 봉사라는 관념과 습속은 있었으나 유교적·종법적인 가계계승과 결합하지 못하고 단순한 불교적 의식에 그쳤을 것으로 보인다. 집에는 반드시 신사神祠를 세웠으며 이를 위호衛護라 하고 또 문종文宗 당시에는 관리들이 혼당魂堂을 세워서 부조父祖를 봉사하였다고 하나 무격巫覡이나 불교의식에 의하였을 것으로 보인다. 유교식의 상제는 고려 말에 주자가례朱子家禮가 전하여짐으로써 유학자들이 이를 연구하고 보급함에 따라 제도로서 자리잡기 시작하였다. 공양왕恭讓王 2년(1390)에 이르러 입묘제사立廟祭祀제도가 공포되었는데 대부大夫 이상은 3대, 6품 이상은 2대, 7품 이하부터 서인庶人은 부모만을 봉사하고 가묘家廟를 세워 기제忌祭를 비롯하여 절사節祀를 받들도록 하였고 따로 사대부가제의士大夫家祭儀를 제정하여 모든 의식을 한결같이 주자가례를 기준으로 하게 하였으며, 이듬해에는 대명률大明律 복제식服制式을 따르도록 하였다. 그러나 가묘제는 제대로 시행되지 못하였고 상제와 복제도 일부 유가에서만 행해졌을 뿐이며, 따라서 유교식 상제가 제도적으로 강행되었으나 일반적으로 봉사와 종법宗法이 분리된 채였으므로 고려시대에 제사상속제도와 관습은 없었다고 할 수 있다.

제사와 직접 관련이 없는 가계계승家系繼承은 입사立嗣라는 용어에 의하여 상속법을 이루었다. 왕위계승에 관하여는 태조훈요太祖訓要에 장자계승을 원칙으로 하고 장자가 적격자가 아니면 차자次子, 차자가 적격자가 아니면 그 형제의 가家에서 적격자를 세우도록 한 것으로 미루어, 이것이 민간에도 영향을 끼쳤을 것으로 짐작된다. 일반인민에 적용할 입사법은 정종靖宗 12년(1046) 2월에 시행되었는데 그 순위는 다음과 같다.

①적장자嫡長子 ②적장자의 적손嫡孫[적장손] ③적장자의 동모제同母弟, 즉 중자衆子이며 장유長幼의 순서에 따름 ④적손의 동모제同母弟 및 첩손妾孫 ⑤서자庶子, 즉 첩자 ⑥외손자外孫子, 또 문종文宗 22년(1068) 법에 의하면 아들이 없는 자는 형제의 자, 즉 친조카를 입양하여야 하며 친조카도 없는 경우에는 타인의 3세 전의 기아棄兒를 수양收養하여 계후繼後할 수 있는 것으로 하였으므로 외손자가 없으면 ⑦질姪 ⑧수양자의 순위로 된다.

입사법의 특색은 부계혈족이 없는 경우에 외손이 사손嗣孫이 될 수 있고 이성異姓인 수양자에게도 계사자격을 인정한 점이다. 따라서 고려의 입사법은 가통을 계승하는 승가계통承家繼統이지 봉사와 종통宗統을 계승하는 승사계종承祀繼宗이 아니었다.

3. 조선시대의 제사상속과 종통계승

조선시대에는 주자가례朱子家禮에 입각하여 경국대전은 입사를 부조父祖의 제사자를 정하는 '봉사奉祀'의 관점에서 오로지 종법에 의하여 규정하게 되었다. 즉 종법은 제사자를 정하는 종조승계宗祧承繼의 법인데 제사상속인은 피상속인인 망부亡父의 친생남자 중에서 적서장유의 서열에 따라서 세워야 하며 아들이 없을 때에는 소목昭穆에 합당하는 동종의 지자支子를 후계자로서 입양하여야 하며 부녀자나 이성자異姓者는 제사상속인이 되지 못하도록 하였다. 제사상속, 즉 종통宗統의 계승=계사繼嗣는 반드시 소목에 따라 부자상계父子相繼하여야 하며 그 사이에 대代를 비우거나 중복하여서는 안 되므로 장남이 아비에 앞서 사망하여 장손이 조부를 계승하는 승조承祖 또는 승중承重의 경우에 종통은 아비로부터 망장남에게로, 망장남으로부터 다시 손자에게로 계승되는 것으로 보아 망장남도 세대에 계산하게 되며, 또 계사한 장남이 미혼인 채로 사망한 경우에는 형망제급법兄亡弟及法에 따라서 그 아우는 직접 아비를 승계하는 것으로 보고 망형亡兄은 세대에 계산되지 않는다. 위와 같은 원칙에 따라 적장자손 우선상속 하에서도 적장자손에게 봉사자로서의 자격에 적합하지 않은 사유가 발생한 때에는 이를 폐적廢嫡할 수 있으며 적출자가 하나도 없는 경우에는 서자도 계사繼嗣할 수 있다는 원칙이 있었으나, 서자가 있더라도 적질嫡姪을 입양할 수 있는 예외를 인정하였으므로 서자천시 풍조로 말미암아 사대부가에서 서자가 계사자로 되는 예는 극히 드물었다. 서자를 계사자로 하는 승적承嫡제도가 있었으나 극히 일부 가문에서만 이용되었을 뿐이다. 아들이 없는 경우에 입양을 하여야 하는데 소목의 질서를 유지하기 어려우므로 백골양자白骨養子나 차양자次養子와 같은 탈법입양이 관행되기도 하였다. 다만 일부 서민계층에서는 이성양자인 수양자나 시양자를 제사의 관점에서 입양하고 또 외손봉사도 적지 않게 행해졌다. 위와 같은 종법적 계사의 법·관습은 일제시대에도 대체로 그대로 계승되었으나 1933년 3월 3일의 조선고등법원판결이 제사상속제도를 법제도에서 제외시키고 일제식 호주상속제도만을 인정하게 된 것을 계기로 계사는 가장권, 즉 호주권의 상속이 중심개념으로 되었다.

그런데 이 적장상속주의는 반드시 법대로 지켜지지는 않았으며, 중기까지 제사윤회祭祀輪回 관습이 있어서 시제時祭만을 종손이 봉사하며 부모를 비롯하여 그 이외의 제사는 자손들이 돌아가면서 봉사한 것이다. 이것은 재산상속이 자녀균분상속이기 때문에 종손 내지 장자손이 혼자 부담하지 않게 하기 위한 것이다. 그런데 후기부터는 이 윤회습속은 거의 자취를 감추고 종자·종손 내지 장자손이 전담하게 되었다.

종법제적 제사상속이 일반적으로 지켜진 것은 대체로 17세기 이후의 일이며, 그

와 동시에 봉사의 대수代數 제한도 지켜지지 않고, 모두가 4대 봉사를 하기에 이르
렀다. 균분상속제도가 무너지면서 장자·장손(종손)의 경제적 지위도 향상되었으며
종통宗統 관념이 강하게 뿌리박게 되었다.

VII 재산상속

1. 고대

계세사상에 의한 지위의 상속과 함께 그것과 결합하여 혹은 별도로 재산상속도 행해졌을 것이나, 그 관습이나 법은 전혀 알 길이 없다. 후세의 관습으로 미루어 짐작할 수는 있으나 경솔히 추정할 수는 없다. 상속은 소유권의 어머니라고 일컫는 바와 같이 사유재산제도와 그 기원을 같이하는데 우마牛馬가 중요한 사유재산이었으므로 그것과 함께 금은보화가 상속의 대상이었으며 토지의 사유도 부여 때부터 이미 있어왔던 점, 그리고 가부장권이 강대하였던 점으로 보아 재산상속이 행해졌을 것임은 의심할 여지가 없다.

2. 고려시대

고려시대의 재산상속에 관하여서는 통일적인 법제가 없고 중요한 사항에 관하여는 판判, 제制와 같은 단행입법單行立法으로 규제하였고 일반적으로는 관습법에 의하였으며 상속에 관한 분쟁이 있는 경우에 재판에서는 관습법을 승인 또는 수정함으로써 판례법이 형성되었을 것으로 보인다.

통상, 상속이라 함은 사망으로 인해서 사망자가 소유하였던 재산상의 법률관계를 일정한 친족이 승계하는 사인상속死因相續을 뜻하는데, 고려시대에는 부모가 생전에 자손에게 그 소유재산을 분재하는 생전분재生前分財가 원칙이었으나 생전분재가 없거나 생전분재에서 누락된 재산은 부모의 사후死後에 자손이 분재하는 것이 관습이었다. 그러한 뜻에서의 상속재산을 조업祖業, 가업家業, 가산家産, 재산財産, 재財라고 하였다. 이러한 재산은 조상으로부터 받아서 자손에게 전하여야 하며 이러한 조상전래祖上傳來의 재산인 조업을 함부로 타인에게 처분하는 것을 불효不孝라고 생각하였고 법으로도 금하였다. 생전분재와 관련하여 해명해야 할 것은 고려사高麗史 형법지刑法志의 호적조戶籍條에 있는 "조부모 · 부모의 생존 시에는 자손은 별적이재別籍異財할 수 없으며 이에 위반하면 도徒2년, 복상服喪 중에 별적이재하면 도1년에 처한다."라는 규정인데, 이것은 조부모 · 부모의 유산은 반드시 복상을 마친 다음에 분재해야 한다는 것이며 당률唐律이나 송형통宋刑統과 같은 규정이다. 그러나 이 형법지의 규정은 하나의 이상법理想法이지 실효성이 없었으며 유교적인 복상제도가 거의 행해지지 않았다는 사정을 보아서도 알 수 있다.

상속인의 범위와 순위는, 상속재산을 '조업祖業'이라고 하였고 본손本孫, 사손使孫이 최후의 상속인이었던 점이 조선시대와 같으며, 본손 또는 사손은 조부를 공통조상으로 하는 4촌 이내의 자손임에 틀림없다. 제1순위는 자녀인데 딸도 출가여부를 불문하고 아들과 함께 상속하였으며 자녀가 사망한 경우에는 손자녀가 대습상속을 하였다. 자녀 중에는 수양자녀, 시양자녀도 포함되었다. 제2순위는 자손이 없는 경우에 배우자인 부夫 또는 처妻인데 고려말의 법에 의하면 처의 유산은 부가, 부의 유산은 유처가 개가하지 않을 것을 조건으로 모두 종신終身 동안 상속하며 사망 전에 계후자繼後者나 수양자녀 · 시양자녀를 입양하면 이들이 상속하나 그렇지 않을 경우에는 부의 유산과 처의 유산으로 분리되어 각자의 본손(사손), 즉 4촌 이내의 근친이 상속하였다. 끝으로 이러한 범위내의 근친이 없으면 유산은 국가에 귀속되었다.

자녀를 비롯하여 같은 순위의 상속인간의 상속분은 균등하였다. 딸은 출가 여부를 불문하고 아들과 같았다. 이러한 균분상속제도는 균분의식과 함께 국가에 의해서도 보장되고 있었으므로 부모가 생전분재를 할 경우에도 심하게 차별할 수 없으며 사후분재인 경우도 마찬가지이었다. 고려 말에 이르면 유산의 불균등분배로 인한 분쟁이 폭주하여 따로 임시재판관청을 설치할 정도이었는데 균분하지 않을 경우에 '고관평분告官平分'하는 것은 실효성 있는 법이요 관습이었다.

상속재산의 내용은 토지, 노비, 가옥을 비롯한 동산인데 가장 분쟁이 많았던 재산이 노비이며 재산의 중요한 위치를 점하고 있었다. 위에 든 상속법제는 노비와 동산의 경우에는 이론異論의 여지가 없는데 토지의 경우에도 자녀가 공동상속하고 상속분이 균분이었는지에 관하여는 학설이 구구하여 아직 통설이 형성되지 못하고 있다. 고려시대에도 토지의 사유私有가 상당히 발달하였으나 당시의 전시과田柴科 체제 하에서 토지는 전시과전田柴科田, 향리전鄕吏田, 군인전軍人田, 별사전別賜田, 사전賜田 등의 구분이 있고, 토지 자체의 급여이냐 혹은 수조권收租權만의 급여이냐, 자손상전子孫相傳이 허용되느냐, 순수한 사적私的 소유지所有地이냐 등 토지의 공적公的, 사적私的 성격에 따라 법의 규제가 다르기 때문에 그에 따라 상속법제도 다르지 않을 수 없었다. 가장 문제로 되는 것은 정종靖宗 12년(1046)의 판判에 '제전정연립諸田丁連立'의 규정인데, 전정田丁은 앞서 서술한 입사법立嗣法과 전혀 같은 순위, 즉 적장자嫡長子우선으로 하여 연립連立하도록 규정하고 있다. 이에 관하여 한 학설은 전시과체제 하에서 토지는 적장자가 단독상속하고 적장자가 없는 경우에 판判에 정한 순서에 따라 단독상속하였으나 고려 중기에 전시과체제가 무너지고 농장農莊이 성립·확대됨에 따라 토지의 사적소유私的所有가 진전됨으로써 분할상속화의 경향을 띠게 되었고 드디어 고려 말의 과전법科田法하에서 분할상속分割相續이 공인되었다고 하여 토지의 적장자단독상속, 노비 등의 자녀균분상속을 주장하고 있다. 이에 반대하는 학설은 고려시대는 초기부터 토지의 국유제가 아니라 사유제가 확립되어 토지도 자녀균분상속제였으며 전정연립에 관한 규정은 부모로부터 분재받은 토지와는 구별되는 토지, 즉 국가로부터 지급되는 토지인 전정田丁의 상속순위에 관한 법적 규제이며 실제로는 적장자 우대가 아니었다고 한다.

공음전시功蔭田柴는 5품 이상의 관리에게 수여되는데 적장자 우선優先 없이 직계자손直系子孫인 남자에게 상속되는 것이 원칙이고 아들이 없는 경우에는 여서女壻, 친질親姪, 양자養子의 순서로 1명이 선정되어 상속하였고, 음직蔭職도 직자直子, 생질甥姪, 여서, 수양자, 내외손內外孫의 순위로 그중 1명을 선정해서 수여하였다.

3. 조선시대

1) 상속의 개념

유산은 조상으로부터 전해 내려오는 것으로서 조업祖業이라고도 한다. 가족공산제도가 아니기 때문에, 부의 재산과 모의 재산은 명확히 단독소유의 재산으로 관념되어 있어, 이것이 전해 내려오는 조업과 합하여 다시 자녀에게 이어져 내려가는 재산으로서의 조업의 구성부분이 되었다. 그러므로 유산의 구성부분은 조업과 부의 재산 그리고 모의 재산이며, 이것을 통틀어서 조업이라고 할 수 있다. 그러나 상속되어야 할 유산은 반드시 그 소유자별로 표시되며 부모 또는 부처夫妻를 기준으로 해서 생각하였다. 유산을 우리의 고유한 용어로는 '깃衿' 또는 '깇'이라고 표현하였다.

우리 고어에는 '기티다' 또는 '깇다'라는 말이 있는데 그것은 '남긴다遺'는 뜻으로 용비어천가龍飛御天歌나 두시언해杜詩諺解에서 볼 수 있으며 오늘날에도 '끼치다'라는 말은 영향이나 폐, 괴로움을 '준다'라는 뜻으로 사용되고 있다. '끼치다'는 '기티다'라는 말에서 유래한 것이며 '준다'라는 말은 '남긴다'의 뜻과 통한다. 또한 평안도지방에서는 '기티다'를 '남긴다'라는 고의古義 그대로 사용하며, 예컨대 식사 때에 '밥을 남기지 말라'는 말을 '기티디 말라'라고 말하였다. 그렇다면 '기티는'의 명사를 '긷'으로 하여 그 음에 해당하는 한자漢字가 없으므로 그 뜻이 있는 '깃袊'(깃 금衿)자를 빌려서 훈訓으로 발음하도록 한 것이다. 한글이 창제되기 전에는 '깃'을 한자로 표현하기 위해서는 이러한 방법에 의할 수밖에 없으며 이두의 발생도 우리말을 한자로 표현하기 위한 방법으로서 생긴 것이다. 대표적인 예를 하나 들자면 '담당자', '담당하는 임시관청'을 '色'이라고 하였는데 이것은 그 뜻을 가진 말인 '빗'을 표현하는 용어이며 '색'이라고 발음하지 않고 '빗'으로 읽어야 한다. 세종 때의 법전편찬을 담당하였던 임시관청인 '육전수찬빗六典修撰色'이나 그 후의 '호적빗戶籍色', '창빗唱色' 등이 그 예이다.

따라서 '긷=袊(금)'은 '유遺'이며 '남긴 것'이며 '유산' 또는 '유물'의 뜻이다. 조상대대로 전해 온 재산을 '조업'이라고 하였는데 그것은 조상이 남긴 유산이다. 분깃分袊은 유산의 분할, 깃급袊給은 유산의 지급, 깃득袊得은 유산의 취득, 깃분袊分은 상속분, 깃부袊付는 유산에의 포함, 부모깃父母袊은 부모의 유산, 부깃父袊은 부父의 유산, 모깃母袊은 모의 유산, 장자깃長子袊은 장자의 상속분을 각각 뜻하는 것이 되며 결국 '깃袊'을 사용하는 바에 따라 유산, 조업, 상속분(몫)의 뜻인 것이다.

이상과 같은 용어법에서 우리는 우리나라의 상속법이 중국과 같은 '가산분할家産分割'이 아니라 '유산상속遺産相續'이었다는 확신을 더욱 굳힐 수 있게 된다. 즉 우리나라에서의 재산상속법상 재산은 중국처럼 법적 권리귀속에서 보아 공동소유로서 가산이 아니라 부모, 부 또는 모가 소유주체로서 단독소유하는 재산이며, 그것은 조상으로부터 전래된 것이건 자기가 취득한 것이건 다르지 않으며 승계 또는 취득한 주체의 고유재산이었다. 물론 이러한 재산은 소유주체의 생시에 어떤 형태로든지 남아 있는 한 자녀에게 전승되게 마련이며, 자녀들은 일종의 상속기대권을 갖고 있기는 하나 소유주체인 부모의 분재행위는 법률상 '공동소유재산의 분할'이 아니라 당해 재산에 대한 '소유주체의 변동'이며 '유산상속'이었다. 따라서 긷=유산=깃袊이라는 말에는 부모의 소유주체성 전제성의 뜻이 내포되어 있으며 설사 '가산분급'이라는 용어가 사용된다 하더라도 그 실질은 '부모 사재私財의 분급'임을 유의할 필요가 있다.

2) 재산상속의 종류

재산상속은 철저한 법정상속法定相續으로 거의 자유재량이 인정되지 않았다. 그리고 임의상속이나 유언상속이 인정되지 않은 것은 아니었으나, 순위나 상속분에 관한 규정을 심히 어길 수는 없었다. 또 상속은 생전에 유산을 나누어 주는 생전상속도 할 수 있었으나, 그렇지 못한 경우에는, 사망으로 인하여 상속이 개시되는 사인상속死因相續이 이루어졌다. 사인상속의 경우에는 상속인들이 3년상을 마친 뒤에 비로소 협의에 의해 유산을 분할하였는데, 이 협의를 화회和會라고 하였다.

3) 상속인의 순위와 범위

제1순위는 자녀로서 적출자·서자·수양자·시양자이고, 아들과 딸을 포함하며 딸은 출가 여부로 차별받지 않았다. 출가한 딸이 사망한 경우에는 그 자녀가 어머니의 순위와 지위를 대습상속하였다. 제2순위는 자녀가 없는 경우로서 생존한 배우자가 상속하는데, 처는 재가하지 않고 수절할 것을 조건으로 종신 동안 상속하였다. 유처가 만약 양자를 들일 경우에는, 그 양자에게 상속되었다. 제3순위로는 생존한 배우자가 양자를 들이지 않고 사망하거나 개가하는 경우에 죽은 배우자의 본족本族이 상속하였다. 본족은 죽은 사람의 4촌 이내의 자로서 '사손使孫'이라고도 하며, 동생(2촌)이 없으면 3촌, 3촌이 없으면 4촌의 순위로 상속하였다.

만일 동생이 사망하여 그에게 자녀(3촌)나 손자녀(4촌)가 있으면 이들이 대습상속을 할 수 있었다. 따라서 사망한 동생에게 자손이 없으면 백숙부나 고모(3촌)가 상속하게 되는 것이었다. 그리하여 4촌 이내의 친족이 없으면 그 유산은 국가에 귀속되었다. 그러나 상속인 없는 유산은 거의 없었고 대개는 양자를 들이었으며, 양자를 들이지 않는 경우에는 근친이나 혹은 동리洞里에 증여하여 사후 제사를 위탁하였다. 상속인의 범위를 4촌으로 한정한 것은, 4촌까지를 근친으로 생각해 왔으며, 유산을 조업祖業으로 보고 조부를 공동선조로 하는 자손은 4촌까지라는 관념에서 나온 것이다. 이와 같이 아들뿐만 아니라 딸도 상속인이 될 수 있었던 점은 베트남安南·越南과 함께 우리 상속법의 특색이며, 중국법의 영향 아래에서도 고유성을 유지한 것이었다.

4) 상속분

유산은 적출자녀 사이에서는 남녀의 차별이나 출가 여부의 구별 없이 균분상속하는 것이 원칙이었다. 다만 제사상속인인 장남은 고유의 상속분의 2할을 더 가급加給하고, 동시에 가묘家廟가 있는 가옥(부모가 거주해 온 가옥)을 상속하였다. 2할을 더 주는 것은 부모의 제사를 위한 기본재산인데, 이것을 '봉사조奉祀條'라고 하였다. 역사적으로 볼 때에 이와 같은 균분상속제도가 20세기 초까지 존속한 국가는 문명국가 중에서 베트남과 우리나라뿐이며, 베트남에서는 장남에게 주는 봉사조가 전 유산의 20분의 1로서 우리나라와 거의 같은 것이었다. 그리고 중국에서는 남송南宋시대에 딸에게 아들의 반을 줄 때가 있었으나 가산은 딸을 제외한 아들 사이에만 균등하게 분배되었고, 일본에서는 구민법이 실시될 때까지 장자독점상속제가 실행되었다.

이 균분상속은 법률상 철저한 보장을 받고 있었다. 만약 유산을 균분하지 않고 독점하는 경우에는 5년 동안의 소송기한의 제한 없이 언제까지나 소송으로 다툴 수 있도록 하였으며, 이러한 소송이 제기되어 불균등분배가 확인되면 관에서 균분해 주었다(관작재주官作財主 평균분급平均分給). 중기까지에는 상속재산의 불균등분배를 둘러싼 소송이 빈번하였다.

이와 같은 균분법은 대체로 18세기부터 차별이 생기게 되었다. 즉 장자와 중자,

또는 아들과 딸 사이에 차별을 하게 되었는데, 그것도 심한 차별은 아니었다.

장자와 중자의 차별이 있기는 하였으나, 그것도 고유의 상속분을 차별하는 것이 아니라, 봉사조를 많이 배정함으로써 실질적으로 장자를 우대하는 편법을 사용하였던 것이다. 이것은 종법적 가족제도가 자리잡게 된 때문이며, 이때부터는 균분의식도 변하여, 전 시대에는 불균분한 경우에는 소송으로 다루었으나, 이제는 그것을 묵인 또는 긍정하게 되어 철저한 균분의식은 차차 자취를 감추게 된 것이다.

그러나 어떻든 왕조 말에 이르기까지 장자를 제외하고는 심한 차별을 하지 않았다. 이러한 균분상속제도의 붕괴 과정은 바로 종법적 가족제도의 토착화과정인 것이다.

적출자녀 이외의 자녀, 즉 첩의 자녀나 수양자녀 및 시양자녀는 적출자녀에 비하여 심한 차별을 받았다. 첩의 자녀도 양첩자녀와 천첩자녀 사이에 차별을 두었다. 적출자녀와 이들이 공동상속할 경우에, 적출자녀와 양첩자녀와의 비율은 6대 1, 천첩자녀와의 비율은 9대 1이었으며 양첩자녀와 수양자녀, 천첩자녀와 시양자녀는 같이 대우하였다.

특기할 것은, 혈연이 통하지 않는 모자 사이에는 상속이 제한되었다. 즉 적모의 재산에 대한 첩자녀의 상속분은 적모에게 자녀가 없는 경우에는 양첩자녀는 7분의 1을, 천첩자녀는 10분의 1을, 승중承重하는 첩자녀에게는 약간을 가급加給하고, 나머지 재산은 적모嫡母의 본족本族에게 귀속되었다.

또 적모에게 딸만 있는 경우에는, 승중承重첩자만이 봉사조로 7분의 1을 상속할 수 있을 뿐이었다. 또 계모의 재산에 대한 의자녀義子女의 상속분은 계모에게 자녀가 없는 경우에는 의자녀는 5분의 1을 상속하며, 승중의자承重義子에게는 약간을 가급하고 나머지는 계모의 본족에게 귀속하였다. 그리고 계모에게 자녀가 있는 경우에는 승중의자만이 9분의 1을 상속할 수 있도록 하였다.

VIII 효와 가족주의

우리나라나 중국의 유교적, 가부장제적 가족주의도덕은 가족이나 혈연을 넘어서 이웃, 촌락 등 외부사회에 확산되어 지배·복종의 관계나 의식이 내면화된 채로 바로 가족 이외의 공동생활의 지도원리로써 작용하도록 되어 있다. 거기에서 지배·복종의 관계는 강한 연대의식으로 승화되어서 체질화된 그 관계는 무의식적으로 습성화되었다. 전통사회는 위와 같은 가족 및 가족적 결합을 중심으로 하고 있었으며 그 밑바탕은 효孝라는 가족도덕을 기초로 하는 유교도덕의 이념이 지배하고 있었다.

부모자녀관계를 제약하는 상하존속관계의 원리인 효를 대경大經으로 하는 가족주의는 윤리, 종교, 정치, 경제에 영향을 미치고 효도덕은 그대로 법률로써 강제되었던 점에서 그리고 가족이 가부장적 가족제도의 이념에 의해서 규율되고 동시에 국가 자체로 가부장적 원리에 입각한 가족의 연장으로서 인식된 점에 그 특징이 있었다.

중국의 가족주의는 당률唐律에서 집대성되어 청률淸律에까지 계승되었는데 이러한 가족주의는 우리나라에서는 특히 고려시대에 당률을 본격적으로 계수함으로써 뿌리를 내리기 시작하였고 조선왕조는 처음부터 명률明律을 전체적으로 계수·시행하게 됨으로써 가족주의 도덕은 본격적으로 자리잡고 기능하게 되었다. 특히 명률은 당률에로 복고한 것이며 따라서 당률의 고전적 가족주의적 성격을 그대로 이어받은 것임을 감안함과 아울러 위정자나 학자들이 가족주의 도덕의 정립을 오로지 고전적인 고제古制에 의존하였던 점을 고려할 때에 조선왕조의 유교국가적 특성을 능히 짐작하고도 남음이 있다.

가족관계의 윤리는 효제孝悌, 그중에서도 효를 기초로 하였으며 그것은 부자를 맺는 규범적 유대이었다. 군신·부자·부부·장유·붕우의 오륜五倫관계 중에서 부자·부부·형제의 셋이 가족 간의 관계임은 유교도덕에 있어서 가장 중요시되는 것이 가족도덕임을 입증하고 있으며, 이중에서도 가장 중요시된 것이 부자·형제 관계이며 부형에 대한 자제의 종속관계·상하차별의 관계가 강조되어 있다. 그리하여 교설敎說 상으로는 가계의 영속성, 밑으로부터 위로의 일방적 도덕적 책임관계를 강조하여 여기에 가족원의 연대적 성격이 생기게 되어 있다.

가족의 상하관계에 관해서는, 중국역대의 형률에는 십악十惡의 죄를 규정하고 있는데 그중 가족 간의 범죄로는 악역惡逆·불효不孝·불목不睦이 들어 있으며 이는 우리나라에서도 고려시대 이래 조선왕조 말까지 그대로 적용되었다.

효를 기본으로 하는 부자관계에는 부자일체父子一體의 원칙이 관철되어 있다. 가산을 둘러싼 권리관계에 있어서 부父가 생존하고 있는 한, 자의 존재는 부의 그늘에 감추어져 무無와 같으며, 그 반면에 부父가 사망하면 자子는 그대로 부父에 대신하는 존재로 나타난다. 이러한 재산의 승계관계의 근저에는 자의 인격은 부에게 흡수되고 부의 인격은 자에게 연장된다는 관념, 즉 양자가 동일 인격이라는 관념이 존재한다. 이 부자의 관계에 있어서 자의 인격이 부에게 흡수된다고 하는 측면을 도덕관념으로 표상하면 부의 권위에 대한 절대적 복종을 요구하는 효가 된다. 그러나 한편 부가 그 노후와 사후의 행복을 그리고 조상에 대한 의무의 완수를 기할 수 있는 것은 자기의 연장인 자밖에는 없으므로 부자관계는 일방적인 전제나 착취일 수 없다. 더욱이 이러한 부자간의 연대관계는 상호의존하지 않을 수 없다는 인식에 의해서 맺어진 인위적인 관계가 아니라 바로 출생이라는 사실에 의해서 자연히 성립하고 인격과 인격과의 연속성 혹은 동일성이라는 일종의 종교적인 관념에 의해서 밑받침되고 있다. 그것은 일면 상하의 신분관계를 이루고 있음과 동시에 일반적인 의미에 있어서 인간관계의 하나의 원형, 즉 개인과 개인이 자아를 초월해서 상호의 이해를 위해서 서로 협력하는 연대관계의 원형을 이루고 다시 그러한 연대관계에서 사는 것이야말로 사람으로서 선천적으로 정해진 본래의 사는 법이라는 관념이 내포되어 있다. 또 이 부자의 연대관계에서 파생해서 형제간에 성립하는 연대관계 나아가서는 유복친이라는 근친관계의 경우도 마찬가지라고 할 수 있다. 그 점에서는 효孝는 사람으로서의 도덕의 근본이 되고 인仁과 연결되는 의미를 가질 수 있다.

더욱이 유가의 이상은 효를 기본으로 하는 가족주의 도덕으로 나아가서는 정치의 세계도 규율하는 것이었다. 부자간의 종속관계의 원리를 군신관계의 원리로 확충하여 가족을 작은 천하, 천하를 큰 가족으로 보고 효로써 군왕을 섬기면 그것이 즉 충이라고 하였다. '충효일본忠孝一本'의 사상은 가족도덕과 정치도덕의 일원성을 설파한 말이다. 부자관계는 인격과 인격 간에 직접 성립하는 연대의식이 있으며 이 연대의식은 인간사회 일반에 통하는 연대의식에로 높일 수 있으며 "수신修身 제가齊家 치국治國 평천하平天下"를 동일한 원리의 전개라고 보는 것이다.

그러나 그것은 어디까지나 사상이지 현실은 아니었다. 실제로는 중국이나 우리나라에서 충보다도 효가 도덕의 기본이라고 생각되어서 효의 의무와 충의 의무가 충돌하거나 모순되는 경우에는 효를 우선시키는 것이 용인되었다. 가족 간에는 국가권력에 대해서 범죄를 은닉하는 것이 정당화되었으며 이는 개인의 생활기반이 가족생활에 있었기 때문이다.

토지법

제10장

Ⅰ 토지제도의 변천

1. 고대

우리나라는 오랜 역사를 통하여 토지를 백성에게 나누어주거나, 토지의 소유를 균등하게 하려는 균전제均田制가 없었다. 국가의 토지에 대한 정책은 현실적으로 소유자가 소유하고 있는 토지소유를 기반으로 하였고, 그 위에 토지소유자가 국가에 납부하는 조세를 어떻게 받아들이고, 그것을 어떻게 운용할 것인가에 중점이 두어졌다. 따라서 토지제도의 근본정책은 이 소유자가 납부하는 조세에 중점을 두었다. 씨족공동체가 토지를 소유하고 아직 사유私有의 명확한 개념이 없었던 원시공동체사회, 다음으로 씨족공동체가 무너지고 부족사회 또는 부족연맹사회로 옮겨진 시대에도 토지의 재산적 성격이 뚜렷하지 못하였으며, 식생활을 해결하기 위하여 필요로 하는 최소한도의 토지만을 경작하는 것이 고작이었다. 따라서 당시의 사유재산의 대상은 소ㆍ말ㆍ노비ㆍ금ㆍ은ㆍ보석 따위였고, 토지는 아직도 강한 공동체적 성격을 띠고 있었던 것이다. 토지의 재산권적 성격이 뚜렷해진 것은 국가적ㆍ정치적 사회로 옮아간 삼국시대부터이었다. 이때부터는 공동체적 색채가 농후하였던 토지의 지배관계는 가족 내지 개인단위로 파악되어 토지의 사유재산권적 성격이 뚜렷해졌으며 토지가 통치의 경제적 기반으로 되어 규제를 받게 된 것이다.

2. 삼국시대

삼국시대의 토지는 아직 본격적으로 국가재정의 테두리 안에 들어오지 못하고, 왕실이나 귀족·사원·농민이 소유하는 데 그쳤다. 그래서 일부 귀족이나 공신들에게 '식읍食邑'이라 하여 일정한 고을을 봉封하여 그 고을에서 국가에 납부할 조세를 받게 하거나, 국가가 소유하는 토지를 특별히 주는 사전賜田제도가 있을 뿐이었다. 통일신라시대에도 문무관료에게 주는 관료전官僚田이나 녹읍祿邑제도가 있었으나, 이것도 토지 자체를 주는 것이 아니라 국가의 수조권收租權을 관료에게 준 것이었다.

중국의 균전제와 비슷한 것으로 성덕왕聖德王 21년(722) 8월에 정전제丁田制를 실시하여 백성에게 정전丁田을 주었다고 하는데, 그 내용은 알 수 없다.

그러나 추측컨대, 일반적이며 보편적인 토지분배가 아니라 영토의 확장이나 미간지 개간으로 토지가 늘자 이것을 백성에게 나누어 경작하게 하여 조租를 받아들이기 위한 것이었다고 생각된다. 혹은 율령체제 하에서 중국과 같은 균전제를 시행試行해 본 것으로 짐작할 수 있겠다.

그러므로 이 시대에도 왕실이나 사원·귀족·농민들의 사유지가 있고, 국가는 이 사유지에서 조를 받으며 필요에 따라 그 조를 관료귀족들로 하여금 받도록 한 것이다. 그런데 이 조를 받은 수조권收租權은 당시로서도 토지소유는 아니었으나 조를 바치는 자는 약한 농민들이었으므로, 세력있는 관료귀족들은 수조권을 기반으로 하여 토지 자체를 빼앗거나 혹은 미간지를 개간함으로써 대토지 소유자가 되었던 것이다.

3. 고려시대(전시과田柴科)

위와 같은 상태는 고려의 건국 후에도 그대로 계속되었는데, 경종景宗 원년(975)

에는 전시과田柴科 법을 만들었으며, 문종文宗 때에 개정되면서 정비되었다.

이것은 문무백관을 18등으로 나누어 이들에게 수조권과 시지柴地를 주는 것이었다. 그밖에 향리鄕吏에게는 향리전, 군인에게는 군인전, 공로자에게는 공음전시功蔭田柴, 한인전閑人田, 등과전登科田, 사전賜田 등 여러 가지 명목으로 개인에게 수조권을 주었으며, 국가기관에는 공해전시公廨田柴를 주었다. 개인에게 주는 수조권은 원칙적으로 세습을 허용하지 않았다. 그리하여 개인이나 국가기관 등에 준 토지를 사전私田이라 하고 국가가 직접 수조하는 토지를 공전公田이라 하였다. 그러므로 고려의 토지제도 역시 토지를 준 것이 아니고, 사전·공전이라고 말할 때에도 그것은 조의 귀속에 따라서 붙여진 이름에 불과하며 사전·공전이라는 수조체계收租體系 밑에는 엄연히 토지소유자가 있었다. 말하자면 수조권자는 이들 토지소유자로부터 조를 받았던 것이다. 그러나 고려중기 이후부터는 권세가들이 함부로 사사로이 사전을 주고받을 뿐 아니라, 공전의 조도 횡탈하여 마음대로 수조를 자행하였으며, 불법적으로 다투어 사전을 확대해 갔다. 그러므로 일부 귀족들의 사전은 산천山川을 경계로 할 정도로 확장되어 갔으며 하나의 토지에 수조하는 자가 5, 6명이 되는 예도 있어, 토지제도는 극도로 문란하게 되었다. 수조권자들은 수조에만 만족하는 것이 아니라 토지 자체에 욕심을 내어 자기가 수조하는 토지의 소유권자가 약자인 경우에는, 그 토지 자체를 빼앗거나 강제로 사들여서 병작반수並作半收의 소작 형태로 바꾸어 수확의 반을 거두어들였다. 그리하여 수조권자는 명실상부한 대토지 소유자가 되고 미약한 농민은 소유자로부터 소작인의 지위로 떨어지지 않을 수 없게 된 것이다.

4. 조선시대(과전법科田法과 직전법職田法)

드디어 고려 말에 과전법科田法에 의한 전제개혁이 있어 조선시대 초까지 실시되었는데, 이것도 근본적으로는 고려초기의 전시과와 같은 것이었다. 먼저 옛 귀족이나 관료들의 수조권이나 토지를 일단 몰수하거나 무효화하여 관료들에게는 과전을 지급하고, 따로 공신들에게는 공신전功臣田 또는 별사전別賜田을 주었는데, 이들은 '사전私田'이라고 하여 경기도에 한해서 주었다. 이들에게 주는 것은 수조권인데 특별한 경우에는 토지 자체를 주는 경우도 있었다. 공신전은 자손에게 상속되지만, 과전이나 별사전은 원칙적으로 상속될 수 없는 것이었다. 그러나 결국은 상속이 가능하게 되고, 토지를 받는 자가 많아져서 사전私田 경기京畿의 원칙도 무너지게 되자, 다시 고려시대와 같은 폐단이 생기게 되었다. 즉 수조권자인 사전주들은 수조권에만 만족하지 않고 토지 자체를 탐내게 되었다. 그리하여, 귀족 관료인 이들은 고려시대부터 소유해온 농장에다 다시 사전을 기반으로 하는 토지 확대를 꾀하게 되어 결국 과전법도 무너지게 된 것이다. 약한 토지소유자들은 수조권자의 가렴주구苛斂誅求에 이기지 못하여 헐값으로 팔아서 소작인이 되거나 토지를 버리고 다른 곳으로 이사하게 된 것이다.

한편, 개인이 수조하는 사전을 제외한 전국의 대다수의 토지는 공전公田이라고 부르고, 이 공전의 토지소유자는 직접 국가나 국가기관에 조를 내었다. 그런데 이 공전 중에는 국가가 직접 소유하는 국유지인 공전이 있고, 개인인 토지소유자로부터 조만 받는 공전도 있었다. 따라서 과전법상의 토지도 개인에게 조를 내는 토지를 사전私田, 국가 또는 국가기관에 조를 내는 토지를 공전公田이라고 한 것이다. 그래서 국유지와 사유지의 구별이 법률상 뚜렷하게 되어 있었다. 결국 과전법도 토지 자체의 개혁이 아니라 고려시대 이래의 사유지를 대체로 그대로 기반으로 하고, 조세의 명확한 귀속을 조정하는 재정적 개혁이었던 것이다. 과전법이 유명무실하게 되자 세조 11년(1465)에는 직전법職田法을 시행하였으나 그것도 유명무실하게 되어 양반귀족 관료들의 대토지소유는 아무런 장애 없이 확대되어 갔다.

이상과 같이 우리나라 역사상의 토지정책 내지 개혁은 근본적으로는 토지 자체의 분배가 아니라 조의 분배이며, 조의 분배라는 간단한 방법마저도 성공을 거두지 못하였다.

해방 후의 농지개혁은 역사상 가장 큰 규모의 본격적인 토지개혁이었다. 그러나 오늘날의 사정은 농지개혁의 목적과는 너무나 동떨어진 결과를 가져와 새로운 제도개혁의 필요성에 직면하고 있다. 그러므로 토지개혁이 얼마나 어려운가를 역사적 경험에서 통감하게 된다.

II 토지소유권

1. 왕토사상과 소유권

왕토사상王土思想은 중국 고대의 정치사상으로, 천하의 모든 토지는 왕토가 아닌 것이 없다고 하는 시경詩經의 구절에 말미암은 것인데 우리나라와 일본도 이 사상을 받아들이었다. 그리하여 종래의 이 사상을 적극적으로 풀이하여 토지의 국유國有·공유公有가 주장되기도 하였다. 우리나라에서는 신라시대부터 조선시대에 이르기까지 왕토사상이 있었다. 그러나 왕토사상은 왕권이 확립되어 왕이 토지를 규제할 수 있다는 정치적 사상의 표현이지, 결코 모든 토지가 왕의 소유라는 뜻은 아니었다. 토지가 씨족이나 촌락의 규제만을 받고 그 위에 통일적인 정치권력이 없었던 시대에는 왕토사상은 있을 수 없는 것이었다. 국가의 형태를 취하고 국왕이 최고통치자로서의 지위를 갖게 될 때에, 즉 통치권력의 근원으로서의 왕권을 표시할 필요가 있게 될 때에 비로소 왕토사상이 필요하게 된 것이다. 그리고 모든 백성도 왕의 백성이라는 왕민王民사상과 함께 강조되었던 것이다.

조선시대에는 왕토사상을 표현하는 말로서 나라 땅(國土), 왕의 땅(王土, 王田) 또는 나라 백성(國民), 나라 재산(國財)이라는 말이 사용되었으나, 이 사상은 항상 주장된 것이 아니라 토지소유권이 불법부당하게 남용된다든가 그 남용이 국가적 손실을 가져오게 된 경우에, 그 행위를 규탄하기 위해서 사용되었다. 그러나 합법적으로 행사할 때에는 왕토사상이 표면화되지 않았다. 그러므로 왕토사상은 사유권私有權

의 배후에서 이념으로서 존재하였으며, 일단 표면화하면 영토고권領土高權으로서, 또 강력한 경우에는 소유권을 제약하는 사상으로 나타났다. 왕토사상이 있었다고 해서 개개인의 소유권이 부정되는 것이 아니라, 토지소유권은 그 배후에 왕토사상을 전제로 하면서 존재하였으며, 그것은 국법의 적용을 받는 토지라는 뜻이었다.

2. 소유권에 관한 법규정

소유권, 특히 토지소유권은 자유롭게 처분할 수 있고 상속할 수 있는 힘을 법이나 관습이 보장할 때에 사유권으로서 성립되는 것이다. 상속은 소유권의 어머니라는 말이 있다. 토지의 상속은 늦어도 삼국시대부터 거의 부정됨이 없이 가능하였으며, 토지의 매매나 임대차도 삼국시대부터 행해졌음은 틀림없는 사실이다. 이미 적은 바와 같이, 토지개혁은 토지소유권의 개혁이 아니라 토지소유자가 국가에 바칠 조세의 개혁이었기 때문에, 토지개혁 상의 토지명목과는 다르다. 특수한 것을 제외한 일반농지는 매매나 상속 등 처분이 자유로웠으므로 토지사유의 기초 위에 토지정책이 이루어져 왔다고 보아야 한다. 과전법 시행 초기에 한때 농지의 매매가 금지된 일이 있었으나, 세종 6년(1424) 3월부터는 금지가 해제되어 그 이후 조선시대 말까지 자유롭게 처분할 수 있었다. 여기에서는 조선시대의 법전의 규정과 관행을 통해서 당시의 토지소유권의 실체를 분석해 보기로 한다.

첫째로, 경국대전 호전 매매한조買賣限條는 토지나 가옥은 자유롭게 매매할 수 있으며, 토지나 가옥을 매수한 자는 100일 이내에 관의 입안立案을 받도록 규정되어 있다(자세한 것은 토지 매매의 항 참조).

둘째로, 경국대전 형전 사천조私賤條에는 토지나 가옥의 상속·유증에 관하여 매우 자세하게 규정하고 있는데, 자녀균분상속이 원칙이었다(자세한 것은 상속의 항 참조).

셋째로, 경국대전 호전 전택조田宅條에는 국가가 토지소유권을 절대적으로 보장하는 내용이 규정되어 있다. 즉 토지나 가옥에 관한 분쟁은 분쟁이 발생한 때부터 5년이 지나면 소송을 수리하지 않음이 원칙인데, 이의 예외로는 ①자기도 몰래 타인이 토지나 가옥을 훔쳐 팔아버린 경우(盜賣), ②토지나 가옥에 대한 소송이 끝나지 않고 권리자가 확정되지 못한 상태로 있는 경우(相訟未決), ③부모의 유산인 토지나 가옥을 형제자매 사이에 균분均分하게 몫을 나누지 않고 어느 한 사람이 독점한 경우(父母田宅合執), ④토지에서 거둔 수확을 절반씩 나누는 소작계약을 맺은 토지를 소작하고 있는 소작인이 소작기간이 끝났거나 지주가 토지를 내놓으라고 요구하여도 이를 듣지 않고 자기 것으로 영구히 차지하려고 하는 경우(因倂耕永執), ⑤세들어 살고 있는 자가 계약 기간이 끝났거나 집 주인이 비우라고 요구해도 듣지 않고 자기 것으로 영구히 차지하려고 하는 경우(貰居永執)에는, 5년의 제소기한提訴期限의 적용을 받지 않고 언제든지 소송을 제기하여 구제받을 수 있다고 되어 있다. 바꾸어 말하면 훔쳐서 판 자, 확정판결 없이 차지한 자, 유산을 독점한 자 또는 소작인이나 임차인은 법률상 영구히 소유권자로 될 수 없다는 것이다. 결국 소유권의 본질적 부분은 절대적으로 보장받고 있었다. 따라서 위의 여러 경우에 있어 진정한 소유자는 자기 토지를 현실적으로 점유하고 있지 않더라도 절대적 보호를 받는 것이니, 절대성과 함께 관념성이 특질로서 나타나 있는 것이다.

넷째로, 법전에서 소유물 또는 소유권을 기물己物이라고 하였는데, 이것은 사법적私法的 용어이었다.

기물은 내 물건이라는 뜻으로서 1인칭의 경우뿐만 아니라 2인칭, 3인칭의 경우에도 사용하였다. 내가 아끼고 사랑하며 간직하는 것, 즉 '나'라고 하는 인격과 결합된 대상對象은 '나'와 같으며 '나'에게 흡수되어 있는 것이다. 물건도 '나'에게 전속하여 '나'의 지배 아래에 속하고 자유로이 사용 또는 수익처분할 수 있으면 '나'와 같은 것이다. 게르만법에서도 사유권을 뜻하는 아이겐Eigen이라는 용어가 12세기 이후에 비로소 나타났는데, 담으로 둘러싸고 살고 있는 사람의 지배 아래에 있는 토지는 공용지(Allmende)와는 달리 아이겐이라고 표현하였다. 아이겐의 어원語源

은 '나(Ich)'이며, 아이겐툼Eigentum에는 소유권이라는 말 외에 재산이라는 뜻도 있으니, 결국 우리의 기물과 같은 뜻이다.

다섯째로, 정부에서 필요에 의하여 개인소유의 토지를 수용收用할 때에는 보상을 해주는 것이 상례이었다. 예컨대 전각殿閣을 짓거나, 진鎭을 설치하거나, 능묘陵墓나 비각碑閣을 세울 경우에는, 땅값을 보상하거나 다른 땅으로 바꾸어 주었다. 이러한 공용수용公用收用은 소유권의 제한의 뜻보다도 소유권을 인정하고 보호하는 뜻으로 새겨야 할 것이다.

여섯째, 토지 소유권은 영구적인 권리이며, 유기적有期的인 권리가 아니었다. 일정기간 동안 또는 일생 동안의 소유권은 법률상에도 없거니와 생각하지도 않았다. 수조收租할 권한만 있는 여러 가지 명목의 토지도 여기서 말하는 소유권의 대상은 아니며, 자손 대대로 상속할 수 있는 수조권도 소유권으로 상승할 수 있는 가능성을 지니고 있을 뿐이었다. 더구나 법률상 수조권만을 준 토지와 토지 자체를 준 토지는 구별하고 있었다.

3. 토지소유권의 입증방법

토지소유권은 국가의 권력에 의하여 확정되고 보호되며, 분쟁이 있는 경우에는 그것을 해결할 기준이 마련되어 있었다. 그 기준은 양안量案을 비롯한 수세안收稅案, 깃기衿記와 같은 공적公籍과 권원서류權原書類를 들 수 있다.

양안은 토지대장이며, 매 20년마다 토지를 측량하여 5통을 만들어 호조戶曹와 도道와 읍邑에 한 통씩 보관하였다. 양안에는 토지의 번호와 모양·등수等數·길이·면적·사표四標와 소유자의 이름이 기록되어 있었다. 그것은 토지의 실태파악과 세금을 걷기 위한 대장인 동시에 소유권을 입증하는 가장 기본적인 대장이었다.

토지소유자는 그가 소유하는 토지의 양에 따라서 전세를 납부하고 공부貢賦 등을 부담하였다. 양안에 기재된 자는 소유자로 확정된 자이며 토지를 측량할 때에 소송 중에 있는 토지는 곧 소유권자를 결정하여서 기재하였다. 만일 빨리 결정할 수 없을 때에는 현재의 점유자를 임시로 '시집時執[현재의 점유라는 뜻]'이라고 기재하였다. 후에 소유자가 확실해진 경우에는 대장의 '시집'이란 명의에도 불구하고 승소자에게 토지를 주도록 하였고, 진정한 소유자 몰래 명의를 등록한 자는 전가사변全家徙邊으로 처벌하였다. 토지에 관한 계약에서도 양안에 기재된 대로의 지번이나 면적, 사표를 표시하였으며 토지에 관한 소송에서 양안의 명의인이라고 주장할 경우에는 양안에 따라서 결정되었다. 즉 당사자의 주장과 양안의 기재가 일치할 경우에는 그 기재를 절대유효한 것으로 인정하여 판단하였다. 만약 양안이 작성된 지 수십 년이 지나 그 동안 토지가 여러 번 매매된 경우에는, 양안의 명의인과 현재의 소유자가 일치하지 않는 경우가 있었다. 그래서 서로 자기 토지라고 다투는 경우에는 각자가 양안으로부터 현재에 이르기까지의 권리이전을 입증할 문서를 제시하게 하여, 재판관은 그 소유권이전 과정의 합법성을 조사하여 판단하였다. 그러므로 양안은 최초의 또 가장 오래된 절대적인 권리의 근원이었다.

그러나 양안은 국가중심의 재정확보가 주된 목적이었기 때문에, 토지의 측량은 개인별 토지소유에 따라서 하지 않고 하나의 면面, 나아가서는 하나의 군郡을 단위로 하여 측량하였다. 그래서 하나의 지점에서 시작하여 천자문의 순서로 다른 지점에서 끝날 때까지 모든 전답이 5결結 단위로 순차적으로 기록되었다. 그러므로 양안만으로써는 개개인이 어느 만큼의 토지를 소유하고 있는지 알 수 없었다. 그래서 관청에서 세금징수를 위해 개인별 토지소유를 기록해 놓은 대장이 있었다. 그것을 수세안, 깃기 혹은 지방에 따라 마상초馬上草, 명자책名字冊이라 불렀다. 사람들은 때로는 이들 공부公簿에 의해 소유권을 입증하는 일도 있었다.

그러나 양안은 물론 수세안과 같은 공부도 소유자의 변동사항이 기재되어 있지 않았으므로 보통의 경우에는 입안立案·입지立旨·완문完文과 같이 관청에서 발급한 증명문서나 사문서인 분재기分財記·문기文記로 입증하였다.

입안은 토지매매의 경우에 받는 사급입안斜給立案과 판결서인 결송입안決訟立案이 있으며 완문은 일종의 권리확정증명서이다. 소송의 경우에 이들 관청문서가 있으면 그 효력은 절대적이었다. 만약 원고와 피고가 각자 그럴 듯한 관청문서를 제시하여 다툴 때에는 다른 방증傍證을 비롯하여 양안도 참고하게 된다. 입지도 관청에서 내어 주는 문서인데, 예컨대 토지를 샀는데도 권리문서를 받지 않았을 경우, 권리문서가 내용을 알아볼 수 없을 정도로 상하였거나 분실 또는 소실되어 자기의 권리를 입증할 수 없는 경우에 관청에서 그 사실을 확인해 받는 것이다. 입지를 얻으려면 먼저 소장을 제출해야 하는데, 이때에는 세 명의 이웃사람(三切隣)으로 증인을 세워야 하였다. 관청에서는 그 사실을 확인하여 소장 끝에 그 사실을 확인한다는 뜻을 기재하고 관인을 찍어서 신청인에게 주었다. 입지는 권리문서에 대신하는 문서로서, 입안이나 완문처럼 절대적 효력이 있는 것은 아니고 확인서에 불과하였다.

이상과 같은 관청문서가 없을 경우에는 상속문서인 분재기, 증여문서인 유서遺書, 매매문서를 비롯한 거래문서로 입증하였으며, 재판에서는 권리의 내력을 더 오래 소급하여 입증하는 자가 승소하였다.

만약 아무런 문서도 갖지 않은 경우에는 세 사람의 이웃 사람이 입증해야 하였으며, 그러지도 못할 경우에는 대개 현재 점유하여 경작하고 있는 자가 소유권자로 되었다.

이상과 같은 토지소유권은 오로지 문서에 의해서 확정되고 입증되는 것이 원칙이었으며, 이러한 법과 관행은 어김없이 지켜졌다.

4. 소유와 점유

소유를 나타내는 용어로는 '유有', '사유私有', '기유己有' 등의 표현이 있는데, 이것은 기물己物에 대해서 사용하였다. '점占'이라는 용어도 사용되었는데, 그것은 소유권에 관계없이 실력에 의하여 불법 부당하게 지배되고 있는 경우에 사용하는 예가 많았다. 그러나 여러 문서에는 위와 같은 용어보다도 집지執持라는 용어를 주로 사용하였다. 집지는 모름지기 자기 마음대로 할 수 있도록 단단히 쥐고 있다는 뜻인데(專制在己), 간략하게 '집執'이라고도 하였다. 집지나 집은 오로지 소유권자가 합법적으로 소유하고 있는 경우에, 그리고 토지나 가옥·노비 등 부동산의 경우에만 사용되었다. 동산의 경우에는 따로 '지持'라고 하여 '지니며(持是旀)', '지닌(持音)'과 같이 표현하였다. 그러므로 '지'는 휴대한다는 뜻으로, 오늘날에도 이 말을 사용하고 있다.

이와 같이 집지는 단순한 일상용어가 아니라 법적인 뜻을 가진 관용어慣用語였다. 또한 소유자의 경우만 사용하므로 소작인이나 소유자 아닌 자의 경우에는 집지라는 용어를 사용하지 않았다. 따라서 집지는 소유자로서의 배타적 지배가능성을 뜻하는 법률상의 점유로서, 사실적이며 구체적인 요소가 강하였다.

그런데 특히 조선시대 후기부터는 집지라는 용어 대신 '차지次知'라는 용어를 많이 사용하였다. 차지는 고유한 우리말을 한자漢字로 표시한 것인데, 고려말에도 사용되었던 것으로 적어도 신라시대까지 거슬러 올라가 쓰인 것으로 짐작된다.

원래 이 용어는 관용어慣用語로서, 어떤 일을 '맡는다', '담당한다', '주관한다'는 뜻이며 담당 관청을 '차지관사次知官司'라고도 하였다. 그러므로 차지次知는 임任·대帶·제주提調·관장管掌·장리掌理·담당擔當의 뜻을 가지고 있다. 또한 차지는 죄인을 대신하여 갇히는 죄인의 친족이나 하인의 뜻도 있었다. 대신해서 갇힌 자는 관청의 지배 아래에 있으며 관청이 맡고 있는 인질人質이다. 그러므로 인질로서 관청이 맡고 있다, 또는 잡고 있다(執)는 뜻이 바뀌어 인질 그 자체를 뜻하게 된 것이다.

이와 같이 차지는 관용어인데 어찌하여 물건의 지배상태를 뜻하게 되었는가? 관리가 어떤 직책이나 임무를 차지하고 있다는 것은 넓은 의미에서의 지배支配이다. 지배의 뜻이 있기 때문에, 물건에 대한 지배에도 사용하게 된 것이다. 차지는 정당한 권리를 가진 소유권자의 경우에만 사용되었으며, 또한 부동산뿐만 아니라 모든 물건의 경우에 사용되었다.

집지는 확실히 매우 현실적인 표현이고, 차지는 매우 추상적인 표현이라 하겠다. 집지 대신 차지를 사용하게 된 것은 관료나 귀족, 토호들의 대토지 소유의 확대와 지주·소작인 관계의 보편화, 그리고 전당·권매 등 활기띤 토지거래의 증대에 따라 토지의 가치화가 점차로 추진됨으로써 그 토지소유권이 관념화현상을 띠게 되는 17세기 말의 사회 경제적 변화 때문이라고 생각된다. 부득이한 경우 외에는 토지를 처분하지 않고 단단히 쥐고 있어야만 하는 사회경제적 조건 밑에서는 집지가 필요하였다. 그러나 그것은 이제는 부적당하게 되어 추상적이고 포괄적인 개념을 필요로 하게 되었다. 따라서 본래 합법적인 권한에 의한 직책의 관장 내지 합법적인 지배의 뜻이 있었던, 포괄적이며 추상적 개념인 차지가 현실에 적합하게 된 것이다.

집지로부터 차지에로의 변천과정 속에서 이용에서 가치에로의 전환의 싹을 찾을 수 있으며, 근대적 소유권의 법률적 개념이 도입되면서 차지 중에서 법률적 소유와 점유가 완전히 분화하게 되는 것이다.

5. 토지소유권의 현실성

이와 같이 토지소유권이 법에 의해 확고한 보호를 받고 있는데, 그것은 현재 토지가 어떤 형태로든지 이용되어 국가에 대하여 세금을 납부하는 것을 조건으로 하기 때문에 보장되었던 것이다. 토지는 국가존립의 경제적 기둥이며, 국가재정과 밀접 불가분의 관계를 가지고 있기 때문에 항상 토지의 남김 없는 이용에 관한 법적 규제가 강력히 작용하였던 것이다.

토지소유권자가 토지를 3년이 넘도록 경작하지 않고 버려두면, 누구든지 관청에 신고하여 경작할 수가 있었다. 그러나 소유자가 국가에 납세하고 있거나 일부만이라도 경작하고 있으면, 타인의 경작신고를 허가하지 않았다. 그리고 타인이 신고하여 경작하더라도, 소유자가 반환을 요구하면 토지를 명도明渡해야 하였다. 이것은 토지정책의 중요한 일환이기도 하나 소유권의 발달 내지 소유의식의 신장에서도 중요한 계기가 되었다. 그러나 후기에 이르러서는 국가의 개간 장려, 적극적 수세 정책으로 더욱 엄격히 적용되어, 묵은 땅(陳田)을 경작하는 자는 3년 후에 비로소 납세하게 하였는데 이때 혹시 소유자가 와서 다투면 수확의 3분의 1을 소유자에게 주고, 10년이 되면 수확을 반씩 나누도록 하였다. 그러므로 경작자에게 일종의 소 작권을 인정해 준 셈이다.

원래 경작하던 토지이지만 현재 소유자가 없거나 불명하여 경작되지 않는 토지 는 다른 사람에게 소유권을 주었다. 소유자가 없는 황무지는 먼저 관청에 개간허가 신청서를 제출하여 입안立案을 받은 자를 소유자로 인정하였다. 그러나 세력 있는 자들은 입안만 받아 놓고 경작을 하지 않으며, 타인이 경작하려고 하면 입안을 받 았다는 이유로 경작하지 못하게 하였다. 그래서 심지어는 소유자가 있는 토지도 황 무지라고 속여 입안을 받는 사례가 있었다. 그리하여 영조 3년(1727)부터는 황무지 를 손수 경작한 자를 소유자로 인정하고 미리 입안은 받았더라도 경작하지 않는 자 는 소유자로 인정하지 않게 되었다.

이와 같은 정책은 수세정책인 동시에 자수自手 경작하는 농민을 위한 정책이기도 하였다. 그래서 이러한 정책이 강력히 추진되었기 때문에, 토지를 이용하지 않으면 권리가 약화되거나 빼앗길 가능성이 있다고 의식하게 되었다. 그런데 이용하지 않 고 버려두는 토지를 국가가 몰수하여 경작할 사람에게 분배하는 적극적인 정책을 펴지 못한 것은, 그만큼 소유권이 성장하여 있어서 국가의 힘으로도 불가능하였음 을 입증하여 주는 것이다.

6. 토지소유권의 근대화문제

지금까지 설명한 바와 같이 토지나 가옥 등의 소유권은 법률상 자유롭게 상속할 수도 있고 처분할 수도 있었다. 비록 전근대적인 봉건사회이었지만, 상속가능성과 처분가능성이 있는 것만으로도 그것이 자유로운 소유권이라고 보아야 한다. 그뿐 아니라, 일반적으로 기간을 정한 소유권, 조건이 붙여진 소유권은 계약에 의한 경우 외에는 없었다. 우리나라를 제외한 거의 모든 문명국가에서는 소유권이 근대화되기 전까지는 우리나라와 같은 성격의 소유권이 없거나, 있다 하더라도 사실상 존재하는 소유권에 지나지 않았다. 우리나라의 토지소유권에 상속가능성과 처분가능성이 있었다는 점은 서구의 근대적 법제도나 소유권제도가 받아들여지기 전에, 이미 근대적 요소를 갖추고 있었다는 것을 증명하고 있다. 왜냐하면 정치나 경제사회 자체가 전근대적 · 봉건적이었기 때문에 이에 따른 소유권도 그러한 요소에 의하여 영향을 받거나 받을 가능성이 있었던 것이다. 따라서 그러한 요소 때문에 토지소유권도 근대적이라고는 할 수 없기 때문이다.

보통 우리나라의 토지소유권은 일제가 1912년에 실시하여 1918년에 완료한 토지조사사업에 의하여 근대적 토지소유권으로서 확립되었다고 말하고 있으나, 이것은 잘못된 견해이다. 순전히 법률적 · 형식적으로 근대화를 말한다면, 1912년의 조선민사령에 의하여 근대적 소유권을 규정한 일본 민법을 적용한 때부터 소유권의 근대화가 이루어진 것이다. 그것도 근대적 토지소유권을 창설한 것이 아니라 종래의 것을 근대법의 이름으로 확인한 것에 불과한 것이다.

토지조사사업은 그전부터 있어온 토지소유권자와 그의 소유지를 거의 그대로 근대적 의미로 확인한 것에 불과한 것이다. 비유해서 말한다면 신체의 크기와 체질을 근본적으로 바꾸고 의복도 갈아입힌 것이 아니라, 크기와 체질은 그대로 두고 내의를 비롯한 의복만을 갈아입힌 것뿐이다.

토지소유권의 근대화는 법률적 · 형식적으로는 위에서 말한 바와 같으나 정치적·경제적·사회적 조건 그리고 소유의식까지도 감안한다면, 오늘날에도 근대화의 과정에 있는 것이지 근대화가 완성되었다고 할 수는 없다. 여기서는 다만 법률적·형식적인 면에 한정해서, 즉 일단 경제적·사회적 조건을 사상捨象하고 이야기한 것임을 전제해 둔다.

III 특수한 토지이용권

일반소작이나 영세소작과는 다른 특수한 토지이용 관행이 18세기경부터 특수한 지역에서 특수한 사정에 의해 생겼다.

① 압록강과 그 지류인 고진강 연안의 토지는 해마다 강물이 넘치면 유실되는 곳이 많았다. 그렇기 때문에 토지소유자가 제방을 쌓기 위해 타인에게 금전이나 곡식, 노동력을 제공하고, 공사가 끝나면 지주는 조력한 자에게 그 토지의 영구적인 경작권을 주거나 혹은 미간지를 개간한 자에게 영구적인 경작권을 주었는데 이것을 원도지原賭地라고 하였다. 경기도 파주군 탄현면에도 이와 같은 관습이 있었다.

② 황해도 신천지방에서는 지주가 황무지를 개간한 자에게 개간한 후 소작료를 정하여 영구소작을 하게 하였는데, 이것을 영세永稅라고 하였다.

③ 전라북도 전주지방에서는 흉년으로 인하여 소작인이 소작료나 지세를 납부할 수 없어 도망하는 자가 많았다. 때문에 지주는 지세를 대납한 자 또는 다음해의 소작료를 미리 납부한 자에게 영구적인 소작권을 주었는데 이것을 '화리禾利'라고 하였다. 또, 제방을 수축한 자나 황무지를 개간한 자에게도 이러한 소작권을 인정해 주었다.

④ 경상남도 진주·고성지방에서는 예부터 농토가 좁아서 소작권 경쟁이 매우 심하였다. 소작인이 마음놓고 농업에 종사할 수 없게 되자, 자위수단으로 지주의 토지 구입 때에 땅값의 일부를 부담하고 영구소작권을 얻었는데, 이것을 '병경倂耕'이라

고 하였다.

그 외에도 지주의 경제적 사정 때문에 소작권만을 분리해서 판 경우, 자작지를 싸게 팔고 소작권을 유보한 것, 소작인의 소작권매매에 기인하는 것, 토지를 권문세가에 투탁投托하고 소작권을 유보한 것 등도 병경이라고 하였다.

⑤ 지주와 소작인 사이에 중답주中畓主라고 하는 자가 개입하여, 지주에 대해서는 임차인이 되는 동시에 소작인에 대해서는 임대인의 지위를 가지고 소작인으로부터 '중도지中賭支 또는 중도조中賭租'라 하는 소작료를 받는 형식의 중도지中賭地가 있었는데, 이것은 주로 궁방토宮房土에서 생겼다.

이들 특수소작은 대개 토지에 투하한 소작권자의 투하자본을 기초로 생긴 특수한 토지이용의 관행이었으며, 이 자들에게 공통되는 법률관계는 ①소작기간이 무기한 영구이고, ②소작권은 소작인이 자유로이 처분할 수 있으며, ③지주가 바뀌더라도 소작인의 지위에는 영향이 없고, ④소작인이 바뀌더라도 지주에게 상관없으며, ⑤지주는 소작권을 매수하지 않으면 소작권을 소멸시키거나 이전시킬 수 없고, ⑥소작인은 지주의 소작권 매수요청에 응하지 않을 수 있으며, ⑦소작인은 경작기간 외에는 언제든지 소작계약을 해제할 수 있으나 실제로는 소작권이 재산권으로 여겨지고 있으므로 그러한 예가 없었고, ⑧소작인이 소작료를 지불하지 않거나 소작에 관하여 배신행위가 있더라도 지주는 즉시 소작계약을 해제하는 예가 거의 없었다.

이러한 점으로 미루어보면, 지주와 소작인 사이의 권리적 지위는 소작인측이 강력하고도 주체적 조건을 가지고 있었으므로, 실제로는 지주의 소유권은 형식적이고, 오히려 소작인이 실질적 소유권을 가지고 있었다고 할 수 있다. 따라서 이것은 '이용소유권利用所有權'이라고 할 수 있다. 이러한 특수이용권은 로마법적인 근대적 소유권 절대사상에 입각한 일본 민법이 의용依用되자, 민법상의 영소작권永小作權으로 처리되어 소작인의 지위는 약화되었다.

중국에서도 우리나라와 같은 특수 소작인 일전양주一田兩主 또는 일전삼주一田三主 관행이 있었다. 그런데 그것은 유럽 중세의 분할소유권과 같이 권리의 내용이 질적으로 분할된 것이 아니라 권리 그 자체가 분할된 것, 즉 토지 자체가 상하로 나누어진 것이었다.

IV 소작

　토지를 임대차하여 사용하는 소작小作이 언제부터 시작되었는지 확실히 알 수는 없으나, 삼국시대에 이미 남의 토지를 빌어 경작하는 일이 있었던 것 같다. 그래서 토지사유권이 상당한 정도로 발전되었을 때부터 생겼을 것으로 생각된다. 고려시대부터는 소작의 지배적인 형태가 병작並作관행이었는데, 이것은 대토지 소유자들이 농장에 농민을 불러들여 경작하게 하고 수확을 절반씩 나누는 것이었다. 그러나 후에는 이를 '타작打作'이라고 불렀다.

　그 나누는 방법은 수확의 전부를 절반으로 나누었는데, 볏단을 가지고 하거나 혹은 타작한 곡식으로 하기도 하였으며, 지세地稅 종자種子는 평등하게 부담하는 것이 상례이었다.

　조선시대 후기부터는 이 병작제도와 함께 정도법定賭法이나 도조법賭租法이 함께 행하여졌다. '정도법'은 풍년이나 흉년에 불구하고 일정한 소작료를 납부하는 것이다. 이것은 주로 역둔토驛屯土와 같은 관유지官有地와 사유지 중에서도 땅이 기름지고 수리시설이 잘 갖추어져 풍년이나 흉년에 영향을 받지 않는 토지에서 행해졌다. 소작료는 지방에 따라 다소의 차이는 있었으나 평년작 수확의 3분의 1, 또는 4분의 1 정도이었고, 지세나 종자를 소작인이 부담하는 것이 상례이었다. '도조법'은, 그해의 수확고를 기초로 하여 소작료를 정하는 점은 타작법과 같으나 실제적인 수확이 아니라 예상수확고를 기초로 하여 정하는 것이다. 지주는 수확 전에 간평인看坪人을 보내어 소작인의 입회 아래 그해의 수확고를 조사한 다음 이를 예상하여 소작료를 정하였는데, 보통 3분의 1정도이며 지세나 종자는 대체로 소작인이 부담하였다.

지주와 소작인의 관계는 일률적으로 단정할 수는 없으나 계약적 성질을 띠고 있었다. 농장農莊의 경우, 농장주인에게 예속되어 있는 노비 신분의 소작인은 필연적으로 농장주에게 신분적으로 직접 예속되어 그 지배를 받았으므로 이들의 소작관계는 원칙적으로 계약관계일 수 없었다. 직접 예속관계가 없는 투탁投託한 양민이나 천민들은 농장주의 직접 또는 간접적인 보호 아래 요역徭役을 면제받고 자립경영할 때보다도 더 안정된 의식생활을 할 수 있었다. 따라서 그들은, 신분이 떨어지는 것도 감수하였다. 농장의 일반 소작인들도 소작지의 계속적인 경작을 보장받기 위해서는 어느 정도의 신분적인 지배를 받지 않을 수가 없었다. 그래서 거기에는 단순한 지주와 소작인의 관계를 넘어선 주종관계가 이루어질 가능성이 짙었으나, 예속민으로 되지 않는 한 그 사이의 관계는 재산법적 관계였다.

농장이 아닌 일반 농지에서는 순수한 계약관계이었다. 경국대전 호전 전택조田宅條에는 병경으로 인하여 소작하는 자가 그 토지를 영구히 차지하려고 하는 경우에는, 지주는 5년의 제소기한의 적용을 받지 않고 언제든지 소송으로 구제받을 수 있다고 규정하고 있다. 이것은 병경의 계약적 성질을 암시하는 조문으로서, 지주는 어디까지나 지주임에 그치고, 그 소유권도 그 이상의 권력에로 신장할 수 없었다. 따라서 지주와 소작인과의 관계는 원칙적으로 봉건적 지배예속관계가 아니었다고 볼 수 있는 것이다.

소작지가 매매된 경우에는, 새 지주와 소작인 사이에 소작 계속의 특별한 약속이 없으면 소작권을 잃게 마련이었다. 그러나 매매가 농시農時에 이루어진 경우에는 그해의 수확이 끝날 때까지 소작을 허용하지 않으면 안 되었다. 즉 임농탈경臨農奪耕할 수 없으며, 이 점에서는 소작인의 권리는 강력한 보호를 받은 셈이었다. 소작계약은 구두로 하는 경우도 있고 문서로 하는 경우도 있으며 소작기간을 정하기도 하고 정하지 않기도 하였다. 소작계약에서 소작기간을 정하였거나 빠짐없이 소작료를 납부한 경우에도 지주는 마음대로 회수할 수 있다고 의식하였으며, 그것이 당연한 소유권 행사로 생각되었다. 그렇기 때문에 임농탈경할 수 없다는 규범이 엄연히 존재하고 있었지만, 소작인은 언제 소작권을 회수당할지 모르는 불안 상태에 있었다. 더욱이 농사 시기가 아닌 경우에는 회수당하더라도 법의 보호를 받을 수 없는 형편이었다.

이런 점에서 볼 때에 계약적 요소는 매우 제한되었다고 할 수 있다. 더구나 농시라 하더라도 지주 자신이 경작하기 위해서 회수하는 경우에는 관에서도 지주를 보호하였다. 그러나 지주와 소작인 사이의 힘의 관계는, 신분계급의 차이나 경제적 지위의 우열에 따라 실제로는 그 강약에 다소의 차이가 있었다. 비록 소작인이라 하더라도 지주보다 높은 신분이든가, 또는 보다 강력한 동족적·촌락적 배경을 가지고 있든가, 혹은 관권의 배경을 가지고 있는 등의 경우에는 지주는 쉽사리 회수할 수 없었다. 또 그 반대의 경우에는 언제든지 마음대로 회수할 수 있었던 것이다. 이와 같이 보면 소작권은 매우 약한 권리이며, 권리라기보다는 지주의 은혜라고 하는 것이 타당할 정도이었다. 그러므로 소작인은 지주의 호의를 얻기 위하여 지주에게 토산물이나 가축 등을 상납하거나, 지주 집의 혼상사婚喪事에 무상의 노력 봉사도 아끼지 않았던 것이다. 따라서 지주와 소작인의 관계를 일률적으로 순수한 계약관계라고 단정지을 수는 없다. 계약은 당사자의 힘에 의해서 좌우될 수 있었고 신분에 따라 영향받을 수 있었기 때문에, 계약이라는 합의를 이루는 데 있어서 독립적이고 자발적인 의사표시가 이루어질 가능성이 희박하였다. 또 지주의 자의恣意가 크게 작용할 수도 있었기 때문에 둘 사이의 권리와 의무의 한계가 대등하게 지켜질 수 없었던 것이다.

처음부터 영소작永小作으로 하는 예도 없지는 않았으나 그것은 주종관계와 같은 특수한 경우이었고, 앞에서의 특수한 지방의 특수한 형태의 영소작을 제외하고는 단기의 소작이 일반적이었다. 이 단기소작이 영소작으로 되는 일은 거의 있을 수 없었다.

V 산림천택

　토지사유권이 인정되면서도 산림천택山林川澤은 모든 백성이 다같이 이용한다(與民共利)는 중국 고대의 사상을 받아들여 개인의 사유를 허락하지 않았다. 그러나 고려 말부터 권세가들이 불법적으로 점유하여 백성들의 연료채취를 금하였다. 풍수지리설에 의한 묘지의 선정은 산림의 사점私占에 더욱 박차를 가하였다. 조선시대 때에도 철저히 금하는 엄명을 내렸으나, 아무런 실효를 거두지 못하였으며, 이른바 무주공산無主公山은 거의 없을 정도이었다.

거래생활의 법

I 매매

1. 부동산의 매매

토지(농지)나 가옥과 같은 부동산의 매매는 사유재산제도가 확립된 때부터 이루어져 왔을 것으로 추측된다. 전해오는 기록에 의하면 삼국시대에도 토지매매가 있었음을 알 수 있으나, 오늘날 고려시대까지의 매매에 관한 법이나 관습의 자세한 내용은 알 길이 없다.

특히 토지는 가옥과는 달리 항상 국가의 정책에 크게 좌우되었으므로, 매매를 금지 또는 제한하는 일이 많았다. 고려 말과 조선 초에도 과전법의 실시로 말미암아 한때 농지의 매매가 금지되었으나, 세종 6년(1424) 3월부터는 매매할 수 있게 되었다. 이후 500여 년을 내려오는 동안 금지되는 일이 없이 거의 자유롭게 매매할 수 있었다. 그러나 그 당시 토지를 매도하는 것은 부모의 장례葬禮비용을 마련한다든지, 빚을 갚기 위해서 등 토지를 팔지 않고서는 생활할 수 없다든지 하는 부득이한 경우에 한하였다.

2. 매매의 법적 성격과 형식

토지나 가옥에 매매하는 경우에는 구두로 하는 일은 드물고 반드시 계약서를 작성하였는데, 이 계약서를 명문明文, 문기文記 또는 문권文券이라고 하였다. 매매계약을 체결할 때에는 반드시 매도인과 매수인, 증인과 보인保人 그리고 그 문기를 쓰는 필집인筆執人이 있는데, 흥정이 되어 필집인이 계약서를 작성하면 값을 치르고 매도인이 문기를 매수인에게 줌으로써 소유권이 이전되었다.

매매문기는 일정한 기재사항이 있어 먼저 매도년월일과 매수인의 성명을 쓴 다음, 본문에는 매도인이 왜 파는지 그 이유를 쓰고, 어떻게 해서 자기 것이 되었는지 그 권리의 내력을 기재하였다. 그리고 토지와 가옥이 어디에 있는 무엇인지, 그 소재와 동서남북의 표시(예컨대 매매할 토지와 경계를 이루는 동쪽은 무엇, 서쪽은 무엇 등)인 사지四至 또는 사표四標를 쓴 다음, 매매대금과 매도한다는 뜻 등을 쓰고 마지막으로 매도인과 증인, 필집인이 각각 서명하였다.

서명하는 방식은 신분·계급·남녀에 따라 달랐으며, 양반을 비롯하여 글을 아는 사람들은 자기의 이름을 풀어 쓰거나 어떤 뜻을 가진 기호(예컨대 일심一心 등)를 적었는데, 이것을 수결手決(또는 手訣)이라고 하였다. 글을 모르는 상민이나 천민은, 남자는 왼손의 가운데 손가락을, 여자는 오른손의 가운데 손가락의 모양을 본뜨고 좌촌左寸 또는 우촌右寸이라고 썼는데 이것을 수촌手寸이라고 하였다. 오직 양반인 부녀만이 인장을 사용할 수 있었는데 그 규격은 법전에 규정되어 있었다. 2품 이상의 부인은 사방 한 치 칠 푼, 6품 이상은 한 치 사 푼, 칠품 이하는 한 치의 크기이며, 이러한 인장이 없는 부녀는 오른손 손바닥을 찍거나 그 윤곽을 그렸다. 그러므로 양반의 부인이 인장을 사용하는 경우를 제외하고는 오늘날의 사인과 같은 수결이나 수촌을 사용하였으며, 인장을 보편적으로 사용하게 된 것은 개화기 이후의 일이다.

매매의 대가代價는 화폐가 유통되던 때에는 화폐를 사용하기도 하였으나 형편에 따라 달랐다. 벼나 쌀·목면·면포·은·소·말 등으로 대가를 치르기도 하였으며 조선 후기부터는 주로 동전을 사용하였다.

매매계약을 체결하면 매도인은 매수인에게 그 부동산에 대한 소유권의 내력을 증명하는 모든 문서를 주었다. 이 문서는 주로 문기文記인데, 이것을 구문기舊文記라고 하며 새로 작성한 문기를 신문기新文記라고 하였다. 예컨대 50년 동안에 다섯 번 매매되었던 것을 갑이 소유하고 있다가 을에게 팔 때에는, 그전에 다섯 번 매매될 때마다 작성하였던 문기, 즉 다섯 장의 구문기를 신문기와 함께 을에게 주어야 되는 것이다. 구문기는 반드시 문기뿐만 아니라, 그 동안 소송을 하였으면 그 판결문, 그리고 상속을 받았으면 그 문권도 함께 주어야 한다.

이것들은 연대 순서대로 붙여져 있으며, 을이 여기에다가 신문기를 다시 붙이며 병에게 팔 때에는 여섯 장의 구문기를 넘겨주게 된다. 구문기를 갖추고 있다는 것은 소유권의 내력이 분명하다는 것을 입증하게 되는 것이다. 그러므로 구문기를 잃어버렸거나 어떤 사정으로 줄 수 없을 때에는 신문기에 그 사실을 기입하였다. 이러한 관행은 오늘날과 같은 등기제도가 없던 당시에는 자기의 권리를 위와 같은 방법으로 입증할 수밖에 없었던 것이다. 구문기를 온전히 갖추고 있으면 분쟁이 일어날 때에도 자기의 것임을 쉽게 입증할 수 있을뿐더러 소송을 할 때에도 절대로 유리하였다. 또 많은 토지 가운데 그 일부를 팔 경우에는 팔지 않을 것의 부분에 붓으로 둘레를 그었다. 이것을 효주爻周라고 하였는데, 효주된 곳은 매매에서 제외된다는 뜻이 된다.

특기할 일은 노비(종)를 가지고 있는 사람, 특히 양반들은 순전히 형식적인 생각 때문에 거래의 당사자로 나타나는 것을 싫어하였다. 그래서 매매를 할 때에는 직접 나타나지 않고 자기의 종으로 하여금 계약을 체결하도록 하였다. 따라서 물건을 팔 의사가 있으면 대충 값을 내정하여 종에게 팔아오라는 뜻을 적은 위임장을 주었다. 그러면 종은 살 사람을 수소문하여 흥정을 하고 계약을 체결하였던 것이다. 이 위임장을 패자牌子[배자] 또는 패지牌旨[배지]라고 하였다. 그러므로 문기상에는 매도인이나 매수인이 노비의 이름으로 표시되어 있어서 언뜻 보기에는 노비가 당사자인 것 같으나 당사자는 노비의 상전인 것이다. 그리고 노비의 이름 위에는 그 상전의 이름이나 택호宅號[관직]를 표시하였다.

일단 매매계약이 체결되어 값을 치르고 나면 소유권이 이전되는데, 법률상 15일이 지나면 계약을 해제하거나 취소할 수 없었다. 이중매매는 법률상 금지되었을 뿐만 아니라 실제로 할 수 없게 되어 있었다. 그것은 구문기를 주어야 하기 때문에 사실상 불가능하였다. 그러나 처음부터 구문기가 없다는 핑계를 대어 이중으로 매매하는 사례가 있었는데, 이것이 발각되면 이중매도자는 가격에 따라 절도죄로 다스리고, 그것을 알고 산 사람도 같이 처벌하였다.

3. 입안의 절차

토지나 가옥 등 부동산을 매매한 경우에 관청에 신고하는 절차가 고려 이전에 있었는지는 명백하지 않다. 조선시대에 들어와서도 처음에 중국의 대명률大明律을 적용하여 소정의 절차를 밟도록 하였으나, 그 구체적인 내용은 알 수 없다. 다만 매매 후 3년 안에 입안立案이라는 절차를 거치지 않으면 토지를 몰수하였다.

입안 제도가 확립된 것은 경국대전經國大典의 시행으로 비롯된 것인데, 경국대전 호전戶典 매매한조買賣限條에는 토지나 가옥을 매매하면 100일 안에 관官에 신고하여 입안을 받도록 규정하였다. 당사자 사이에서 매매계약이 성립되어 소유권이 이전되면 매수인이 신문기와 구문기를 첨부하여 입안을 신청하는 소지所志소장 또는 청원서의 뜻를 수령守令에게 제출하게 하였다. 소지가 수리되면 그 매매에 관계하였던 매도인과 증인, 필집인들이 모두 관청에 출두하여 구체적인 입안절차를 밟도록 하였다.

먼저 매도인이 그 매매가 합법적으로 이루어졌다는 사실을 다짐하는 서찰인 다짐侤音을 제출한다. 다음에 증인과 필집인들이 그 매매가 합법적으로 이루어진 사실을 직접 보고 문기를 썼다는 사실을 다짐하는 서찰을 제출한다. 그런데 이들 절차의 골자는 매도인이 진정한 소유권자라는 사실과 매매계약이 정말 틀림없이 성립되었다는 사실을 입증하는 데 있었다. 수령은 이들의 다짐을 믿을 수 있다고 판단한 경우에 규정된 서식에 따라 입안문立案文을 작성하여 수결을 하고 관인을 찍는다. 다음에 이것을 매수인, 즉 입안신청자에게 교부하였다. 따라서 입안절차에는 그 매매에 참여하였던 당사자와 증인, 필집인 모두가 출두해야 되는 것이었다. 그리고 입안을 신청하면 당일로 입안을 내어주었다. 입안을 내어주는 것을 빗급斜給 또는 사출斜出이라고 한다. 입안을 받으려면 수수료인 백지白紙를 납부해야 되는데 이것을 질지作紙라고 하였다. 질지는 와가瓦家 1칸에 백지 1권, 초가 1칸에 10장, 전답은 1부負에 1권씩 납부해야 되었다. 그런데 토지나 가옥의 부수負數나 칸수間數가 아무리 많더라도 20권을 넘지 못하도록 되어 있었다. 선조 6년(1573)부터는 백지 대신 저주지楮注紙를 사용하고 저주지가 없는 경우에는 정미正米로 대신할 수 있도록 하였으며, 정미 2두斗를 저주지 1권으로 쳤다. 그런데 실제로는 20권이라는 제한에도 불구하고 초과 징수하거나 종이 대신 면포綿布를 징수하는 폐단이 있었다. 그래서 입안 신청자는 질지 납부에 고심하였으며, 수령 가운데에는 질지로 사리를 도모하는 자가 있었다.

입안제도는 실시 초부터 잘 지켜지지 못하였다. 한때는 입안을 받지 않으면 토지를 몰수하는 법령까지 내린 일이 있었다. 입안을 받지 않은 매매계약서를 '백문白文'이라고 하였으며 부득이한 경우에는 '백문매매'를 용서하기도 하였다. 입안의 목적은 그 실시 초에 되도록 농지의 매매를 억제함으로써 토지제도의 문란을 방지하고자 하는 데 있었으나, 점차 이중매매나 위조문기의 방지와 권리자의 보호에 치중하게 되었다. 그리고 토지대장의 명의 변경은 입안과는 별도의 절차를 밟게 되어 버렸다.

그러면 이런 목적을 가진 입안이 왜 제대로 지켜지지 않았는가? 대체로 세 가지 이유를 들 수 있다. 첫째, 당시로서는 입안절차가 매우 복잡하게 느껴졌기 때문이다. 매매에 참여한 모든 사람이 다 함께 관청에 출두하여야 하므로 이들이 같은 날에 함께 출두한다는 일이 쉽게 이루어지지 않았다. 뿐만 아니라 관청으로부터 멀리 떨어져 있는 지방에서는 왕래하는 일도 쉽지 않았고, 대개의 경우 매수인인 입안신청자가 노자路資나 때에 따라서는 주식비酒食費도 부담하지 않으면 안 되었기 때문이다. 둘째로는, 수수료인 질지 부담이 과중하였기 때문이었다. 한두 마지기를 사고파는 경우는 고사하고 면적이 넓을수록 질지도 많이 사서 납부해야 되므로, 가난한 사람은 많은 부담을 느끼게 되었다. 셋째로는, 행정력이 구석구석까지 침투되어 토지소유권의 변동을 관청에서 일일이 파악하고 있지 못하기 때문이었다. 더구나 당시에는 서로 토지나 가옥을 팔고사서 경작하거나 살고 있으면 주위에서 그러한 사실을 입증만 해주면 되었고, 또 국가에 대하여 빠짐없이 조세를 납부하고만 있으면 국가로서도 특히 탓할 바가 못 되었다. 이에 곁들여 외우내환이 겹치게 되면 행정력의 마비로 인하여 입안 따위를 돌볼 겨를이 있을 수 없었기 때문이었다.

그리하여 특히 임진왜란을 계기로 입안제도는 잘 지켜지지 못하게 되었고, 그 뒤에 잇단 호란胡亂과 흉년 그리고 행정기관의 기강문란으로 더하였다. 정부에서도 임진왜란 직후에는 입안을 받지 못하였더라도 증인이 명백한 계약서는 모두 입안을 받은 것과 같은 효력을 인정하는 과도 조처를 취하기도 하였다. 선조 34년(1601)에는 임진왜란 중에 문기를 분실한 사람과 입안을 받지 못한 사람을 위해 서울에서는 선조 34년 9월부터 5개월 이내에, 외방에서는 이듬 해 5월부터 5개월 이내에 수령에게 입안을 신청하도록 하였다. 그리고 수령은 삼절린三切隣[세 사람의 가까운 이웃 사람]을 불러 사실을 확인한 후에 입안을 사급하도록 하였다. 이와 같이 입안을 독려하여 백문의 폐단을 없애고자 노력하였으나 불과 30여 년 후의 병자호란으로 말미암아 백문매매는 더욱 성행하게 되었다.

그 후 계속하여 영조英祖 때에 이르기까지 수시로 입안을 독려하고 때로는 백문의 소송상 증거력을 인정하지 않으려고도 하였으나 어찌할 수가 없었다. 그렇다고 입안이 전혀 자취를 감춘 것은 아니어서, 자기의 소유권을 튼튼히 지키고자 하는 사람 또는 질지를 납부할 수 있는 여유를 가진 사람은 입안을 받았다. 또 말엽에는 면面이나 리里의 인증을 받는 관습도 행해지고 있었다.

어떻든 입안은 아무도 다툴 수 없는 공증력公證力을 가지며, 만약 소송을 할 경우에 입안이 있으면 절대로 유리하였다.

4. 지계와 가계

입안제도가 거의 유명무실하게 된 후 대한제국시대인 광무 5년(1901) 9월 9일에는 토지의 정비와 조세제도의 정비 및 토지의 도매盜賣를 방지하기 위하여 지계아문地契衙門을 설치하였다. 그리고 지방에는 지계감리地契監理를 두었는데, 강원도와 충청남도의 일부부터 먼저 지계地契, 즉 대한제국전답관계大韓帝國田畓官契를 발급하였다.

지계는 토지소유자가 토지를 매매나 양도 또는 전당한 모든 경우에 발급하였으며 지계를 받지 않으면 토지를 몰수하였는데 입안의 경우와 같이 강제적이었다. 지계의 발급을 당초에는 전국적으로 시행할 계획이었으나, 일부 지방에서나마도 제대로 행하여지지 않았으므로 곧 중지되었다. 입안제도로부터 근대적 등기제도로 발전하는 과도기적 제도로서, 그 취지나 목적은 입안제도와 같은 것이었다.

가계家契는 가옥의 소유권에 대한 관청의 인증認證으로서 개국開國 502년(고종 30년, 1893)에 한성부에서 처음으로 발급하였으며, 후에 각 개항지開港地나 개시지開市地에서도 발급하였다. 그러므로 지계보다도 10년이 앞섰던 것으로 후에 지계아문에서도 역시 강원과 충남지방에서 대한제국 가사관계家舍官契를 발급한 일이 있다. 광무 10년(고종 43년, 1906) 5월 24일에 이르러서는 내부령內部令 제2호로 가계발급규칙家契發給規則을 공포하여 가옥의 신축이나 매매, 상속, 전당의 경우에 가계를 발급받을 수 있게 하였는데, 한성부와 개성·인천·수원·평양·대구·부산·전주에서도 실시하였다. 이 규칙에 의한 가계는 필요적인 것은 아니나, 가계가 없는 자는 제3자에게 그 권리를 대항할 수가 없었다.

지계제도는 불완전한 채로 한때 일부 지방에서 시도하였다가 실패하였고, 가계제도는 한성부와 주요 도시에만 국한된 것이 아니었으나, 입안제도가 유명무실화된 지 오랜 후에 등장한 것이며, 실질적으로는 비록 입안과 같았으나 형식적 절차면에서는 소유권의 증명과 보호를 위한 근대적 제도인 점에서 의의가 있었다.

5. 증명제도

증명證明은 토지가옥증명규칙土地家屋證明規則에 의한 증명과 토지가옥소유권증명
규칙土地家屋所有權證明規則에 의한 증명의 두 종류가 있으며, 사실상 국권을 상실한
융희 2년(1908) 8월 1일부터 융희 4년(1910)까지에 실시된 것이다.

토지가옥증명규칙에 의한 증명은 계약의 인증認證이 주된 목적이어서 진정한 소
유권의 증명이나 보호를 위해서는 많은 결함이 있었다. 그리고 토지가옥소유권증
명규칙에 의한 증명은 소유권의 보호에 치중한 것이었다. 그래서 이들은 모두 일본
인들에 의한 토지 침탈을 합법화하기 위한 수단으로서 이용되었을 뿐이었다. 오랫
동안 입안제도를 잊고 있었던 농민들은 이 낯설고 절차가 복잡한 제도에 익숙하지
못하였음에 비해 일본인들은 이 제도를 최대한으로 이용하여 안심하고 토지를 매
점할 수 있었던 것이다.

6. 노비와 가축의 매매

노비奴婢는 고대부터 토지나 가옥과 같은 부동산에 못지않게 중요한 재산이었으
며, 부동산보다도 더 빈번히 거래되었다. 따라서 노비의 매매는 토지나 가옥의 매
매와 같은 형식으로 이루어졌으며, 반드시 매매계약서를 작성하여 거래되었다. 노
비의 값은, 고려 초기에는 15세 이상 60세 이하의 노奴는 포布 100필에 해당하였고,
15세 이하와 60세 이상의 노는 포 50필에 해당하였다. 그리고 15세 이상 50세 이
하의 비婢는 포布 120필, 15세 이하와 50세 이상의 비는 60필에 해당하였다. 고려
말에는 노비 두세 사람이 말 한 필의 값이었다. 조선시대에서도 태조 7년(1398)에
노비의 값이 오승포五升布 50필이었고, 말 값은 4, 500필이었으니, 사람보다 짐승의
값이 비쌌다. 그래서 남녀를 불문하고 15세 이상 40세 이하는 400필, 14세 이하와

41세 이상은 300필로 정하였다. 경국대전에서는 16세 이상 50세 이하는 저화楮貨 4,000장, 15세 이하와 51세 이상은 3,000장으로 정하였는데, 대개 쌀 20석 또는 말한 필에 해당하였다. 그러나 실제로는 그 값으로 거래되지 않았으며, 은이나 우마·포·동전 등으로 교역되었다. 고려 말엽에는 가난과 빚 때문에 부득이한 경우에 한하여 매매되었고, 또 매매한 경우에는 반드시 관청에 문서로 신고하는 법의 시행을 주장한 바도 있었으나 시행되지는 못하였다.

조선시대에 들어와서 비로소 토지나 가옥과 같이 매매하면 100일 안에 관의 입안을 받도록 하였는데, 역시 매매 후 15일이 지나면 계약을 해제할 수 없도록 하였다. 노비매매의 입안수수료인 질지는 1구口에 백지 1권이며 역시 20권을 넘지 못하도록 하였다. 그리고 반드시 입안을 받아야 하며 받지 않을 경우에는 그 노비와 대가를 몰수하는 것으로 하였으나 토지나 가옥에 대한 입안의 경우처럼 잘 지켜지지 않았다. 가축의 매매에 대해서는 토지가옥이나 노비의 경우처럼 형식을 요하지 않고 관습에 맡겨져 있었다. 다만 일반 동산의 경우와는 달리, 소나 말은 계약 체결 후 5일이 지나면 계약을 해제할 수 없도록 하였다.

7. 권매

원래 토지나 가옥의 매매는 영구적 매매, 즉 매도인의 소유권이 매매로 인하여 매수인에게 영구히 무조건 이전되는 것이 원칙이었다. 그러나 대체로 토지를 팔게 된 원인은 특히 영세 지주들의 부득이한 경우, 예컨대 부모 장사葬事 비용의 마련이나 부채의 변제, 그 밖의 토지를 팔지 않을 수 없는 이유 때문이었다. 따라서 부득이한 이유로 토지를 팔았더라도 그 토지에 대한 강렬한 애착심은 가시지 않아, 다시 어떠한 수단을 써서라도 대가를 마련하여 도로 물리고자 하는 마음이 간절하였으며, 그 토지가 조상대대로 이어온 것이거나 제위토祭位土인 경우에는 더욱 강하였다. 그리하여 후에 자금이 생기거나 후회한 경우에는 곧 매매를 취소하고 물리려고 하여 이러한 것의 소송이 빈번하였다. 그래서 다시 판 값을 치르고 물리는 것을 환퇴還退라고 하였다. 환퇴하는 경우가 잦아지자 조선시대의 건국 초부터는 토지나 가옥의 환퇴기한을 10일로 한정하여 매매계약체결 후 환퇴하려는 사람은 10일 안에 한하여 할 수 있도록 정하였다. 경국대전에서는 15일로 정하였는데, 이 때문에 매수인은 매수한 후 적어도 15일 동안은 불안한 상태에 있는 셈이었다. 그래서 이러한 폐단을 없애기 위하여 매매문기에는 당사자가 '팔아버린다放賣'라는 데 합의하면 반드시 영영방매永永放賣라는 것을 명시하였다. 또 영영방매에 대해서 훗날에 시비가 있을 경우에는 문기에 의거하여 관청에 신고하도록 보장하는 담보문언擔保文言을 약속하였다. 한편 처음부터 영영방매하지 않고 일정한 기간 동안 매도하는 권매權賣, 환퇴방매還退放賣, 고위방매姑爲放賣라는 관습이 있었다. 이 관습은 토지를 일정한 기간 동안 매도하면 매수인은 그 기간 동안 토지를 소유하면서 경작하며 매도인은 환퇴기한이 되면 당초의 매매대가를 환불하고 토지를 도로 찾는 것이었다.

그런데 이러한 관습은 17세기 중엽까지는 별로 성행하지 않았으나, 그 후부터는 이른바 퇴도지매매退賭地買賣 관행이 성행하게 되었다. 퇴도지매매는 선도지매매先賭地買賣라고도 하는데 도지賭地, 즉 경작권만을 환퇴할 조건으로 매도하는 것이다. 토지 자체의 매매가 아니기 때문에 값도 땅값보다 헐하며 대개 기한을 정하거나 무기한으로 하고, 기한을 정한 경우에 기한이 되어도 환퇴하지 못하면 환퇴를 하지 않고 영영방매한다는 특약을 하기도 하였다. 어디까지나 경작권의 매매이기 때문에, 본문기를 매수인에게 인도하지 않으며 매수인은 처음부터 자기가 직접 경작하건 소작을 주건 자유이며, 영매특약永賣特約을 한 경우에는 기한에 환퇴하지 못하면 영구히 매수인의 소유지로 되는 것이었다. 현종 15년(1674)에는 퇴도지 관행이 폭리적이라 하여 10년을 법정기한으로 하고, 10년 안에 환퇴할 경우에는 반값으로 환퇴하고, 10년이 지나면 값을 치르지 않고 환퇴할 수 있게 하였다. 속대전에는 덧붙여 4년 이후면 반값으로, 그리고 1~2년 안에 본값으로 환퇴할 수 있도록 규정하였다.

그러나 이 법은 잘 지켜지지 않았으며, 실제로는 언제나 본값으로 환퇴하였다. 또 환퇴기한을 정한 경우에는 영매특약을 하였다. 이 퇴도지매매는 매도인이 경작권만을 매도하기 때문에 소유권 자체는 자기에게 있으며 따라서 자기 토지에의 애착심과 소유욕을 만족시켜 주지만, 일단 기한 안에 환퇴하지 못하면 소유권마저도 넘어가기 때문에 결과적으로는 불리한 것이었다. 그럼에도 불구하고 한편으로는 경작권을 매수하는 사람은 경작권만에 만족하지 않고, 처음부터 토지 자체를 매수하는 방법이 더 유리하다고 생각하였다. 돈이 아쉬워 파는 사람과 돈에 여유가 있어 사는 사람 사이에는 돈이 아쉬운 사람에게 불리하게 돌아가는 것이 상례이었다.

그리하여 18세기 중엽부터는 토지 자체의 기한부期限附 매매가 성행하게 되었는데 이것이 명실상부한 권매權賣이다. 이 관행은 퇴도지매매처럼 값이 땅값 자체에 준해서 더 헐하게 결정되는 것이 아니라, 바로 땅값의 시세 그대로를 대가로 하며 경작권만이 아니라 토지 그 자체를 매도하는 것이므로 매도인은 본문기도 매수인에게 인도하였다.

환퇴기한은 1~2년에서부터 10년 혹은 무기한으로 하는 점, 언제나 본값으로 환퇴하는 점, 또 기한부인 경우에는 거의 예외없이 영매특약을 하는 점도 퇴도지매매와 다름이 없었다. 이 권매관행은 필시 돈의 필요성을 절박하게 느끼는 쪽의 약점을 이용한 것임에 틀림없다. 즉 매수인의 입장에서는 퇴도지의 경우보다 조금 더 값을 지불하면 소유권과 경작권 점유권을 함께 취득할 수 있으며, 환퇴하지 못하면 영구히 자기 소유로 하되 퇴도지 매매가 아니고 엄연히 소유권 자체의 매매이기 때문에 법전의 규정에 저촉되지도 않았으므로 그 이상 더 유리할 수가 없었다. 권매관행은 19세기 중엽부터는 차차 자취를 감추게 되고 그 대신 마찬가지 작용을 하는 전당典當이 보편화되었다.

8. 매매담보

　매매의 목적물이나 권리 자체에 하자가 있거나, 매수인이 산 것을 훗날 제3자가 빼앗거나 권리를 주장하거나 혹은 그러할 염려가 있을 것에 대비하여 매매계약을 체결할 때에 매도인이 꼭 해결하겠다고 확약하는 담보관행은 고려시대까지 어떻게 되어왔는지 확실히 알 수 없다. 금석문金石文으로 전해오는 고려시대의 약간의 토지 매매문기에는 다른 사람의 침탈을 허용할 수 없고 매매계약에 위반하면 하늘이 정한 율령으로 처벌한다는 뜻의 글귀가 있으므로 대강 짐작 못할 바는 아니다. 그러나 적극적으로 어떻게 해결하겠다는 뜻이라기보다도 틀림없다는 점을 맹세한다는 정도의 소극적인 것이다. 매매담보賣買擔保에 관한 법·관습은 자료가 풍부한 조선시대에 와서야 그 대강을 뚜렷이 알 수가 있다. 이 시대의 일반적인 것은 가까운 친족이 매매의 효력을 다투는 경우에는, 관청에 고소하여 해결할 것을 약정할 따름이었다. 즉 후일에 이의異議를 말하거나 권리를 주장하는 경우를 예상하고, 그 예상되는 이해관계자는 그 토지에 대하여 권리를 주장할 법률적 가능성이 많은 동생이나 친척에 국한하였으며, 매도인이 해결하는 것이 아니라 그 문기를 관청에 제시하여 해결하도록 한 것이다.

　이와 같이 당사자 사이에 직접 변상하는 특약을 하지 않은 것은 매매담보책임이 법정책임화法定責任化하였다는 것을 말하여 준다. 다만 계약에 따라서는 국가가 침탈할 경우에 본값을 반환한다든가, 토지가 강물에 휩쓸린 때에는 그 땅값에 상당한 대토代土를 지급한다든가, 혹은 시가時價로 보상한다는 등의 특약을 하는 예가 있었다. 이와 같이 담보문언擔保文言은 오로지 국가의 공권력公權力에 의한 해결에 일임하였다.

II 교환과 증여

교환交換은 상환相換·환매換買·환급換給이라고도 하는데, 문기를 작성하고 추탈追奪 담보문언을 약정하는 점은 매매와 같았다. 특히 매매를 물품화폐로 하던 시대에는 매매와 교환이 명확히 구별되지 않았고, 환매라는 말과 같이 교환에 매매의 뜻이 포함되어 있었다. 그러나 동전이 유통되면서부터는 같은 물건을 바꾸는 경우를 교환이라고 하여 매매와 명확히 구별되었다.

증여贈與 일반에 관한 관습은 명확히 알 수 없으나, 절에 토지나 노비를 증여하는 일은 오래 전부터 행하여져 왔다. 증여로서 가장 뚜렷한 것은 근친 사이의 증여 관습이며 이것을 별급別給이라고 하였다. 별급은 주로 윗사람이 아랫사람에게 하는 것이며 그 범위도 부자나 조손, 시아버지와 며느리[舅婦] 등 사이에 국한되었다. 이와 같이 제한된 이유는 당시의 상속법이 자녀균분의 강제상속제도였기 때문에 자녀가 있는 자는 토지나 노비와 같은 중요한 재산을 자손 아닌 다른 사람에게 증여할 수 없었고, 만약 증여한 경우에는 자손으로부터 심한 반발을 샀기 때문이었다. 부모의 재산이라 하더라도 반드시 자기 자손에게만 상속되어야 한다는 조업祖業의 식이 강하였기 때문에 함부로 남에게 증여하지 않았던 것이다.

별급을 하는 데는 반드시 별급문기 또는 별급성문別給成文이라는 문서를 작성해 주었으며, 이것은 증여받은 사람에게는 권리문서로 되었다. 대체로 별급하는 예를 보면, 며느리나 손부를 맞이하여 사랑스럽거나 어진 것을 기쁘게 여길 때, 자손이 장성하여 결혼하거나 과거에 합격하였을 때, 기다렸던 아들이나 손자를 본 경우,

어린 자손이 천연두를 무사히 치른 경우 등에 위와 같은 이유로 외조부가 외손자에게, 또는 장인이 사위에게 토지나 노비를 별급하였다.

별급받은 재산은 받은 사람의 고유재산으로 되며, 특히 며느리나 손부에게 별급하는 재산도 명의는 어디까지나 받은 자의 것이 되었다. 며느리나 손부에게 증여하지 않고 자손에게도 상속시킬 수 있지만, 이들에게 특히 증여하는 것은 사랑스러운 감정의 본능적인 표현이었다. 그리고 당시 여자는 개가하지 않는 관습이 있었으므로 실질적으로는 자손의 재산이 되는 셈이었다. 만약 개가할 경우에는 별급받은 재산을 반환해야 하였다. 별급문기에는 그 재산을 자손 이외의 자에게 주어서는 안 된다(勿給孫外)는 조건을 붙이는 것이 상례이었고, 그러한 말이 없더라도 그것은 확고한 규범으로 의식되고 있었다. 따라서 별급은 조건부 증여이었다고 말할 수 있다.

III 소비대차

　물건, 특히 곡식을 남에게 빌려주고 그 이자를 받는 소비대차消費貸借는 삼국시대부터 행하여졌다. 관청에서 민간에게 빌려주는 것을 공채公債라고 하고, 민간인 사이의 것을 사채私債라고 하였는데, 어느 것이나 실제로는 고리대高利貸적 성격의 것이어서 공사公私간에 가렴주구苛斂誅求가 심하였다. 소비대차는 대개 수표手票 또는 표票라고 하는 차용증서를 작성하고, 이자율과 상환기한을 정하여 상대방으로부터 받은 것과 같은 종류나 품등 및 수량을 반환하는 것을 약정하고 물건을 받음으로써 성립하는 요물계약要物契約이었다.

　로마의 채무노예도 유명하지만, 우리나라에서도 고대 신라에서 곡식을 빌려 주고 원리元利를 갚지 못하면 채권자의 노비로 되어 갚아야 하였고, 고구려에서도 공채公債나 사채私債를 갚지 못하면 채무자의 자녀를 노비로 만들어서 갚는 것을 법인法認하는 예도 있었다. 신라 문무왕 9년(669) 2월에는 가난한 백성으로서 남에게서 곡미를 빌린 자는 전토 흉작인 경우에는 자모子母(원금과 이자)를 갚지 않아도 되며 옥토로서 풍작인 경우에도 수확기에 이르러 원금만 갚고 이자는 갚지 않아도 된다는 교지를 내린 적이 있었다. 따라서 적어도 삼국시대부터 대차법이 있었으며 법정이자율이 있었던 것으로 짐작되고 동시에 채노債奴가 공공연히 행해졌음도 사실인데 어떻든 고리대관행, 채노, 이자의 법정은 조금씩 내용은 다를망정 적어도 20세기까지 커다란 사회문제이었음은 틀림없는 사실이다.

　이자율이 어느 정도였는지는 고려시대에 와서 확실한 기록으로 나타난다. 고려

경종景宗 5년(980) 4월에 처음으로 법정이자율로서 원금인 쌀 15두斗에 5두의 이자, 포布 15척尺에 5척의 이자를 받도록 하였는데, 이는 연리로 보아 3할 3푼 3리가 된다. 성종成宗 원년(982) 10월에는 자모상모법子母相侔法을 정하였는데 그것은 이자를 갚아서 원금과 같게 되면 그 이상 이자를 받지 못하게 하는 것이다. 문종文宗 원년(1047) 1월에는 자모정식법子母停息法을 정하였는데 1석石(15두)을 빌려주면 가을에 5두의 이자를 받고 2년이 되면 10두, 3년이 되면 15두를 받으며 4년째는 이자가 정지되며, 5년이 되면 30두이고 6년이 지나면 더 이상 이자를 받지 못하게 한 것이다. 그러니 4년째까지는 자모상모법과 같으며 5년째에 4할의 이자율이 되니 자모상모법과 같다. 위와 같은 법은 고려 말 이후부터는 '일본일리법一本一利法'이라고 표현하였는데 충숙왕忠肅王 12년(1325) 10월에는 모든 공사채무는 연월이 비록 오래 지났더라도 일본일리에 그치되 만약 문계文契(대차계약서)를 새로 만들어 일본일리에 어긋나는 이자를 받는 자는 관에서 처벌할 것이며 빈민이 오랜 빚을 갚지 못하여 자녀를 판 경우에는 자녀를 부린 햇수에 따른 값(役價)이 원본에 상당한 경우에는 소재 관사로 하여금 자녀를 부모에게 돌려보내도록 하고 문계도 관에서 압수하도록 하였다. '일본일리'도 아무리 오래된 빚이라도 이자를 원금 이상으로 받지 못하게 하는 것이니 대충 연리 3할 3푼 3리의 단리계산법單利計算法이 확립되었다고 볼 수 있다. 그런데 연리라고 하지만 12개월이 아니라 춘궁기에 빌려서 추수 후에 갚는 것이므로 대충 10개월이 되는 셈이다.

그러나 실제로는 위와 같은 법은 거의 제대로 지켜지지 못하였다. 대개 빌리는 사람은 가난한 자인데 처자를 채노비債奴婢로 잡히지 않을 수 없는 사정이 이를 입증해 준다. 그것은 '배식倍息'이라든가 또는 '장리長利'라고 불리는 '이중생리利中生利' '이중식리利中息利' '이중지리利中之利'와 같은 가혹한 고리대가 성행하였기 때문이었다. 배식은 10할의 이율을 뜻하는 것이다. 장리도 같은 것인데 이들은 일본일리에 비하면 모두 이중생리, 즉 복리인데 고리대 계산욕의 산물이었다.

조선왕조시대에도 법률상 일본일리의 원칙이 지켜졌으나 실제로는 갑리甲利, 장리와 같은 고리대가 성행함은 물론 채노비의 관행도 그대로 행해졌다. 법정이자율은 당시의 의용형법전인 대명률大明律 호율戶律 전채錢債 위금취리조違禁取利條에는 매월 이자를 받더라도 3년간에 한하여 월수月數가 많더라도 일본일리를 초과할 수 없으며 위반하면 태笞40 내지 장杖100에 처하도록 되어 있었고, 일본일리법이 제대로 시행되지 않자 중기의 속대전 호전 징채조徵債條에서는 공사채를 물론하고 '십이법什二法'으로 정하여 월 2할을 넘지 못하며 위반하면 장杖80 도徒2년에 처하도록 되어 있었고 갑리甲利 또는 갑변甲邊이라고 하여 원금과 동액에 달하는 월 10할의 이자를 약정하여 지급받은 자는 장杖100에 정배定配하며, 비록 10년이 되었더라도 1년의 이자만을 징수하되 이에 위반하면 장杖100에 처하며 채무자가 사망하면 이자를 받지 못하도록 규정되었다. 속대전 형전 금제조禁制條에는 사채이자율은 10분율十分率로 하여 매월 1분分을 받아야 하는데 예컨대 10승升에 1승을 받으며, 매년 5분을 받아야 하는데 예컨대 10승에 5승을 받으며, 연월이 많더라도 배징倍徵하지 못하며 이를 위반하면 장杖80에 처하도록 되어 있어 월 1할, 연 5할의 고리이었다. 이 연 5할의 이자를 장리라고 하였다. 위의 징채조와 금제조의 규정은 서로 이율이 모순된 것 같으나 공적 해석으로서는 미곡의 경우는 10분의 5인 장리로, 금전이나 포布의 경우는 10분의 2로 하였고 공채公債는 10분의 1이었다. 개화기에는 갑리, 장리도 있었지만 지방에 따라 2분 5리厘 내지 5분의 이자율이었고 광무 10년(1906)의 이식규례利息規例에서는 연 10분의 4를 넘지 못하며 이자의 총액이 원본을 넘으면 무효이며 이율에 관하여 당사자 간에 약정이 없으면 10분의 2로 법정하였다.

또한 경국대전經國大典에서는 채무자가 사망한 경우 그의 처자에게 재산이 있으면 징수할 수 있고, 사채의 경우 증인과 필집인筆執人(계약서 작성자)이 갖추어진 계약서가 있는 경우에만 징수할 수 있되 변제기한 후 1년 내에 소송을 제기하도록 규정하였다. 속대전에서는 채무자가 변제하지 못하면 부자간에 한하여 징수하도록 하고 형제나 동거친족에까지 미치지 못하게 하고 채무자가 변제하지 못한 경우에 전토를 대신 받거나 강제로 자녀를 노비로 삼으면 장杖100에 정배定配하며 또한 언문

諺文[한글]으로 작성되었거나 증인이나 필집이 없는 계약서를 근거로 소송을 제기하는 경우에는 수리심리하지 못하도록 규정되어 있었다.

갑리(배식), 장리와 같은 고리대는 처음부터 계약 시에 약정되는 것이지만 또한 채무자가 이자지급을 연체한 경우 채권자의 독촉에 못 이겨 이자를 원금에 보태어 다시 이것을 원금으로 하여 이자를 붙이는 복리複利는 이를 '변상가변邊上加邊' 또는 '이상가리利上加利'라고 하며 고려시대의 '이중생리', '이중식리', '이중지리'와 같은 것인데, 이 또한 가난하고 약한 채무자에게 견딜 수 없는 고통이었다.

IV 담보제도

1. 담보제도의 형태

오늘날의 저당권·질권에서는 금전의 대차관계인 채권·채무 관계와 채권을 담보로 하는 저당관계나 질관계는 일단 다른 관계로 구별한다. 그리고 채무를 이행하지 않을 경우에는 채권자는 채권의 목적물을 환가처분換價處分하여 그 대금에서 변제를 받는다. 이러한 경우에 권리의 목적으로 되는 것은 목적물의 소유권이 아니라 교환가치뿐인 것이다.

우리나라에도 고려시대부터 담보제도擔保制度가 행하여지고 있었는데, 그것을 전당典當이라 하고, 동산이건 사람이건 부동산이건간에 구별하지 않고 질물의 점유를 채권자에게 인도하는 점유질占有質을 뜻하였다. 그러나 전당과 함께 채권을 담보하는 방법으로서 소유물을 환매還買할 조건으로 파는 환매조건부매매가 특히 토지의 경우에 일반적으로 행하여지고 있었다. 원래 담보제도는 이 매매의 방법부터 시작하여 점유질을 거쳐 무점유질無占有質에로 발전된 것인데, 우리나라는 19세기경부터 무점유질인 전당이 생겼다.

이미 매매의 장에서 설명한 권매權賣는 매매의 형태를 취하는 담보제도인데, 일정기간 동안 소유물인 토지를 팔고 기간이 돌아오면 처음에 치렀던 대가를 주고 물리는 것으로, 형식은 매매이지만 실질은 담보제도였던 것이다. 여기서는 권매는 생략하고 그 외에 매매의 형태를 취하였던 퇴도지매매退賭地買賣와 전당에 대하여 설명하기로 한다.

2. 퇴도지매매

퇴도지매매는 선도지先賭地매매라고도 하며 17세기경에 성행하였다. 이것은 전답의 사용수익권(경작권)을 매매하여 매수인이 일정 기간 동안 경작한 다음 기한이 되면 매도인은 처음에 지급하였던 매매대금을 매수인에게 주고 경작권을 되찾는 관습이다. 매매기간의 장단을 막론하고 약정한 기한 안에 환퇴하지 못하면 그 전답은 영구히 매수인의 소유로 되었다. 퇴도지매매는 어디까지나 경작권의 매매이고 소유권 자체의 매매가 아니기 때문에, 매매할 때에 권리 문서를 매수인에게 인도하지 않는다. 즉 소유권은 여전히 매도인에게 있는 것이다. 그러므로 매매 대가도 농지 자체의 시가時價가 아니라 그보다도 헐한 것이 보통이었다.

매매기간은 정하기에 따라 다르지만 1년부터 긴 것은 10년까지의 것도 있었으며, 그 기간 동안 매수인은 자기 마음대로 경작할 수 있고, 또 다른 사람에게 소작을 줄 수도 있었다.

그런데 기한 안에 환퇴하지 못하면 소유권도 매수인에게 넘어가게 되어 매우 가혹하였으므로 현종 15년(1674)에는 환퇴기한을 10년으로 하고, 10년 안에 환퇴할 경우에는 당초의 값을 절반으로, 10년이 지나면 값을 치르지 않더라도 환퇴하게 하는 법령이 공포되었다. 이것이 더욱 구체화되어 속대전에는 1~2년 안에는 본값으로 5년이 지나면 반값으로 10년이 지나면 무상으로 환퇴할 수 있게 하였는데, 매수인이 10년 동안 수확한 것이 원본과 이자에 해당하는 것으로 보고, 5년 이후는 원본과 이자의 반에 해당하며 5년 미만은 수확과 이자가 상계相計되는 것으로서 전당과 같게 보았기 때문이다.

이와 같이 퇴도지매매는 실질적으로 채권·채무관계를 내용으로 하는 채권의 담보이었다. 즉 채권관계와 담보물인 토지(경작권)의 매매계약이 결합된 것으로 담보물의 매매계약이며, 채무자가 담보물을 채권자에게 양도함으로써 마치 채무가 변제된 것처럼 되어 채권관계는 소멸하는 것이었다.

그러나 만약 일정한 기간 안에 또는 기간 후에 채무자가 채무를 이행한 경우에는 채권자로부터 담보물의 사용수익권을 회복할 수 있는 채무자의 환퇴권이 유보된 계약이며 본질은 점유질인 것이다.

3. 매도담보

19세기 중엽부터는 소유권을 매수인에게 이전하되 매도인이 계속 농지의 경작권을 유보하는 관행이 있었다.

매도인은 소작인과 같은 지위이며 매년 소작료를 지급하였다. 따라서 일정 기간의 매매계약과 소작계약이 결합된 형태이다. 기한이 되어 매도인이 대금을 지급하면 소유권은 매도인에게로 환퇴되며 대개 환퇴하지 못하면 소유권이 영구히 매수인에게 귀속한다는 특약을 하였다.

그리고 매수인은 처음부터 기한부 소유권을 취득하며, 그것을 타인에게 전매轉賣할 수 없었다. 역시 이것도 형식은 매매이나 실질적으로는 담보이며, 소작료는 이자에 해당하였다.

4. 전당

원래 농지와 같은 부동산의 담보는 권매의 형태로 관행되었고, 전당典當은 주로 동산이나 사람에 대한 담보제도이었다. 즉 전당은 그 시초가 동산이나 사람을 목적물로 하는 점유질占有質이었다. 그런데 조선시대 중엽부터 농지의 점유권을 저당으로 보게 된 것이다.

전당에는 점유질, 무점유질, 문서질文書質의 세 가지 형태가 있었다. 전당문기에는 매매라는 용어를 사용하지 않았고 전당이라는 용어만을 사용하여 형식적으로나 실질적으로나 채권의 담보이었다.

점유질인 전당은 실제로는 매매로 관념되고 권매나 퇴도지매매와 같은 것으로 보았다. 이 가운데에는 채무를 변제하지 못하여 전답을 전당하고 채권자는 채무자가 변제할 때까지 경작하는 일도 있었는데, 경작에서 얻은 수확은 이자로 충당되었다.

무점유질인 전당은 담보할 전답의 점유를 채권자에게 인도하지 않고 이자를 약정하였는데 대개 소작료의 예에 따랐다. 대개 유질流質특약을 붙이며 채무자는 소유권은 물론 경작권을 그대로 가지고 있었다. 다만 전당문기(차용증서) 속에 담보할 전답을 지정할 따름이었다.

문서질로서의 전당은 무점유질인 전당과 그 본질은 같으나, 채무자는 자기가 소유하는 담보전답의 권리문서를 모두 채권자에게 인도함으로써 담보하는 것이다. 채무자는 권리문서를 채권자에게 인도하므로 사실상 그 전답을 처분할 수 없었다.

한편 채권자는 다만 담보의 목적을 위하여 문서를 유치할 권한밖에 없으나, 문서를 가지고 있음을 기화로 그 담보농지를 처분할 수 있었으므로 채무자에게는 불리한 것이었다.

모든 전당에는 거의 예외 없이 기한 안에 변제하지 못하면 담보물을 영구히 채권자의 것으로 한다는 이른바 유질특약을 하였는데 이 유질특약도 매매로 관념되었다. 이것은 매매와 전당이 혼동되었던 때문이며 전답의 전당은 동산의 전당과는 달리 매매의 성격을 완전히 탈피하지 못한 것을 뜻하는 것으로 전답의 정지조건부 매매라고 할 수 있다.

5. 근대적 전당제도

광무 5년(1901)에 지계·가계제도가 실시되어 토지나 가옥을 전당할 경우에는 지방 관청의 인허認許를 받도록 하였다. 만일 이를 받지 않으면 몰수하도록 하였으나 그것은 일부 지방에서 시행되었을 뿐이며 잘 이행되지도 않았으므로 공문空文에 불과하였다. 광무 10년(1906)의 가계발급규칙이 시행된 후에는 한성부 내에서는 인허를 받는 것이 통례이었으나, 전당권설정의 요건은 아니었다. 토지가옥증명규칙이 시행되자 증명을 받은 전당은 완전한 증거로 되어 관청에 있어서 집행력을 가졌으나 증명은 강제적이 아니었다. 다만 증명을 받은 전당권은 토지가옥전당집행규칙土地家屋典當執行規則에 의하여 유질특약이 있는 경우를 제외하고는 반드시 경매의 방법에 의하여 집행할 수 있었다.

이 규칙은 경매절차에 관한 것인데, 그 절차가 복잡할뿐더러 전당권자가 유질특약에 의하여 전당의 목적물을 취득한 때에는 전당을 증명한 관청에 대하여 인증을 청구할 수 있음과 동시에 이 인증은 토지가옥증명규칙에 의한 증명과 같은 효력이 있었다. 따라서 당시의 신식법률에 익숙하지 못한 전당권설정자에게는 상당히 불리한 규칙이었다. 한편 일본인들은 이들 규칙을 이용하여 많은 토지를 빼앗았다.

■가

『저작집』 간행의 말

학자學者는 끊임없이 새로운 것을 탐구探究하는 사람입니다. 학자는 남들이 가지 않은 미지未知의 길을 혼자서 걸어갑니다. 그 도달점은 독보적인 영역입니다. 은사恩師 영산瀛山 박병호朴秉濠 선생은 학자의 역할을 묵묵히 하셨고, 간단間斷없이 새로운 영역을 후학들에게 열어 주셨습니다. 이제 영산 선생의 학문의 여정旅程을 되새겨 볼 수 있는 저작집을 간행합니다.

영산 선생께서는 미지의 영역인 한국법제사韓國法制史를 개척하셔서 후학들을 개안開眼시키셨습니다. 1996년 8월 서울대학교에서 정년을 맞이하시면서 몸소 "근세近世의 법法과 법사상法思想", "가족법논집家族法論集"을 간행하셨습니다. 정년 이후에도 학문은 중단되지 않았습니다. 한국법제사만이 아니라 고문서학古文書學 분야의 교육과 연구를 열정적으로 계도啓導하셔서 '한국고문서학'의 확립에 크게 공헌하셨습니다.

"박병호 저작집"은 "한국법제사고韓國法制史攷"를 비롯하여 그 동안 발표한 논문과 저서 그리고 수필 등을 모두 수록하는 전집全集입니다. 이를 준비하면서 "태산泰山은 다가가면 갈수록 더욱 높아 보인다."라는 격언을 새삼 실감하였습니다. 이 저작집으로 영산 선생의 학문적 높이와 엄격한 학자적 삶만이 아니라 인간적 풍모까지 학계에 널리 퍼지기를 바라마지 않습니다.

마지막으로 원문의 입력과 교정을 한 대학원생 그리고 아담하게 책자를 꾸며준 민속원의 편집진들과 시장성이 없는 저작집의 간행을 기꺼이 맡아준 홍종화 사장 등 저작집 간행에 도움을 준 많은 분들께 감사를 드립니다.

2012년 2월
제자 일동

박병호 저작집 2

한국법제사
韓國法制史

초판1쇄 발행 | 2012년 2월 28일
초판3쇄 발행 | 2019년 3월 28일

지은이 박병호
펴낸이 홍종화

편집·디자인 오경희·조정화·오성현·신나래
　　　　　　 김윤희·박선주·조윤주·최지혜
관리 박정대·최현수

펴낸곳 민속원
창업 홍기원　　**편집주간** 박호원
출판등록 제1990-000045호
주소 서울 마포구 토정로25길 41(대흥동 337-25)
전화 02) 804-3320, 805-3320, 806-3320(代)
팩스 02) 802-3346
이메일 minsok1@chollian.net, minsokwon@naver.com
홈페이지 www.minsokwon.com

ISBN　978-89-285-0239-4　94360
　　　　978-89-285-0238-7　(세트)